JN142161

講談社選書メチエ

706

解読 ウェーバー『プロテスタンティズムの倫理と資本主義の精神』

橋本 努

MÉTIER

はじめに

『プロ倫』って必読書？

ドイツの社会学者マックス・ウェーバー（一八六四〜一九二〇）は、カール・マルクス（一八一八〜一八八三）とならんで「社会科学の巨匠」と称される人物である。「社会学の父」の一人とも呼ばれている。ウェーバーが亡くなってから、すでに一〇〇年が過ぎ去ろうとしているけれども、かれの著作はいまでもよく読まれている。その代表作が、この『プロテスタンティズムの倫理と資本主義の精神』である。論じられているテーマそれ自体に魅力があって、読者の関心を引きつけるのであろう。

マルクスの主著は『資本論』、これに対してウェーバーの主著は『プロテスタンティズムの倫理と資本主義の精神』（以下、略して『プロ倫』）[1]。この二冊はこれまで、社会科学の「古典」と呼ばれ、教育、社会、政治、経済などのさまざまな領域で親しまれてきた。いずれも文系の学生ならば、とにかく読まなければならない「必読書」とも言われてきた。とはいっても、どちらの著作も難しすぎるので、たいていの人には解説書が必要であるかもしれない。

『資本論』には、さまざまな解説書があるから、入門には困らないであろう。ところが意外なことに、『プロ倫』には、現在にいたるまでよい解説書がない。[2]『プロ倫』の研究も意外と手薄で、いったい『プロ倫』をどのように読めばいいのか、指針にすべき良書も少ないのである。

例えばウェーバーは、「プロテスタンティズムと資本主義の発展の関係」を論証したといわれるけれども、それは本当にうまくいっているのだろうか。じつはこの素朴な問いが、これまで日本の学界で、正面から議論されてこなかったように思われる。少し調べてみれば分かるのだけれども、『プロ倫』の全体について研究しているウェーバー学者というのは、日本に一人もいない。[3] ウェーバー研究者はたくさんいるし、『プロ倫』の個別の内容について研究した人もたくさんいる。[4] ところが、この代表作を総合的に研究した人がいない。まさにウェーバー研究の中心が、「研究の穴」になっている。

これはいったい、どういうことなのだろうか。おそらく、ウェーバーは独自の「理念型」構成（ごく簡単にいって、ある概念を純粋なかたちに練り上げること）（一〇一頁以下で詳述）によって議論を組み立てているので、「理念型」の意義やその代替案などについて検討しなければ、うまく評価できないのかもしれない。史実や資料に照らして検証するだけでは、ウェーバーの『プロ倫』の全体像をうまく把握することができないのではないか。

ただこの点は、見方を変えれば、多くの読者にとっては朗報であるとみることもできるだろう。いくつかのキーワードとなる理念型について押さえながら読んでいけば、読者はこれまでの専門研究にとらわれずに、自由に『プロ倫』の全体像に近づくことができるかもしれないからである。『プロ倫』の全体像から学ぶ意義は大きいであろう。『プロ倫』は、素朴で重要な問題、「資本主義は、私たちにとってどんな意味をもっているのか」という問題に応じている。

『プロ倫』はまた、現代にも通用する意義をもっている。例えばウェーバーは当時、地球環境の問題を深刻に受け止めていた。当時発表された調査研究によると、鉄鉱石は約六〇年で枯渇すると予測されていた。石炭の埋蔵量は多いものの、鉄鉱石がなくなれば、この資本主義はエンジンを失ってしまうのではないか。ウェーバーはそのような危機感をもって、この資本主義システムを捉えていた。[5] ウェーバーの問題意識は、私たち現代人が抱く問題意識と、それほど遠くはない。資本主義の社会が衰退する運命にあるとすれば、私たちはどのように生きるべきなのか。資本主義の生成と発展、そして衰退までが、ウェーバーの視野に入っていた。

あるいは近年では、歴史家のニーアル・ファーガソンが、ウェーバーの『プロ倫』を現代社会に当てはめて、興味深い観察をしている。[6] ファーガソンによると、現代のヨーロッパ人は神様の存在をすっかり信じなくなってしまったけれども、現代のアメリカ人の多くは、神様の存在を信じている。実はこの違いが、最近の経済成長率の差に現れているのだという。神様を信じるアメリカ人は、たくさん働く。年間の労働時間が長いので、アメリカ経済は成長する。まさにウェーバーが『プロ倫』で指摘するような、宗教に裏付けられた経済倫理が、現代のアメリカ経済を駆動しているというのである。ファーガソンはさらに、現代の中国では急速にキリスト教が広まりつつあり、このことが同国の資本主義の精神に関係しているとも指摘している。

本書もまた、私たち現代人の関心に照らして、『プロ倫』を解読するものである。「私たちはどう生きるべきなのか」という大きな関心に即して、『プロ倫』の論理構造を説明しようとしている。私の読解の特徴について、以下に簡単に紹介しよう。

読解のポイント

ウェーバーの『プロ倫』に対しては、しばしば次のような批判が投げかけられてきた。「近代の資本主義は、なんといっても「ユダヤ資本」によって発展してきたのであって、プロテスタンティズムが果たした役割は、小さなものにすぎないんじゃないか。ウェーバーの主張は間違っているんじゃないか」という批判である。こういう、いわばユダヤ人陰謀説のような資本主義理解は、読者もしばしば耳にしたことがあるかもしれない。しかしウェーバーの専門家たちであれば、次のように答えるであろう。

「いや、ウェーバーはユダヤ資本の意義を否定しているわけではないですよ。資本主義の発展を導いた要因は、いろいろあります。ウェーバーはただ、そのなかの一つのプロテスタンティズムに注目して、多様な因果関係の一つを明らかにしたにすぎないのです」と。

ウェーバーは、プロテスタンティズムの倫理が、資本主義の発展にとって一番重要だったと言っているのではない。ウェーバーはただ、『プロ倫』では、プロテスタンティズムの倫理に焦点を絞って、たくさんある因果関係の中の、一つの因果関係を明らかにしたにすぎない。おそらくこれが、専門家たちの一般的な見解ではないだろうか。

ではウェーバーが解明したという「プロテスタンティズムと資本主義の発展の関係」は、本当にうまく説明されているのだろうか。実はこの肝心の中心的な論点が、これまで精査されてこなかったように思われる。本書はこの中心テーゼに、正面から迫りたい。

私の読解のポイントは、二つある。

一つには、「プロテスタンティズムの倫理がその意図せざる結果として資本主義の精神を生み出した」という『プロ倫』理解の通説は、誤りであるという点だ。ウェーバーの論理を内在的に検討してみると、プロテスタンティズムの「倫理」とプロテスタンティズムの「天職倫理」のあいだには、断絶がある。他方で、「プロテスタンティズムの「天職倫理」」と「資本主義の精神」は、ウェーバーも指摘するように、「ほとんど同じ」である。つまりウェーバーの『プロ倫』は、プロテスタンティズムの「倫理」とその「天職倫理」のあいだに、定義上のギャップがある。実はこのギャップにこそ、私たちの理解を妨げている「プロ倫」テーゼのタネ明かしがある。

もう一つには、『プロ倫』は、これを「新保守主義」の観点から読み込むことができる、ということである。ここで新保守主義とは、勤勉に働いてため込んだお金は寄付すべきである、という考え方を背後で支えているような思想である。このような観点から『プロ倫』を読むと、これまでみえにくかった『プロ倫』の全体構造がみえてくる。そしてさらに、『プロ倫』がもつ現代的な意義も新たにみえてくる。新保守主義の視角は、私たちの社会において『プロ倫』を読むことに、一つのユニークな意義を与えてくれるだろう。

以上の二つが、本書の着眼点であり、中心的な論点である。これらについては、本論のなかで明らかにしていきたいと思う。その前に序章では、ウェーバーの人生と研究業績、そして『プロ倫』のあらすじを、簡単に紹介することにしよう。

目次

第6章 天職倫理と資本主義

序章　ウェーバーってどんな人？

0－1　こんな人生だった

イデオロギー対立と戦争の時代

ウェーバー（一八六四～一九二〇）が生きた時代は、一九世紀後半から二〇世紀前半にかけての激動の時代であった。それは「思想対立」と「戦争」の時代であった。

一八八三年にマルクスが亡くなったとき、ウェーバーは一八歳だった。大学で多感な青春時代を過ごしていたようである。

そのころの西欧社会は、「資本主義」と「社会主義」の思想対立がしだいに激しくなっていた。イデオロギー対立の緊迫した時期を迎えていた。マルクスのいう社会主義（あるいは共産主義）の理想を、どのように受けとめるべきなのか。それが政治の大きな争点になっていた。ドイツでは一八七五年に「ドイツ社会主義労働者党」が結成されるが、その三年後には「社会主義者鎮圧法」が制定されて、社会主義者への弾圧が始まっている。

他方で当時は、「戦争の時代」でもあった。一八七九年、対ロシア防衛のために「ドイツ・オース

幼少期のウェーバー（左）と兄弟たち

トリア同盟」が成立。一八八二年には「ドイツ・イタリア・オーストリア軍事同盟」が成立する。一九一四年に第一次世界大戦が勃発すると、世界はますます混迷を深めていく。ヒトラーが「国家社会主義ドイツ労働者党」の党首となったのは、ウェーバーが亡くなった一年後（一九二一年）のことだった。

　ウェーバーはこうした激動の時代に、「社会学」という新しい学問を、自力で切り拓いていった。かつて哲学者のK・ヤスパースは、ウェーバーを「われわれの時代における躓き（つまずき）の、もっとも豊かな、もっとも深い経験者」であると語ったことがある。わずか五六歳でこの世を去ったウェーバーであるが、そのカリスマ的（英雄的）な発言力と行動力とから、いまでも人々を魅了しつづけている。

　そんなウェーバーは、政治家の父と敬虔なプロテスタントの母のあいだに、長男として生まれた。出産は難産だったようである。母親の授乳ができなかったため、当初は社会民主党員の指物師の家に預けられたという。

　ウェーバーの回想によれば、自分は学校ではたいそう怠け者で、なんら義務感がなく、功名心もなかったようである。しかしそれでも、本をよく読んだという。一二歳でマキャベリ『君主論』、一三歳（推定）で『ゲーテ全集』全四〇巻を次々に読んでいったというのだから、早熟な少年だ。

大学生になると、ウェーバーは精力的に諸学を勉強するかたわら、キャンパス・ライフを楽しんだ。その頃に父にあてた手紙では、次のように書いている。

今日は三人の西南ドイツ人と一緒にフェンシングの練習をしましたが、これは論理学と法学提要のあいだのまったく格好の気分転換となります。とにかくいま、わたしは気ままな生活をしています。講義、学籍登録、フェンシング課程、フェンシングの道具にお金がかかるため、無茶をすることは許されませんが、十二時半に近くで昼食をとり、ときには四分の一リットルのぶどう酒かビールを飲みます。それから二時まではよくオットーとイクラートさんと手堅いスカート「カード遊びの一種」をやります。スカートなしではオットーは暮らすことはできないのです。そのあとで、わたしたちはそれぞれの部屋に引きあげ、わたしは講義のノートに目を通し、シュトラウスの『古い信仰と新しい信仰』を読みます。ときによっては、午後山に出かけたりします。[1]

一八八六年には、司法官試補の試験に合格。一八八九年には、論文「中世商事会社の歴史」で法学博士号を取得する。そして、一八九一年に教授資格論文「ローマ農業史、公法および私法に対する意義」を提出すると、一八九四年には、わずか三〇歳でフライブルク大学の正教授に就任した。翌年行った教授就任演説「国民国家と経済政策」はとくに有名で、ウェーバーは自ら手がけた調査を元に、独自のナショナリズム的な主張を加えた。ウェーバーはこの演説で、ドイツはポーランドからの季節

マリアンネとウェーバー

労働者を制限して、民族の気高さを示すべきだと主張した。

その一年前の一八九三年に、ウェーバーはマリアンネ（父の姪の娘にあたる）と結婚している。じつはウェーバーには当時、エミーという恋人がいた。結婚の前年、ウェーバーは南ドイツの保養地で養生していたエミーに会って、別れを告げている。ウェーバーによれば、ぼくは君との愛を裏切っていない、でもぼくはマリアンネと結婚するのだという。

恋の複雑な事情があった。ウェーバーはエミーに次のように書いている。

ぼくとともに歩んでくれるならば、返事は書かないでくれたまえ。そうしたらぼくは、君に再会したとき、静かに君の手を握り、君の前で目をふせたりすまい。そして君も目を伏せてはいけない。

では御機嫌よう、人に理解されぬ娘よ、人生は重く君の上にのしかかっている。――今はぼくは君にこれだけ言おう、君がぼくの生活に与えてくれた豊かさを感謝する、そしてぼくの思いはいつも君の上にある、と。そしてもう一度――、ぼくと一緒に来てくれ、ぼくは君が来てくれることを知っている。[2]

一八九六年、ウェーバーは三二歳になると、ハイデルベルク大学に移ることになった。ところがウェーバーは、この年になって、父親と大喧嘩をしてしまう。喧嘩の原因の一つは、母ヘレーネが、祖母エミーリエの遺産の一部を社会事業に使いたいと申し出たときに、父親がそれを許さなかったことにあったようだ。激論の末、父親は息子に批判されたことがショックで、旅に出る。ところがラトビアの首都リガで、客死してしまう。ウェーバーはその後、精神疾患をわずらい、療養生活を余儀なくされた。一九〇三年には、大学を正式に退職することになった。三九歳のときであった。

怒濤の二〇年

けれどもウェーバーは、大学を辞職する前後の時期に、新たな学問的創造の局面を迎えている。一九〇三年に論文「ロッシャーとクニース」、一九〇四年に重要な二つの論文、「社会科学および社会政策的認識の「客観性」」および「プロテスタンティズムの倫理と資本主義の精神」(略して「プロ倫」)の前半をそれぞれ雑誌に公刊している(後半は翌年に刊行)。

ウェーバーのいう「客観性」とは、ある特定の観点の自覚とともに構成される思考と論述の一貫性として定義されるものである。当時としては、この「客観性」の理解は、斬新的であった。けれども現在では、社会科学の方法論として、広く受け入れられている。また名高い論文「プロ倫」においては、カルヴァン派以降のプロテスタンティズムの禁欲倫理が、歴史的にはその後、中産階級の勤勉さや、徹底した利潤追求と簡素な生活に基づく資本蓄積をもたらしたと論じている。この論文はのちに大幅に加筆修正されて、『宗教社会学論集』第一巻（一九二〇年刊）の一部として刊行された。

一九〇四年には、ウェーバーは友人の歴史家トレルチとともに、アメリカの各地を旅している。八月から一二月にかけての長い旅行である。きっかけは旧友の招待であり、アメリカで開催される世界学術会議に出席して講演することが一つの目的だった。

一九〇五年になると、「ロシア第一次革命」が起きる。するとウェーバーは、短期間でロシア語を習得し、ロシアの新聞を読んで長大な論文を書いた。それは現在、『ロシア革命論　I・II』（名古屋大学出版会）として邦訳刊行されている。

一九〇八年には、ウェーバーは、ドイツの社会政策学会が全国規模で企画した工場労働者の調査に参加した。この調査からウェーバーは、「工場労働者の心理物理学」などの論文を発表した。また同年、ウェーバーは、大学制度改革の問題についても積極的に発言している。当時のドイツでは、社会民主党員には、正規の教授資格を与えないという制約があった。ウェーバーはこうした制約をきびしく批判し、あわせて大学における「教壇禁欲」の理想を語った。一連の論稿は、上山安敏ほか訳『ウェーバーの大学論』として邦訳刊行されている。ウェーバーはさらに同年、「古代農業事情」に関する論稿も執筆している。

一九〇九年になると、ウェーバーは「ドイツ社会学会」の共同設立者となった（会計係を引き受けた）。その翌年に、第一回ドイツ社会学会大会が開かれると、大きな論争が起きた。はたして社会科学の研究において、研究者は価値判断をしてよいのかどうか、という論争である。ウェーバーは結局、この論争で自身の立場が理解されなかったことに失望して、この学会を一九一三年に退会している。

一九一〇年になると、ウェーバーは、妻のマリアンネが新聞社から受けた誹謗に対して、その情報源を提供したとされる大学教授を相手取って、法廷で闘った。結果は勝訴であった。ウェーバーはこの法廷闘争のために、膨大な文書を作成した。その一端は、マリアンネ・ウェーバー著『マックス・ウェーバー』に紹介されているが、実に緻密で容赦のない内容であることが見てとれる。

一九一一年から一三年にかけて、ウェーバーは大著『経済と社会』の執筆にとりかかった。もともとこの大著は、パウルジーベック社が企画した『社会経済学講座』（全体で五部九分冊からなるシリーズ）の一部として刊行される予定であった。ウェーバーはこの講座の編者を務め、自身は「経済と社会」の項目を、オーストリア学派の経済学者オイゲン＝フィリポヴィッチと分担執筆することになる。しかし結局、ウェーバーが書いた部分は、ウェーバーの死後、単著『経済と社会』として刊行されることになった。電話帳のように分厚い本である。

一九一四年に第一次世界大戦が勃発すると、ウェーバーは自ら希望して、ハイデルベルクの予備野戦病院委員会で勤務した。九つの陸軍病院を管理する仕事を任された。

しかしこの戦争でドイツは敗け、一九一八年には、連合国軍と休戦協定を結ぶことになる。この前後にウェーバーは、活発な政治的発言をつづけている。同時にウェーバーは、古代ユダヤ教に関する長大な論稿を雑誌に連載してもいる（一九一七～一九一九年）。この時期、ドイツでは敗戦によって国自体が崩壊するのではないかという危機感がただようなかで、ウェーバーは有名な講演「職業としての学問」と「職業としての政治」（一九一九年）を行った。これらの講演は、いまではウェーバーの入門書としてよく読まれている。

ドイツが敗戦すると、ウェーバーの生活は多忙を極めた。一九一八年の末に、ウェーバーは、ある選挙区で、民主党の国民議会議員の筆頭候補者に推されたので、それを受諾して立候補する。しかし政治権力者たちの争いから、ウェーバーは最終的には候補者名簿のずっと下のほうに位置づけられることになったので、立候補を途中で断念した。他方でウェーバーは、一九一九年になると、第一次世界大戦後の世界秩序に関する「ヴェルサイユ条約」の締結にも参加している。また、連邦主義的な憲法の草案を作成し、内務省の憲法草案大綱審議会に参加してもいる（一三人のなかでただ一人の民間人だった）。加えて同年の六月から、ウェーバーはミュンヘン大学の教授となり、社会学の講義を行うことになった。さらに、「プロ倫」の改訂を含めて、『宗教社会学論集』の執筆に専念するとともに、『経済と社会』の草稿も一定の完成段階にいたるまで執筆した。

1917年頃のウェーバー

こうしてこの時期、あまりにも根詰めた生活が続いたのであろう。ウェーバーは一九二〇年六月に風邪をこじらせ、急性肺炎で五六年の生涯を閉じることになる。

0－2　業績の簡単なまとめ

近代合理主義の怪物との対決

ウェーバーの研究全体をみわたすと、二つの主要な業績があるといえる。一つは、『宗教社会学論集』である。このなかから『プロ倫』のほか、『古代ユダヤ教』『宗教社会学論選』『儒教と道教』『ヒンドゥー教と仏教』などが邦訳単行本化されている。もう一つは、大著『経済と社会』である。このなかから、『社会学の基礎概念』『支配の諸類型』『法社会学』『支配の社会学I・II』『宗教社会学』『都市の類型学』などが邦訳単行本化されている。[3] この他、『学問論集』は、社会学の近代科学化に貢献した重要な達成である（このなかから『社会科学の方法』などが邦訳刊行されている）。

たくさんの研究を残したウェーバーであるが、ウェーバーを貫いている基本姿勢は、近代合理主義の特徴を多角的に捉えながら、時代の苦難を背負いつつも、この合理主義の怪物と対決する、という点にある。近代合理主義の怪物とは、機械的化石と化した日常世界のことである。近代社会は、つまらない精神によって営まれる。そのような日常生活を克服するために、ウェーバーはさまざまな概念装置を構築して、オルタナティヴとなる社会を模索した。たとえば、「官職カリスマ」「非正当的支配」「パーリア民族」「騎士精神」などの概念装置である。近代社会は乗り超えがたいけれども、近代社会の停滞を打ち破るための装置や精神は、いろいろ考えられる。ウェーバーは、この近代社会全体をまるごと捉える一方で、それが停滞する局面では、私たちの魂に新たな息を吹き込むための、さまざまなヒントをちりばめた。それらを読み解くと、ウェーバーのメッセージがいろいろ見えてくるだろう。「社会は堪えがたい矛盾に満ちているけれども、責任意識と醒めた理性をもって、たくましく生きろよ」――ウェーバーはこう私たちに訴えかけてくるようである。

0-3 『プロ倫』はどのような本か

独立した本ではない

では『プロ倫』とは、どんな本なのだろうか。ここでそのあらすじを紹介してみよう。

まずこの本は、正確にいうと、本ではない。もともと二回に分けて連載された論文であった。それがのちに加筆修正されて、『宗教社会学論集』という大きな本の一部に収録された。だから『プロ倫』というのは、ドイツでは本ではなくて論文、あるいは大きな本の一部として位置づけられている。日本では単独の本として出版されているので、私たちは本とみなすようになった。

それでも『プロ倫』は、『宗教社会学論集』のなかでも比較的独立したスタイルで書かれているので、これを取り出して読む価値があるだろう。『プロ倫』は、プロテスタンティズムの倫理から、どのようにして資本主義の精神が生まれたのかを解明している。ウェーバーが書いた社会学のなかでも、とびきり面白い部分である。

ところが『プロ倫』におけるウェーバーの主張は、どうも中核的な部分で、よく分からない。ウェーバーは、プロテスタンティズムの倫理が、その「意図せざる結果」として、資本主義の精神を生んだ、と言っているようにみえる。けれども他方で、ウェーバーは、「プロテスタンティズムの天職倫理」と「資本主義の精神」がほとんど同じだとも見ている。いったいどちらが正しいのだろうか。

私を含めて読者の多くは、まずこうした大局的なあらすじの理解で躓いてしまうのではないだろうか。いったい『プロ倫』の中心的な主張、すなわち「プロ倫」テーゼとは何なのか。なによりもこの中心的なテーゼが、読み解かれなければならないように思われる。

大まかなあらすじとポイント

『プロ倫』の内容をかいつまんで紹介してみよう。この本ではおよそ、次のようなことが論じられている。

舞台は、宗教改革によってプロテスタンティズムが勃興した一六世紀以降の西洋社会である。一六世紀以降のドイツでは、しだいに近代の大商工業が発達していった。その担い手として台頭してきたのは、しかし、宗教に疑念を抱く近代人ではなかった。むしろ信心深いプロテスタントの人たちだった。

プロテスタントの人たちは、厳格な日常生活を営みながら、宗教生活と経済状態を同時に発展させていった。ウェーバーによれば、「資本主義の精神」というのは、人々の金銭欲や冒険商人の企てからではなく、信心深いプロテスタントたちの禁欲生活から生まれたのだという。その因果関係の道すじについて、ウェーバーは、ルターの「天職」概念、二重予定説、信団の形成、バクスターの天職倫理などの観点から多角的に解明している。

「資本主義の精神」というのは、ウェーバーにおいては、快楽主義を排して、ひたむきに貨幣を獲得し、獲得した貨幣をすべて投資に回すという、ある種の異常さをそなえた行動原理であるとされている。それは言い換えれば、「資本を増やすことに生きがいを見出すような心性」、といえるだろう。ウェーバーによれば、プロテスタンティズムの倫理は、このような「資本主義の精神」を生み出すのに、親和的に作用した。プロテスタントの人たちは、もともと資本主義というものを知らなかった。けれども、自分たちの新しい宗教実践のなかから、その意図せざる結果として、資本主義の精神を生み出していった。そして資本主義の発展をおしすすめていった。ウェーバーはおよそ、このように議論を進めている。

むろん、資本主義の社会が発展すると、人びとはしだいに、快楽主義的な生活を求めるようになっていく。稼いだお金を貯蓄するのではなく、たくさん消費するようになる。しかし、多くの人びとが快楽主義的な生活を送ると、社会はどうなるのか。ウェーバーは、資本主義の社会から「精神」が消えていく、と考えた。

ウェーバーによれば、私たちの資本主義社会は、だんだん快楽主義的になってきた。精神と呼べるようなものがなくなってきた。私たちの社会には、「精神のない専門人、心のない享楽人」があふれている。私たち現代人は、宗教にはあまり関心がないし、「資本主義の精神」にも関心がない。そんな私たちは、いったい何者なのか。私たちはもはや、何者でもない。無の者たちではないか。

資本主義の前段階では、プロテスタンティズムの崇高な倫理実践があった。ところが資本主義が成熟すると、人びとの精神はまったく無価値になってしまう。つまらない人間、どうでもいい人間があふれてしまう。いったい、これでいいのだろうか。ウェーバーは『プロ倫』の最後で、私たちにこのように問いかけてくる。

およそ以上が『プロ倫』の簡単なあらすじである。以上のあらすじを頼りに、実際に『プロ倫』を読んでみることにしよう。しかし読んでみると、まず文章が難しい。歴史上の用語も難しい。しかも何が「幹」で「枝」なのか、全体の流れがみえてこない。翻訳が悪いのかといえば、そうでもない。むしろ原文よりもかなり分かりやすいといえる。とくに大塚訳と中山訳は分かりやすい（ただし誤りもある）。いったいウェーバーは、何をどう論じたのか。

以下、第1章から第6章にかけての本論では、『プロ倫』のテキストを順番に解説していく。その流れのなかで、「プロ倫」テーゼの核心的な部分に迫りたい。最後に、二つの補論を付している。一つは、ルターの「ベルーフ（天職）」論をめぐる『プロ倫』の解釈論争についてである。これについては最低限の応答をしたい。もう一つの補論は、はたして「プロ倫」テーゼは実証できるのか、をめぐる議論についてである。私はしばしば、研究者ではない人から、次のような質問を受けることがある。「プロテスタンティズムが資本主義の発展を導いた」というウェーバーの議論は、いまでも正しいのですか、と。はたしてプロテスタントの人たちは、カトリックの人たちよりも経済発展を導いてきたといえるのかどうか。ウェーバーの「プロ倫」テーゼは、研究の進展とともに、論駁（ろんばく）されているのではないか。補論の8－2では、この問題を検討したい。

第1章 「問題」はどこにあるのか?

1-1 プロテスタントの人たちは、なぜ経済的に成功したのか

素朴な疑問

『プロテスタンティズムの倫理と資本主義の精神』（以下、『プロ倫』と略称する）の第一章の冒頭は、こんな文章で始まっている。

> さまざまな信仰をもった人たちが住んでいるある地方の職業統計をみてみると、次のような傾向を読みとることができる。すでにカトリック教会の会議やカトリック派の新聞や文献ではなんども論じられているのだけれども、資本を所有している人や企業経営に携わっている人たち、あるいは、労働者のなかでも上層の熟練労働者、とりわけ技術的・商業的に高度な教育を受けた従業員たちは、きわめてプロテスタント的な性格をもっているという現象である。（私訳、原書[1]一七～一八頁、大塚訳一六頁[2]）

プロテスタントの人たちは、カトリックの人たちよりも経済的に成功している場合が多い。そういうことが最近、カトリックの人たちのあいだでよく論じられている。けれどもプロテスタントの人たちは、どうしてカトリックの人たちよりも経済的に成功しているのだろうか。ウェーバーはこんな素朴な疑問から始めている。

「カトリック」とは、ローマ教皇を最高指導者として、全世界に広がっていったキリスト教の宗派である。正式には「ローマ・カトリック教会」という。その起源は一一世紀にさかのぼる。それまで続いていた「初期キリスト教」が東西に分裂すると、一方には「正教会（ギリシア正教）」、他方には「カトリック（ローマ・カトリック教会）」という、二つの宗派が生まれた。カトリックという言葉は、ギリシア語の「カトリケー（普遍的）」を語源とするもので、文字通り普遍的な教義を柱にすえるカトリック教会は、一一世紀以降、主として東西のヨーロッパの諸国で広がっていった。

マルティン・ルター

これに対して「プロテスタント」とは、一六世紀のドイツで、マルティン・ルターによって開かれたキリスト教の新しい宗派である。カトリックは「旧派」、プロテスタントは「新派」と呼ばれる。

ルターは当時、免罪符（贖宥状）の販売によって政治的な支配をつづけるカトリック教会のやり方に、疑問を感じていた。ルターはカトリック教会に異議を唱えるべく、一五一七年に「九五ヵ条の提題」と題する書簡をカトリック教会に送付する（あわせてヴィッテンベルク城教会の聖堂の扉にも、その内容を記した紙を貼り出したと言われるが、どうもこの貼り紙については、歴史的証拠がないようである）。するとルターの書簡は物議を醸して、その後「宗教改革」と呼ばれる一連の改革運動が展開していった。宗教改革は、ルターの意図をはるかに超えるものだった。ルターはカトリック教会に抗して、教会をリフォーメーション（再形成）することに関心をもっていた。けれどもその後のプロテスタントたちは、既存の教会にとらわれない新しい信仰のかたちを模索していった（詳しくは本書一三三頁以下を参照）。

歴史をたどると

プロテスタントの人たちはその後、経済的に成功するようになる。しかし彼らは、プロテスタンティズムに帰依したから経済的に成功したのだろうか。それとも逆に、経済的に成功したからプロテスタンティズムに帰依したのだろうか。どちらが原因で、どちらが結果なのだろうか。

歴史をたどってみると、すでに一六世紀において、プロテスタントの人たちは経済的に成功した都市に多く住んでいたという。そこでウェーバーは、次のような疑問を発している。

最も裕福な地域、しかも自然や交通事情にめぐまれており、経済的にも発展した地域、とりわけゆたかな都市の多くは、すでに一六世紀において、プロテスタンティズムに帰依していた。そし

> てその後のプロテスタントの人たちは、今日にいたるまで、経済競争の点で恩恵を受けている。しかしここで、歴史についてある疑問がわいてくる。いったいどうして、経済的に発展した諸地域は、宗教上の改革を受け入れるのにきわめて適した性質をもっていたのだろうか。（私訳、原書一九～二〇頁、大塚訳一七頁）

ドイツのなかでも、経済的に発展した地域では、プロテスタントの人たちが多い。ではなぜ、経済的に発展した地域は、プロテスタンティズムの宗教改革を受け入れるのに適していたのだろうか。

ウェーバーはここで、「経済発展」が原因となって、その結果として「プロテスタンティズム」が受け入れられたと想定しているわけではない。経済的に発展した都市が、どうしてプロテスタンティズムの受容に適していたのかという、因果の「適合性」を問題にしている。経済発展とプロテスタンティズムの受容は、大まかに言えば、同時に進行していく。経済発展がプロテスタンティズムの受容をもたらし、プロテスタンティズムの受容が経済発展を導いていく。このように、「経済発展」と「プロテスタンティズム受容」のあいだには、いわば「相性のよさ」が生まれる。ウェーバーはこの相性のよさ、あるいは因果の適合性に関心を寄せている。

ここで一歩引いて素朴に考えてみると、歴史は次のような道すじを通ったようにみえるかもしれない。まず、ルターの宗教改革によって、プロテスタンティズムの教義が生まれた。そしてその教義を受け入れた人たちは、経済的に成功していった、と。あるいはまた、プロテスタンティズムの教義を受け入れた人々は、カトリック教会の支配から解放されて、自由に自己利益を追求する経済人となり、資本主義経済を発展させていった、と。

このような歴史理解は、大局的にみれば誤りではないが、しかしウェーバーのみるところ、やはりどちらも誤っている。まず因果関係の問題がある。人々は、プロテスタンティズムの教義を受け入れたから、経済的に成功したわけではない。反対に、すでに経済的に成功した人たちが、プロテスタンティズムの教義を受け入れた可能性がある。もう一つ、ここでウェーバーが強調するのは、プロテスタンティズムの教義は、カトリックの教義よりも、人々を自由にしたわけではなかった、という点である。

なぜ人々は厳しい教義を受け入れたか

ウェーバーによれば、プロテスタンティズムの戒律は、それまでのカトリックの戒律よりも厳しかった。プロテスタンティズムは、人々を教会の支配から解放したのではなく、別のもっと厳しい支配形態に置き換えて、人々の日常生活を全般的に規律していった。カトリックの社会においては、お金持ちの人も貧しい人も、貴族も農民も、それほど厳しい規律生活を送っているわけではなかった。ところがプロテスタンティズムの宗教改革者たちは、人々の生活全般にたいして、厳しい規律を課していく。そして実際、初期のプロテスタントの人たちは、カトリックの人たちよりも、厳しい生活規律を受け入れた。

では当時、とりわけ経済的に成功していた地域において、人々はどうしてプロテスタンティズムの厳しい教義を受け入れたのだろうか。ウェーバーは次のように問題を提起している。

経済的に最も成功した地域の人々や、あるいは後にみるように、そのなかでも当時、経済的に勃興しつつあった市民的中間層の人たちが、それまで知られたことのないようなピューリタニズム［プロテスタンティズムの一派］の専制支配に耐えつつも、さらにそれを擁護すべく、みずから積極的に、ある壮絶な人生の企て（ヒロイズム）を行ったのは、いったいどうしてなのだろうか。その企ては、カーライルが「英雄主義《ヒロイズム》の最後の者たち」と呼んだことに根拠がないわけではないように、市民的中間層の人たち自身にとって、空前絶後のものだった。（私訳、原書二〇～二一頁、大塚訳一八～一九頁）

プロテスタンティズムは、生活全般にわたって、厳しい規律を課した。新しい経済を担う市民的中間層の人々は、なぜそのような厳しい教義を受け入れたのだろうか。

ウェーバーは第一章の冒頭で、プロテスタントの人たちがカトリックの人たちよりも経済的に成功しているのはどうしてなのか、という当時議論されていた疑問から出発した。さらにここでウェーバーは、自らの疑問を立て直している。すなわち、経済的に台頭しつつある「新興の市民的中間層」が、カトリックよりも厳しい新興の宗教（プロテスタンティズム）を受け入れたのは、いったいなぜなのか、と。

「ブルジョワ」と「ピューリタニズム」

ここで、「市民（ブルジョワ）」と「ピューリタニズム」という二つの言葉について、それぞれ補っておこう。

ウェーバーは、新しい経済の担い手を表現するときに、「市民（ブルジョワ）」という表現を用いる。ここで「市民（ブルジョワ）」という言葉の意味は、私たちが使っている「市民」とは異なる点に注意したい。私たちは「市民」という言葉を、政治的権利をもった国民、という意味で使っている。民主主義の国であれば、市民とは、その政治的権利を十分に行使するために、民主的に議論したり、あるいは自律的にものを考えて行動したりという、一定の政治的な役割や美徳を求められる人たちのことである。私たちはそのような役割を担うときに、「市民」と呼ばれる。しかしウェーバーのいう「市民（ブルジョワ）」とは、そのような民主主義の担い手ではない。ウェーバーのいう「市民」とは、さしあたって、規律正しい生活をする人たちのことである。

ウェーバーは、一九〇四年から一九〇五年にかけて「プロ倫」論文を発表し、一九二〇年にその改訂版を『宗教社会学論集』の一部として刊行した。その間に、一九一三年には、ウェーバーとならんで評価されることも多いW・ゾンバルトが、大著『ブルジョワ』を刊行している。この『ブルジョワ』という本は、とても重要である。「市民（ブルジョワ）」の概念を、多角的な視点で鮮やかに描いているからである。「市民」の概念は、ゾンバルトによって詳細に論じられた。けれどもウェーバーは、ゾンバルトの研究に対して批判的であった。ウェーバーが一九二〇年に改訂版の「プロ倫」を刊行する際には、たくさんの注を付けて、ゾンバルトの主張にコメントしている。「市民（ブルジョワ）」という概念をどう理解するかは、その当時、論争的なテーマだったといえる。

もう一つの言葉、「ピューリタニズム」とは、イギリスで勃興したプロテスタンティズムの一派である。信者は日本語で「清教徒（ピューリタン）」と呼ばれる。清教徒とは、信仰においてピュアな人たち、という意味である。ピューリタニズムは、一六世紀から一七世紀にかけて、当時のイギリス国教会の内部で、あるいはそこから分離して、しだいに勢力を伸ばしていった。イギリス国教会から分離した人たち（分離派）の一部は、一六二〇年にメイフラワー号に乗って新天地アメリカに移住し、アメリカの発展を担っていくことにもなる。

ところでウェーバーは、先の引用文で「ピューリタニズム」に言及しているけれども、ウェーバーは当初、ドイツの文脈で問題を立てていたはずではないか。ルターの宗教改革によって、ドイツにおいてプロテスタンティズムが生じた経緯に関心を寄せていたのではないか。ところがウェーバーは、先の引用文では、イギリスやアメリカのピューリタニズムに言及している。これはどういうことであろうか。

ヴェルナー・ゾンバルト

先取りしていえば、ドイツのルターに始まるプロテスタンティズムの運動は、その後スイスのジュネーヴにおけるカルヴァンの活躍によって、大きく展開する。カルヴァンの教説は、ルターの教説とは大きく異なっていた。その考え方は、一六世紀にスイスのジュネーヴとスコットランドで興隆し、一七世紀になると、ピューリタンの人たちを通じて、一時はイギリス本国で支配的となり、アメリカ北東部（「ニューイングランド」と呼ばれていた）にも広まった。「ピューリタニズム」というのは、このカルヴァン経由で発達したプロテスタンティズムの教義であり、とくにイギリスで発展したものである。ウェーバーが生きた当時のドイツでも、このカルヴァン経由のプロテスタンティズムの影響がみられた。だからウェーバーが先のように問題を立てることには、相応の理由があった。ここではウェーバーの疑問を、次の二つに区別しておきたい。

(1)一六世紀に経済的に台頭してきた西洋人（とりわけドイツ人）は、どうしてルターのプロテスタンティズムを受け入れたのか。

(2)一六世紀に経済的に台頭してきた西洋人（ドイツ人だけでなく、イギリス人なども含む）は、どうしてカルヴァン経由のピューリタニズムを受け入れたのか。

このように問題を分けたとき、ウェーバーがとりわけ関心を寄せているのは、後者である。ルターを継承したルター派のプロテスタントたちは、その後、禁欲的なプロテスタンティズムとはやや異なる方向に発展していく。これに対してカルヴァン派の人たちは、禁欲的なプロテスタンティズムのいわば代表格となる（図1）。[3] しかしウェーバーは、さしあたってドイツの文脈で、議論をすすめている。(2)ではなく(1)の文脈で議論をすすめている。[4] この点に注意して読み進めよう。

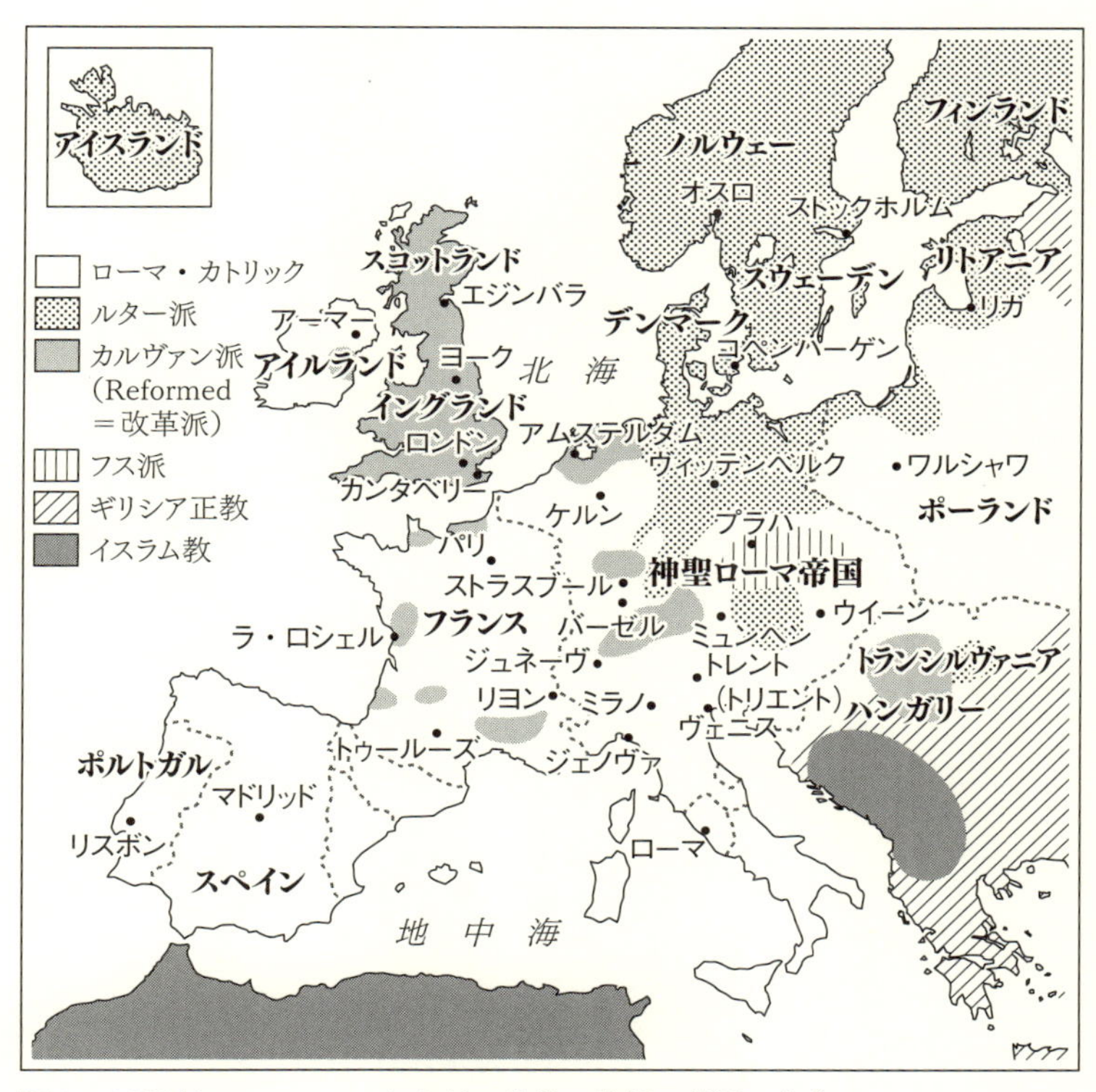

図１　1600年のヨーロッパにおける宗教・宗派・教派の分布

1−2　問題をさらに練る

「よい問題」を求めて

では、当時のドイツの新興中間層の人たちは、なぜプロテスタンティズムを受け入れたのだろうか。ウェーバーはこの問題にすぐに答えるのではなく、問題をさらに練っていく。

これは社会科学の研究全般に言えるのだけれども、研究において「問題」をうまく立てることは難しい。多くの研究では、日常語を使って議論する。だから言葉づかいがあいまいだと、問題もあいまいになってしまう。結果として答えが平凡になってしまうこともまれではない。だから問題を立てるときは、関連する諸問題やデータ、あるいは研究の現状などを検討して、意義深い応答ができるように、あらかじめ問題を練り直す必要がある。「よい問題」とは、「社会をよりよく理解するために資するような問題」である。よい問題を立てるためには、意義深い答えを導くことができないといけない。そのためには、最初に疑問に思ったことがよい問題たりえているかどうか、どうすればよい問題になりうるか、を検討し直す作業が必要になってくる。

ウェーバーは、このような事情を十分に理解していたのだろう。『プロ倫』では最初の約三分の一の分量が、「第一章　「問題」」に費やされている。そこで私たちも、ウェーバーの立てた問題の奥行きをみていくことにしよう。問題を明確にすれば、答えもおおよそ明らかになる。その過程を追うことにしよう。

教育という視点

前節では、「プロテスタンティズムの教義」と「経済発展の新しい担い手」のあいだには、「相性のよさ」があるのではないか、と指摘した。歴史的にみると、新興の中間層は、ある程度まで財産を築いたがゆえに、プロテスタンティズムの教義を受け入れたと言えなくもない。しかし人は、ある程度の財産を築いたからといって、必ずしもプロテスタントになるわけではない。財産を築いた人のなかにも、カトリックの教義を信仰していた人もいるだろう。社会的な因果関係として、「財産を築く→プロテスタントになる」、あるいは「財産を築かない→カトリックに留まる」という単純な因果関係があるわけではない。そこでウェーバーは、自分で立てた問題を別の観点から見直している。

当時のドイツでは、財産を築いた人は、自分の子どもに高等教育を与えることができた。この「教育」の観点からみると、次のようなことが言えるという。すなわち、同じように財産を築いた家庭でも、プロテスタントの人たちは、子どもたちを実利に結びつくコース（実学）へ進学させる傾向があるのに対して、カトリックの人たちは、子どもたちを教養中心のコースに進学させる傾向がある。あるいは「雇職人」のキャリア形成という観点からみると、プロテスタントの人たちは、手工業の熟練労働者からはじまって、近代的な大工業の熟練労働者へと転身し、最終的には、上層の熟練労働者や会社の幹部になっていく傾向がある。これに対してカトリックの人たちは、同じく熟練の労働者になるといっても、伝統的な手工業の領域に留まって、その世界で修業をつんで、親方になろうとする傾向がある。このようにプロテスタントとカトリックとでは、「教育への関心」や「仕事のキャリア形成への関心」に違いがみられる。

表1　カトリックとプロテスタントの違い

	高等教育	雇職人のキャリア形成
カトリック（保守的）	教養中心	手工業に留まり、親方へ
プロテスタント（進歩的）	実学中心	近代的な大工業に転身して、 上層の熟練労働者や会社幹部へ

カトリックの人たちは、高等教育では「教養」を学ばせ、労働においては「伝統」的な仕事に留まろうとする。プロテスタントの人たちと比べるなら、近代的な資本主義の世界から距離を置いて生活しようとする傾向にある。つまりカトリックの人たちは、資本主義の発展に対して、保守的・伝統的である。これに対してプロテスタントの人たちは、資本主義の発展を担う進歩主義の態度を示している。カトリックとプロテスタントの違いをまとめると、**表1**のようになるだろう。[5]

もっとも、カトリックの人たちのなかにも、実学を学び、近代的な産業の担い手になる人もいる。しかしウェーバーは、この点に深入りするのではなく、さしあたってカトリックの人たちが、近代資本主義の営利生活にあまり携わっていないと捉えたうえで、このような事実が、次のような観察と相いれない点に注目している。すなわち、政治的な支配から締め出された才能豊かな者は、とりわけ経済活動の領域で名誉欲を満たそうとする傾向にある、という一般的な社会的観察である。

才能豊かな人は、もし政治権力を握ることができない場合には、経済の分野で名声を得ようとする。この傾向は、世界中のさまざまな時代に見られるだろう。けれどももしこの観察が正しいとすれば、カトリックであれプロテスタントであれ、優秀な人たちは、政治的に抑圧された場合には、営利活動に強い関心を示すはずであろう。ところがウェーバーによれば、実際にはそうではないという。

むしろ事実は次のとおりである。プロテスタントの人たちは……（中略）……、支配層のときも被支配層のときも、多数派のときも少数派のときも、経済的合理主義に対する特有の性向を示してきた。これに対してカトリックの人たちは、これらのいずれの場合においても、経済的合理主義への性向がこれまで観察されなかったし、また今日でも観察されていない。こうしたふるまいVerhalten の違いが生まれる理由は、主として、それぞれの信仰の、恒常的で内面的な性質にも求められるべきであり、外的で歴史的・政治的な個々の状況にのみ求められるべきではない。（私訳、原書二三頁、大塚訳二四～二五頁）

このようにウェーバーは、プロテスタントの人たちは、政治的支配から締め出されたがゆえに経済的な成功を追い求めたのではなく、政治的支配層になった地域においても、あるいはならなかった地域においても、経済的な合理主義に大きな関心を示してきたという。たとえばフランスでは、カトリックが支配層、プロテスタントが被支配層であった。反対にドイツでは、プロテスタントが支配層、カトリックが被支配層であった。ところがどちらの国においても、被支配層が経済合理主義を追求したのかといえば、そうではなかった。経済的な合理主義を追求したのは、いずれの場合もプロテスタントの人たちだった。どちらの国においても、プロテスタントの教義を受け入れた人たちが、経済的な成功を求めた。このように、政治的な抑圧とは関係なく、経済的な利益を追求するプロテスタントたちの特徴は、どのように説明されるべきなのだろうか。

表面的に考えると、次のように理解したくなるかもしれない。すなわち、カトリックの人たちは、信仰の生活を重んじており、世俗的な利益には禁欲的であった。これに対してプロテスタントの人たちは、信仰心が浅く、世俗生活を肯定したので、やがて資本主義の担い手になっていったのだ、と。ウェーバーと同時代の学者、オッフェンバッハは、次のように述べている。世の中には「うまいものを食わないのなら、寝て暮らせ」という通俗的な諺があるけれども、「プロテスタントの人たちは、うまいものを食べようとするのに対して、カトリックの人たちは、寝て暮らそうとする」のだ、と。オッフェンバッハによれば、プロテスタントの人たちは、うまいものを食べたいから、経済的な成功を追求する。これに対してカトリックの人たちは、うまいものには興味がないので、経済的な成功を追求しない、というわけである。

こうした説明は、ある程度まで正しいかもしれない。けれどもウェーバーによれば、過去にさかのぼると、事態はまったく異なるという。プロテスタントの人たちは、一方では営利活動に従事しつつも、他方では信仰に熱心で、享楽的な生活とはかけ離れた生活をしていた。プロテスタントの人たちは、徹底的に稼ぐのだけれども、稼いだお金を使わずに、禁欲的な生活をした。そこには「禁欲的な信仰の生活」と「資本主義的な営利の生活」が同居していた。かれらは必ずしも、「うまいものを食べたい」から「経済的にがんばった」わけではなかった。

親和関係と反動的関係

初期のプロテスタントの人たちは、禁欲しながら営利生活を営んだ。かれらはいったいどうして、禁欲的な生活を受け入れ、それを続けることができたのだろうか。一見すると「禁欲生活」と「営利生活」はまったく相容れない。ところがプロテスタントの人たちにおいては、この二つの生活が両立した。そこでウェーバーは、次のような疑問を発する。この二つの生活のあいだには、相互に内面的な「親和（近親）関係 Verwandtschaft」があるのではないか、と。

むろんウェーバーは、ここで「親和関係」という言葉について説明していないので、疑問は練り上げられていない。「親和関係」とはおそらく、ゲーテの小説『親和力』（一八〇九年）などに由来する言葉で、化合物のなかには互いに反応しやすい性質のものがあって、そのような化学的な性質を人間関係に当てはめたものであろう。人間関係においても、ある性質と他の性質は、個人の生活において、相性のいい関係があるということだろう。

おそらくウェーバーは、この「親和関係」という言葉を、「反動的関係」との対比で用いている。「反動的関係」とは、人々の生活態度を、親の生活態度に対する反発や対抗の観点から説明する論理である。一七世紀のプロテスタント、とりわけ敬虔主義の代表格の人たちをみると、かれらはどうも、商売を営んでいる親たちがあまりにも拝金主義的なので、その反動で回心して信仰の道を歩んだようである。反対に、牧師のもとに生まれた子どもがその禁欲的な教育への反動から、資本主義の企業家になるケースもあった。拝金主義的な親への反動が、子の禁欲生活を生み出す。反対に、幼少期の厳しいしつけへの反動が、子の拝金主義を生み出すこともある。このように「親に対する反動」によって、一方における「信仰の生活」と他方における「営利の追求」が生まれる場合がある。

こうした親と子のあいだの「反動的関係」は、しばしば現実を説明するであろう。しかし反動的関

表2　禁欲生活と営利活動

	禁欲／信仰	享楽／私利
経済的に合理的な営利活動	現世内禁欲（プロテスタント）	啓蒙された経済生活（啓蒙主義）
経済的営利に無関心な活動	非現世的信仰（カトリック）	反営利の享楽生活

係は、「信仰生活」と「営利活動」が同時に結びつくようなケースを説明できない。禁欲的なプロテスタンティズムにおいては、「禁欲生活」と「営利活動」のあいだに親和関係がある。それはいったいなぜなのか。これがウェーバーの問いであった。

ここでウェーバーの説明を補うために、**表2**をご覧いただきたい。この表は、一方における「禁欲ないし信仰の生活」と、他方における「享楽ないし私利の生活」を対比させ、また一方における「経済的利益を徹底的に合理的に求める営利活動」と、他方における「経済的な儲けには無関心な活動」を対比させたものである。

この**表2**の四類型のなかで、ウェーバーが関心を寄せているプロテスタンティズムは、「現世内禁欲」の生活に位置づけられる。「現世内禁欲」の生活とは、経済的に合理的な「営利（ビジネス）の生活」を営む一方で、禁欲的な「信仰の生活」をつづけるケースである。これに対して「非現世的信仰」の生活とは、経済的な営利活動には無関心な一方で、信仰深い生活を送るようなケースである。これはカトリックの人たちにみられる。この他、私たちの社会においては、もはや禁欲や信仰とは無縁な「享楽と私利の生活」がある。ウェーバーの言葉では「啓蒙主義的」とも呼ばれる生活である。ここでは「啓蒙された経済生活」と表現した。「啓蒙された経済生活」とは、信仰心や禁欲的態度をもたない一方で、経済的に合理的な営利生活を営むケースである。最後に、経済的営利には関心がないけれども、享楽に関心がある人たちがいる。そのような人たちは、できるだけ働かないで（たとえば親のすねをかじって）生活を楽しむことに関心がある。**表2**では「反営利の享楽生活」と名づけて位置づけた。

この**表2**を用いて言えば、ウェーバーは自らの関心を、「現世内禁欲」の生活に絞り込んでいる。世俗内部での禁欲的な生活は、ウェーバーが生きた時代（一九世紀後半から二〇世紀前半にかけて）の新しいプロテスタンティズムの生活とは異なっていた。新しいプロテスタントの人たちは、すでに経済的にゆたかな生活を送っていた。それほど禁欲的ではなかった。しかし初期のプロテスタントの人たちは、徹底的に禁欲的だった。それはいったいなぜなのか。ウェーバーはこの問題に迫るために、次のような研究方針を立てている。

ルター、カルヴァン、ノックス[6]、ヴォエティウス[7]等の初期のプロテスタンティズムは、現在「進歩」と呼ばれている事柄とは、何ら関係がなかった。これらの人たちは、現在もっとも極端な宗派の人ですら当然と見なしているような、近代生活のあらゆる側面に対して真っ向から敵対する態度をとっていた。したがってもし、初期のプロテスタントたちの精神のうちのある諸特徴と、現代の資本主義文化とのあいだに、とにかく何らかの内的親和関係を見つけようとするならば、私たちはその関係を、多かれ少なかれ、（いわゆる）物質主義的あるいは反禁欲的な「現世の喜び」という点においてではなく、むしろその純粋に宗教的な諸特徴において、見出すべきな

のである。（私訳、原書二九頁、大塚訳三三頁）

初期のプロテスタントたちは、進歩主義者ではなかった。近代的な生活に反対する点では、伝統主義者であった。しかし初期のプロテスタンティズムを継承した新しいプロテスタントの人たちは、しだいに現世の生活を肯定し、世俗的な喜びを享受するようになっていく。プロテスタンティズムは、近代化とともに、「保守」から「進歩」へと態度を変化させていく。

むろん、やはり初期のプロテスタントの人たちも、多かれ少なかれ「現世の喜び」を見出したのであって、そのような現世の喜びがしだいに拡大して、資本主義の経済が発展したとみることもできるだろう。ウェーバーはそのような歴史の理解を、頭から否定しているわけではない。しかし初期のプロテスタントたちと、ウェーバーが生きた当時の資本主義文化のあいだに、もし親和的関係を見つけようとすれば、それは「宗教的な特徴」において見出されなければならないという。

では、初期のプロテスタンティズムと資本主義文化のあいだには、どんな親和関係があるのか。実はウェーバーはここで、最初の問題を微妙にずらしている。資本主義の「経済発展」への関心から、資本主義の「文化」への関心へと、問題関心をずらしている。資本主義には、「文化」がある。それは資本主義に特有の「精神」である。ではその精神とは何か。ウェーバーはこのように、問題関心を少しずらした上で、ここから「資本主義の精神」という用語の検討に移っている。そこで私たちも、ウェーバーの議論を追うことにしよう。

表3　ドイツにおけるカトリックとプロテスタントの割合の推移
（https://fowid.de/meldung/deutschland-konfessionen）

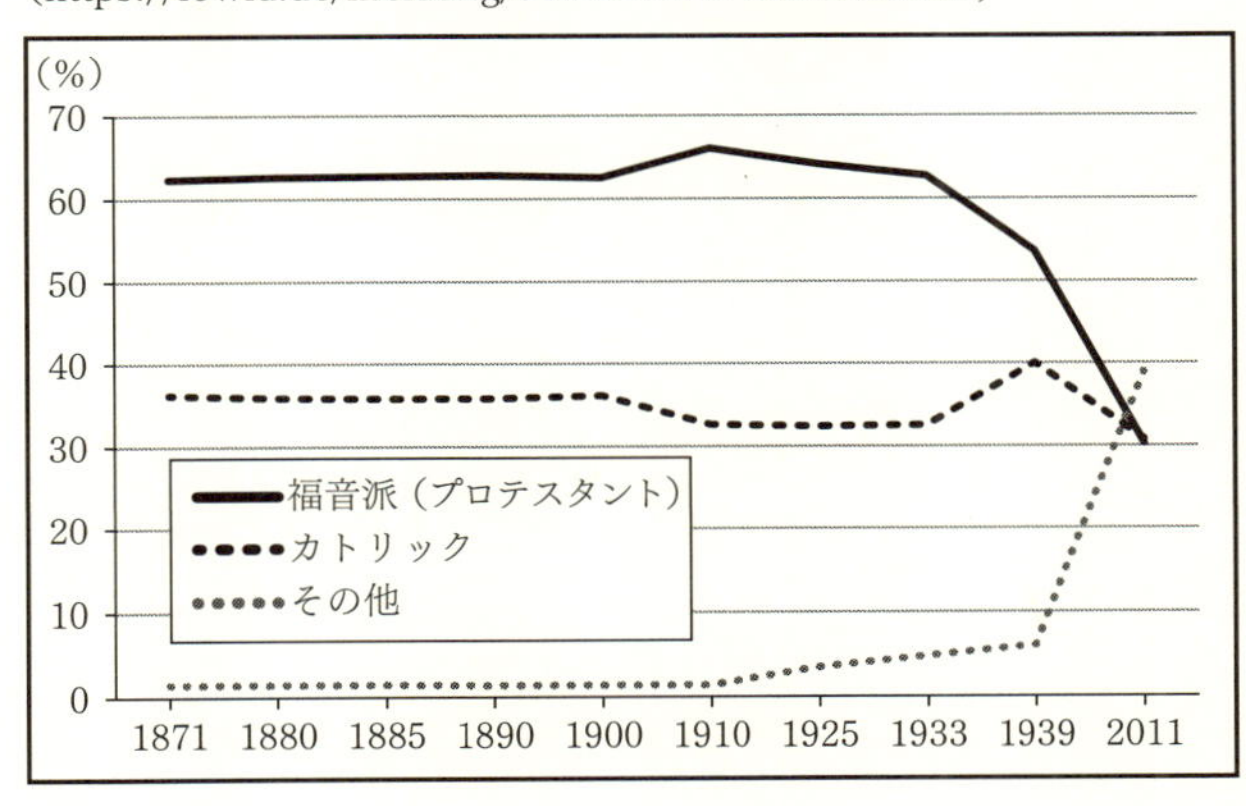

コラム

ドイツにおけるカトリックとプロテスタントの割合の推移

表3は、ドイツにおけるカトリックとプロテスタントの割合の推移である。この表をみるかぎりでは、ウェーバーが生きた一九世紀後半から二〇世紀前半にかけて、人々の意識は脱宗教化しているとはいえない。カトリックもプロテスタントも、その割合は安定している。脱宗教化、すなわち無宗教の人が増えるのは、第二次世界大戦後、あるいは二一世紀になってからである。なお、現在のアメリカ合衆国では、プロテスタントの人口比は四〇・一％、これに対してカトリックの人口比は二〇・八％であるという。（二〇一四年、ピュー・リサーチ・センター。「存在感増す福音派」『朝日新聞』二〇一八年三月八日、参照）

第2章　資本主義の精神とはなにか？

2－1　ゾンバルトの定義を超えて

「資本主義」とは何か

みてきたように、ウェーバーは『プロ倫』で、素朴な疑問を提起した。「禁欲的な信仰の生活」と「資本主義的な営利の生活」は、何か親和的な関係をもっているのではないか、と。そしてこの疑問は、さらに、「初期のプロテスタンティズムの精神」と「資本主義の精神」のあいだの親和関係として把握しなおされた。

ここから本格的な議論がはじまる（といってもまだ第一章「問題」の範囲内である）。まず、禁欲的な信仰の生活は、「禁欲的なプロテスタンティズムの倫理」という理念型として、体系的に考察される。また、「資本主義的な営利の生活」は、「資本主義の精神」という理念型として、概念構成されていく。ウェーバーは、まず「資本主義の精神」という用語について考察している（『プロ倫』第一章の第二節）。そこで私たちも、「資本主義の精神」についてのウェーバーの考察から追うことにしよう。

その前にまず、「資本主義」という言葉の一般的な意味について、整理してみよう。「資本主義」とは、(1)「私的な資本や富」が「財・サービスの生産や分配」のために用いられる経済システムであり、(2)その際の「財・サービスの価格」は、主として自由な市場で決定される。さらに、資本主義とは、(3)資本や生産手段を私有した人（資本家）が、社会のなかで支配的な地位を占めるようなシステムである。

オックスフォード英語辞典によれば、「資本主義」という言葉が初めて用いられたのは一八一六年、「資本家」という言葉が初めて用いられたのは一七七四年であった。「資本主義」という用語は、その後、一九世紀以降の社会全体を表現するために多く用いられるようになる。むろん「資本主義」は、この言葉が生まれる以前に存在していたであろう。「資本主義」社会の特徴は、部分的には、産業革命が起きた一八世紀においても見出すことができる。

「ファウスト」的精神

これに対して「資本主義の精神」という言葉は、ウェーバーと同時代のゾンバルトが先に用いた用語であった。[1]ゾンバルトによれば、資本主義の社会は、ヨーロッパにおける「ファウスト的な精神」から成長してきたのだという。「ファウスト Faust」とは、ドイツの文学や美術や音楽などの、さまざまな芸術の分野で登場する伝説的な人物である。ゲーテはこの人物を題材にして、長編の戯曲『ファウスト』[2]を書いている。

ファウストは、学者として成功する。けれども自分の人生に満足できない。そこでファウストは、悪魔（デーモン）と契約して、自分の魂と引き換えに無限の知識と幸福を得ることにした。このように、魂を売る、あるいは倫理的に正しくないことをすることによって、自分の野心を実現するような人物を、ファウスト的であるという。ゾンバルトによれば、この「ファウスト的な精神」は、新しい経済生活を営む人間に、あらたな魂を吹き込んだ。それは「不安」と「無休」の魂（＝精神）であり、胸騒ぎによって、人間を無限の遠方へと駆り立てる力をもっていた。「ファウスト的な精神」を吹き込まれた人間は、自分の魂を捨てて、無際限の経済的利益を追求するようになる。ファウスト的な精神とは、すなわち、自分を見失った「無限の勢力欲」であり、「無限の企業欲」である。それは、観察者や鑑賞者の精神ではなく、世のなかを征服し、創造し、活性化する精神である。現世においてあらゆる勢力欲を満たそうとする精神である。

ゾンバルトによれば、こうしたファウスト的な精神は、「宗教」や「科学」や「技術」や「探検」の領域でも追求された。「経済活動」であれ「学問研究」であれ、どんな分野においても徹底的に自分の野心を実現しようとするのが、ファウスト的な精神である。このファウストの精神が経済の領域に入り込むとき、封建的な手工業の様式は破壊され、人は貨幣の獲得額を最大にする営利活動へと向かっていく。ゾンバルトはこのように、経済の領域に入り込んだ「ファウスト的精神」を、「資本主義の精神」と名づけたのであった。

近代の資本主義が生まれる前の社会においては、経済的な利益を徹底的に追求しようとする企ては、周辺的（マージナル）な人たちの企てにすぎなかった。それはたとえば、盗賊騎士、貨幣退蔵家、錬金術師、企画の売り込み屋、高利貸などの営みにすぎなかった。ところが資本主義の社会が到来すると、どんな人でも営利を求めるようになる。一方では「企業者精神」が生まれる。人々は、征服欲に導かれて、経済のあらゆる場面で利得を得ようとする。他方では「市民精神」が生まれる。人々は経済の営みを全般的に合理化して、営利を得ようとする。ゾンバルトによれば、「資本主義の精神」とは、こうした「企業者精神」と「市民精神」の二つの精神が織り合わさった心情から成り立っているという。ゾンバルトはこのように、「資本主義の精神」という概念をみずから構築して、資本主義社会の成立と発展をダイナミックに描いたのだった。

合理的資本計算

これに対してウェーバーは、「資本主義の精神」という言葉を、もっと限定的に用いることにした。ウェーバーは、「近代資本主義」の発生の一般的な前提が、「合理的資本計算」にあると特徴づけている。[3]資本主義は、歴史のさまざまな段階で、さまざまな場所に見られる要素である。けれども、近代の資本主義は、資本計算が合理的にできる点に特徴がある。そしてこの「合理的資本計算」の前提には、次のような六つの特徴がある。すなわち、①生産手段（土地や道具）の私有、②自由な市場、③生産・流通技術の合理化、④計算可能性という意味での法の合理性、⑤自由な労働力、および、⑥経済の商業化（とりわけ有価証券というかたちでの投機の重要性）、である。

このようにウェーバーは、近代の資本主義は、「合理的資本計算」の精神から生まれたものだと特徴づけた。ウェーバーによれば、近代資本主義の精神の特徴は、経済の営みを全般的に合理化しようとする「市民精神」の究極的な形態である。このように捉えたうえで、ウェーバーは、近代の「資本主義の精神」が、なぜ資本主義とは無縁の倫理（プロテスタンティズムの倫理）から発生してきたのか、という問題を立てた。[4]

しかしここで立ち止まって、素朴に考えてみたい。そもそも私たちの近代資本主義社会には、大した精神など必要ないように見えるのであるが、どうであろうか。資本主義というのは、「もっとお金儲けをしたい」とか、「もっと豊かな暮らしがしたい」という態度が全般化した社会ではないか。資本主義の社会を発展させるためには、「精神」など求められていないように見える。

実際、ウェーバーも、一九世紀後半以降の資本主義には、大した精神などないと考えていたようである。しかし、初期の資本主義の担い手たちは、高い精神性を備えていた。ウェーバーは、その「精神」を問うのである。

ではその精神とは何か。ウェーバーのいう「資本主義の精神」とは何なのか。これをうまく定義することはむずかしい。ウェーバーによれば、「資本主義の精神」の定式化は、究極の解明を経た後でなければならないという。ところが結局、ウェーバーはきちんと定式化していない。ウェーバーは、さしあたって歴史的に解明する領域を確定するために、資本主義の精神の「例示」を、ベンジャミン・フランクリンの教説に見出すことができるとしている。フランクリンは、『プロ倫』において、大きな位置づけを与えられた人物である。そこで私たちも、まずフランクリンの教説を検討することにしよう。その後でこの概念を明確に定義することにしよう。

2−2　ベンジャミン・フランクリン

十三徳の樹立

ベンジャミン・フランクリン（一七〇六〜一七九〇）は、若くして印刷業で成功を収めると、政界に進出して、アメリカの独立のためにさまざまな貢献をした。アメリカ合衆国の建国の父の一人である。現在のアメリカの一〇〇ドル紙幣に、その肖像が描かれている。科学者としても有名で、凧を用いた実験では、雷が電気であることを明らかにした。

子だくさんの家庭に生まれたフランクリンは、幼少の頃は一年間しか学校に通うことができなかった。けれども独学によって、文筆の才を磨いていった。とくにフランクリンの『自伝』は版を重ね、自伝文学の古典として、いまも読み継がれている。同時代のイギリスの哲学者デイビッド・ヒュームは、フランクリンを「新世界における最初の哲学者、かつ最初の偉大な文筆家」と賞している。

ベンジャミン・フランクリン

ウェーバーは『プロ倫』で、フランクリンの言説に「資本主義の精神」を読み取っている。フランクリンは、実際にはビジネスマンというよりも、「社会的起業家」として活躍することで、歴史に名を残した人物だった。たとえば、当時まだしっかりした本屋がなかった時代に、人々がたがいに蔵書をもちよって自由に借りることのできる図書クラブをつくった。このクラブは、フィラデルフィア図書館へと発展していく。またフランクリンは、ユニオン消防組合の創設、大学の創立案の起草と設立（のちのペンシルヴァニア大学）、義勇軍組織の発案（のちに連隊長となる）、病院の建設、フィラデルフィア市議会議員の活動、州の代表として渡英、アメリカ郵政長官、対英講和会議の代表、憲法会議のためのペンシルヴァニア代表など、さまざまな公的活動を担っていった。フランクリンは、ビジネスの世界で成功を求める一方で、社会のために尽力した。フランクリンは、公共心の豊かな社会的企業家であったといえるだろう。

それでもフランクリンの生き方が「資本主義の精神」を体現しているとウェーバーに評されるのは、彼が若いころに「十三徳の樹立」を試みたからであろう。[5]十三徳とは、以下のような徳目である。

(1)節制　飽くほど食うなかれ。酔うほど飲むなかれ。
(2)沈黙　自他に益なきことを語るなかれ。駄弁を弄するなかれ。
(3)規律　物はすべて所を定めて置くべし。仕事はすべて時を定めてなすべし。
(4)決断　なすべきことをなさんと決心すべし。決心したることは必ず実行すべし。
(5)節約　自他に益なきことに金銭を費やすなかれ。すなわち、浪費するなかれ。
(6)勤勉　時間を空費するなかれ。つねに何か益あることに従うべし。無用の行いはすべて断つべし。

⑺誠実　詐りを用いて人を害するなかれ。心事は無邪気に公正に保つべし。口に出すこともまたしかるべし。
⑻正義　他人の利益を傷つけ、あるいは与うべきを与えずして人に損害を及ぼすべからず。
⑼中庸　極端を避くべし。たとえ不法を受け、憤りに値すと思うとも、激怒を慎むべし。
⑽清潔　身体、衣服、住居に不潔を黙認すべからず。
⑾平静　小事、日常茶飯事、または避けがたき出来事に平静を失うなかれ。
⑿純潔　性交はもっぱら健康ないし子孫のためにのみ行い、これに耽りて頭脳を鈍らせ、身体を弱め、または自他の平安ないし信用を傷つけるがごときことあるべからず。
⒀謙譲　イエスおよびソクラテスに見習うべし。

フランクリンは、これらの徳目を習慣にするために、一定の期間、どれか一つに注意を集中させて、その徳を習得できたら、他の徳の習得に移るように計画したという。そのために小さな手帳を作り、次のような表を書いて、毎日それぞれの徳目に関して犯した誤りを記していったという。[6]

	日	月	火	水	木	金	土
節制							
沈黙							
規律							
決断							
節約							
勤勉							
誠実							
正義							
中庸							
清潔							
平静							
純潔							
謙譲							

さらにフランクリンは、一日二四時間をどのように使うかを計画して、手帳に書き込んだ。こうした計画的な生活の実践は、フランクリンによれば、宗教とまったく無関係というわけではなかった。特定の宗派の教義とは関係ないけれども、あらゆる宗派の人たちに役立つものとして、フランクリンはこれらの美徳の実践方法を示したのだという。フランクリンによれば、諸々の悪行は、禁じられているから有害なのではなく、有害だから禁じられている。だから美徳ある生活を実践することは、来世での幸福を求める人だけでなく、現世での幸福を求める人にとっても、有利である。このようにフランクリンは、功利主義的な観点から、宗教の意義をとらえなおしたのだった。

処世術を超えた倫理

ウェーバーがとくに注目したのは、フランクリンの経済倫理観であった。その倫理はフランクリンが書いた『若き商人への手紙』[7]のなかに見出すことができるだろう。フランクリンはおよそ、次のようなことを説いている。

(1)時間は貨幣である。もし働けるのに働かないで、半日を怠けてすごしたなら、あなたはその半日で稼ぐことができる額の貨幣を、捨てたことになる。

(2)信用は貨幣である。お金を貸せば利息が入るのだから、お金は運用しなければならない。そうでなければ、あなたは運用で得られたはずのお金を、すべて殺してしまったことになる（一匹の親豚を殺せば、そこから生まれるはずの子豚を一〇〇〇代目の子孫まで殺すことになる。同様に五シリングの貨幣を殺せば、そこから生まれるはずの数十ポンドの貨幣を殺すことになる）。

(3)約束の期日までに、借りたお金をきちんと返すことが評判になれば、友人からいつでもお金を借りることができる。時間を守り、法を遵守することほど、この世の中で成功するために役に立つことはない。

(4)朝の五時や夜の九時に、あなたが懸命に働いている（槌を使って何か建設している）ことが貸主の耳に届けば、貸主は返済を六ヵ月先に延ばしてくれるだろう。懸命に働いている姿は、あなたが注意深い人間で、正直な人間だと思わせるので、あなたの信用は増すことになる。反対に、働くべき時間に遊んでいることが貸主に伝わったら、翌日にはお金の返済を求められるだろう。

フランクリンは、およそ以上のようなことを、若き商人へのアドバイスとして書いている。このフランクリンの説教は、一見すると、ビジネスの世界で生きていくための「ハウツーもの（処世術）」にすぎないようにみえる。だがウェーバーによれば、この教説には、たんなる処世術を超えた、倫理的な本質があるという。

……［フランクリンの］この「吝嗇（りんしょく）の哲学」に特徴的と思われるのは、信用される立派な人、という理想である。なかでもとりわけ、自分の資本を増やすことを自己目的とすることが、各人の義務であるという考え方である。実際、ここで説かれているのは、たんなる人生のテクニック［処世術］ではなく、特異な「倫理」であり、これを守らないことは、たんに愚かであるだけでなく、義務を怠ることの一種だとみなされてしまう。このような義務の考え方が、とりわけこの事柄の本質であろう。ここではたんに「ビジネスの知恵」が教えられているのではなく、――そのようなものは他にもいくらでもある――一つのエートスが表明されている。そして私たちが関心を寄せるのは、まさにこのエートスの質である。（私訳、原書三三頁、大塚訳四三～四四頁）

フランクリンは、たんに「儲かるから倫理的になれ」と説教しているのではない。功利主義的に考えると、ビジネスで成功するためには、実際に一生懸命に働かなくても、一生懸命に働いているところを他人に見せれば、信用を増すことができるだろう。また実際に注意深くて正直な人になるよりも、外面（そとづら）をうまく見せれば、それで経済的に儲かるかもしれない。しかしウェーバーによれば、フランクリンは、誠実さを強調するだけでなく、自分の資本を増やすことが「道徳的な義務」であると考えている。[8] そこには、ある「エートス ethos」が表明されているのだという。

ここで「エートス」とは、「持続的な情熱」のことである。情熱（パッション）というのはしばしば、一時的に燃え上がっては消えてしまうものである。しかし情熱は、人間の心の深いところで持続し、その人の人生を突き動かす駆動因になることがある。たとえばスポーツ選手は、試合で勝つために、熱い情熱を内に秘めて、ひたすらトレーニングに打ち込むということがある。このように、ある一定の時間を通じて持続する情熱を、エートスという。

ウェーバーによれば、フランクリンには「エートス（持続的な情熱）」があった。ではそれは、どんなエートスなのか。先に紹介したフランクリンの説教では、「信用は貨幣である」と説かれている。もし手元にお金があるなら、それを運用しなければならない。運用しなければ、それは子豚を生むことのできる親豚を、子どもを生ませずに死なせてしまうのと同じである。あなたは親豚に子豚を生ませないで、親豚を家畜小屋に入れておくことができるだろうか。そんなことをしたら、あなたは生命の連鎖を断ち切ってしまうのであり、それは道徳的な義務違反ではないか、というわけである。ウェーバーは、およそこのような説教のなかに、「資本主義の精神」を見出すことができると考えた。

四つの生き方

ウェーバーはさらに、フランクリンの『自伝』の内容を考慮に入れて、フランクリンの生き方に、次のような倫理的特徴を読みとっている。

(1)フランクリンは世にもまれな、率直な人間である。
(2)フランクリンは、美徳の有益さを理解したのは神の啓示によるものだと述べている。
(3)フランクリンは、神が自分に善いことをさせようとしているのだと考えている。人生の指針は、決して自己中心的な功利計算に基づくのではない。
(4)フランクリンは、あらゆる享楽を退けてお金を儲けようとする点で、いわゆる幸福主義や快楽主義の立場とは異なる。お金儲けそれ自体が自己目的になっている。かれは物質的な生活を享受することにはあまり関心がない。
(5)フランクリンは、自分の職業（天職）において高い能力を示すことが、道徳的だと考えている。

つまりフランクリンは、お金儲けは決して自己中心的な目標ではないと考えている。フランクリンは、お金儲けに関心があるけれども、お金を使うことには関心がない。お金儲けのために自分の仕事に専念する。仕事に専念して能力を発揮する。するとそのような営みには、独特なエートス（持続的な情熱）が宿る。ウェーバーによれば、それは職業倫理であるという。持続的な情熱をもって仕事に専念するという職業倫理。そのような倫理が「資本主義の精神」の一つの例示であるという。

ここで「資本主義の精神」とは、さしあたって、「自分の仕事において、持続的な情熱をもって専念し、高い能力を発揮すること」である、と理解できよう。ここではこの「資本主義の精神」を理解

表４　「資本主義の精神」の位置づけ

	倫理的（エートス的）志向	非－倫理的（処世術的）志向
手段（貨幣獲得）の自己目的化	資本主義の精神（仕事への専念）を示す生活	ビジネスが自己目的化した生活
手段化された生の拒否	スポーツ、文化、学問などの領域での「充実した生活」	快楽主義／幸福主義の生活

するための補助線として、四つの類型を区別してみたい（表４を参照）[9]。

　私たちの生き方は、(1)お金儲けをそれ自体として目的とするか、それとも、お金儲けは手段にすぎないのであって、そのような経済活動はできるだけ避けたいと考えるか、いずれかに区別することができる。また私たちの生き方は、(2)倫理的であろうとするか、それとも処世術的（世渡りのテクニック重視）であろうとするか、いずれかに区別することができる。この(1)と(2)の区別を組み合わせると、生き方についての四類型を得ることができる。すなわち、「資本主義の精神」、「充実した生活」、「ビジネスの自己目的化」、および「快楽主義／幸福主義」である。

　ここで「資本主義の精神」とは、貨幣を獲得することが自己目的化しているような経済の営みにおいて、その仕事に持続的な情熱をもって専念するような生き方の特徴である。これに対して、貨幣を稼ぐよりも、できるだけ多くの時間を人生の真の目的のために使おうというのが「充実した生活」である。「充実した生活」とは、たとえばスポーツや文化や学問などの領域で、自分の情熱を持続的に傾けるような生活であろう。

　しかし私たちは、そもそも持続的な情熱（エートス）を傾ける対象をもたない場合がある。そのような場合、人生の課題となるのは、処世術の観点からみて成功することであろう。あるいは、功利主義的な観点から、生活を合理化することであろう。この場合、処世術として貨幣獲得が自己目的化される場合は、「ビジネスが自己目的化した生活」となる。これに対して、獲得した貨幣を使って人生を楽しむことが目的となる場合は、「快楽主義や幸福主義の生活」となるだろう。

「資本主義の精神」は、この**表4**では、持続的な情熱をもって仕事に専念する態度である。ただし「資本主義の精神」には、別の特徴もある。すなわち、自分の生活全般を徹底的に合理化するという特徴である。この点はすぐ後に明らかにするとして、ここでは**表4**の「ビジネスが自己目的化した生活」について、簡単にコメントしたい。というのも私たちの資本主義社会においては、このような生活をする人も多いからである。

資本主義の社会はこれまで、いろいろな批判にさらされてきた。そもそもお金儲けをする生活は、それ自体が卑しいことではないか。あるいは、お金儲けをするけれどもお金を使わない生活、ひたすら利益を求めて努力する生活というのは、倒錯しているのではないか。たとえば、次のような人たちはどうであろう。

(a)働いて稼いだお金をひたすらため込み、他人に対して冷淡な態度を示す人（ディケンズ『クリスマス・キャロル』の主人公、スクルージのような人）
(b)お金を稼ぐためなら、他人を欺いたりすることもためらわない人
(c)たんに自分が元気だということを示すために、人一倍働くような人
(d)自分が劣っているという「ルサンチマン（うらみ・ねたみ・つらみ）」の感情を克服するために、

お金儲けをする人
(e)自分の支配欲や名誉感情を満たすために、お金儲けをする人
(f)客観的に見るとつまらなそうだけれども、仕事が面白いといって稼いでいる人
……

私たちの資本主義社会には、こうしたさまざまな人たちがいる。けれどもみんな、資本主義社会の犠牲者たちではないのか。資本主義社会のなかで、よく生きることは難しい。お金に目がくらんで、本末転倒な生活を送ってしまうこともまれではない。けれども私たちはお金儲けに距離をおいて、スポーツや文化や学問などの領域で、自分の情熱を持続的に傾けるような生活を送るべきではないのか。あるいは、家庭をはぐくんだり、町づくりの行事に参加したりして、自分にとっても他人にとっても幸福をはぐくむような生活を送るべきではないのか。資本主義社会に対する批判は、およそこのように、「お金のために生を手段化する生活を拒否する立場」からなされることが多い。

けれどもウェーバーは、こうした資本主義批判とは異なる議論をする。言ってみれば、「ビジネスを自己目的化している人たちは、それだけでは倫理的に甘いのであって、もっと高い精神性を示さなければならない」といった挑発的な視点から、議論を展開していくのである。

てみよう。

2-3　資本主義以前にも存在した?

下部構造が上部構造を生むのではない

「資本主義の精神」とは、貨幣獲得が自己目的化しているような経済の営みにおいて、仕事に持続的な情熱をもって専念するような生き方の特徴である。ウェーバーはさらに、この「資本主義の精神」は、その内容だけを取り出してみれば、お金儲けのテクニックとは関係がないという。資本主義の精神は、資本主義以前にも存在していた。少し長くなるが、ウェーバーの着眼点が分かる部分を引用してみよう。

現代の経済秩序は、そこにおいて人々が生まれるような、すでにでき上がった巨大なコスモス(宇宙)であって、少なくとも個々の人間にとっては、事実上、変革することができない網(ネット、枠、住まい、殻 Gehäuse)[10]として、そこで生活しなければならない網として、与えられている。このコスモスは、個々人が市場のつながりに巻き込まれて生活しているかぎり、経済活動の諸規範を押しつけてくるだろう。製造業者(メーカー)は、もしこの諸規範に抗して活動しつづけると、間違いなく排除されてしまうであろう。また労働者も、これらの規範に適応できないか、あるいは適応しようとしなければ、失業者として路頭に迷うことになるだろう。

私たちの経済生活を支配するにいたった現代の資本主義は、経済上の選択淘汰というやり方で、このシステムが求めているような経済主体、すなわち企業家と労働者を規律しながら、自らを生み出している。けれどもまさにこの点で、「選択淘汰」という概念には、歴史現象の説明手段としては限界があることも分かる。淘汰の過程を通じて資本主義に固有の特徴と適合した生活スタイルや職業に対する認識が選択されるためには、すなわち、それらが他に対して勝利を収めるためには、まず明らかに、それらの生活スタイルや職業の認識が、すでに生じていなければならない。実際に、それは個々の孤立した個人において生じるのではなく、あるものの見方として、人々の集団のものの見方として、生じていなければならない。（私訳、原書三七頁、大塚訳五一〜五二頁）

このようにウェーバーは、資本主義に適合した生活スタイル、あるいは職業に対する認識は、それが選択淘汰の過程で生き残るためには、あらかじめ生じていなければならないという。

カール・マルクス

これは、カール・マルクスに由来する「唯物史観」とは正反対の考え方であろう。唯物史観の基本的な着想は、次のようなものである。それはすなわち、ある社会体制における人々の意識（上部構造）が、その体制の生産力や経済的な諸関係（下部構造）によって決まってくる、と考える。たとえば、近代になって経済の生産力がしだいに増大すると、人々はその生産力に突き動かされて、私有財産が大切だという意識を抱くようになるだろう。私的所有権（財産権）の制度を求めるようになるだろう。さらに生産力が増大すれば、人々は「社会権（生存権など）」を求めるようになるだろう。労働時間の制限や、最低限の生活を保障する制度を求めるようになるだろう。このように唯物史観においては、人々は経済の変化に応じて、意識を変化させ、そして法制度を変えていくとみなされる。

ところがウェーバーのみるところ、資本主義の発達という経済的な下部構造の変化は、「資本主義の精神」という上部構造を生み出したのではない。反対に、「資本主義の精神」と呼べるものは、資本主義経済の発達以前に存在していたのであり、そのような精神が、資本主義経済の発達を導いたのだという。このようにウェーバーは、マルクス主義の理論とは正反対に、上部構造の変化からアプローチする。最初にウェーバーが発した疑問は、禁欲的な生活と営利生活のあいだには、親和的関係があるのではないか、ということであった。この疑問に迫るために、ウェーバーは経済の下部構造からではなく、人間の意識の上部構造からアプローチしようというわけである。

資本主義「発達」以前

資本主義以前にも、資本主義の精神は存在していた。ウェーバーは具体的に、アメリカの北部と南部を比較して、次のように観察している。

フランクリンが生まれたアメリカ北部のマサチューセッツでは、資本主義が発達する以前の一七世紀に、すでに「資本主義の精神」が存在していた。人々は懸命に働いたが、経済は未発達だった。これに対してアメリカ南部の植民地は、大資本家たちによって、営利目的で開拓されていた。しかしそこには「資本主義の精神」がみられなかった。結果として北部では資本主義経済が発達するのに対して、南部では資本主義の発展があまりみられないことになった。これがウェーバーの説明である。

ウェーバーのこの観察は、どこまで説得的であろうか。ウェーバーは、「資本主義の精神」が、資本主義以前にあらかじめ成立していなければならないと述べる一方で、それは資本主義が「発達」する以前に存在した、とも述べている。[11]細かい論点だけれども、「資本主義の精神」が存在したのは、はたして資本主義以前なのか、それとも資本主義の「発達」以前なのか。もし資本主義の精神が、資本主義の「発達」以前に存在していたと理解するなら、これはつまり、資本主義の精神が、資本主義の発達とともにしだいに形成されてきた、と解釈することもできよう。そしてこのような説明は、マルクス的な唯物史観に反対する立場ではないだろう。

問題は、「(近代)資本主義」というものを、どのように定義するか、にかかっている。ウェーバーは、「経営による資本増殖と合理的な資本主義的労働組織」が、経済行為の方向性を支配する力になった場合に、近代資本主義が成立するとみなしている。[12]この理解に照らしていえば、「資本主義以前」も「資本主義の発達以前」も同じ意味であり、それはすなわち、経営による資本増殖と合理的な資本主義的労働組織が支配的になった経済体制よりも以前、ということになる。この解釈に立脚すれば、「資本主義の精神は、資本主義が成立する以前に存在した」という言い方はやや不正確であり、正確には、資本主義の精神は、経営による資本増殖と合理的な資本主義的労働組織が「支配的になる前にも」存在していた、となるだろう。そしてこのように解釈すると、ウェーバーの立場は、マルクスの唯物史観を否定するわけではない、ということになる。

コラム　ウェーバー主義者とマルクス主義者の対話

ウェーバーは、マルクスの唯物史観を否定したわけではなかった。けれどもウェーバーは、資本主義の社会をマルクスとは異なる視点で捉えていた。その違いを解説するために、ここでは現代のウェーバー主義者（ウシャ）とマルクス主義者（マシャ）の考え方の違いを対話形式で描いてみたいと思う。二人は現代の資本主義社会を、どのようにみるだろうか。二人はたとえば、大企業に勤めて高収入を得ることに、生きがいを感じるだろうか。エリート・サラリーマンの生き方をうらやましいと思うだろうか。あるいは別の生き方のほうが望ましいというであろうか。

最近、大手の企業に勤めていた筆者の元ゼミ生が、その会社をやめてしまった。とくにつらい仕打ちを受けたわけではないようであるが、たぶん性に合わなかったのであろう。かれは結局、ある地方の町役場で働くという公務員の道を選んだ。しかしその選択は、正しかったのかどうか。この資本主義社会において、人生のよい選択をしたといえるのかどうか。ウシャとマシャであれば、次のように応じるかもしれない。

【ウシャ】 大企業をやめて、地方公務員になっただって？　いやぁ、どうかなぁ。大企業に勤めるサラリーマンも、地方公務員も、どちらにしたって、窮屈な人生じゃないかな。ウェーバーの表現を借りれば、サラリーマンも公務員も、「鉄の檻（網）」のなかで暮らしているにすぎないよ。

人生の根本問題は、この「鉄の檻（網）」からいかにして抜け出せるのかっていう、自由の問題だよ。日々の生活から解放されるような、そういう自由な生活を展望しないといけない。

じゃあ自由な生活スタイルとは何か、って？　それは、各人が自分の持ち場で考えないといけないな。一人ひとりが、自分なりの仕方で、自分の持ち場で「鉄の檻（網）」を破っていく。ウェーバーだったら、そういう強靭（きょうじん）な生き方を求めると思うね。そういう人間こそ、真に自由な人間なんだ、と。

【マシャ】日々の生活からの解放……そして強靭な人間になる……、かぁ。マルクスも言いそうだなぁ。人間の解放のためには、全力で共産主義の社会を目指す必要がある、というのがかれの考えだったからね。その第一段階は、一夫一婦制度の廃止、男女共有の社会だった。これはさすがに、引いてしまうかもしれないけれども、万人が万人を共有できる、っていうことだね。

それはともかく、マルクスだったら、「各人が自分の持ち場で自分で考えろ」などと言わずに、「われわれは力を合わせて、みんなで社会を変革すべきだ」と言うだろうね。力を合わせれば、一人でできないことも、できるようになる。そういう共同性の積み重ね、変革実践の積み重ねが、人生の生きがいになるんじゃないかなぁ。たとえ小さなことでも、みんなで社会を変えるそのプロセスに意義があるんだ、と。

でもウェーバーは、大企業のサラリーマンも地方公務員も、どちらも同じような存在だとみなすのかい？　マルクスだったら、やっぱりこの二人は違うと言うだろうね。大企業のサラリーマンのほうが、罪深いと言うだろう。

資本主義社会というのは、大企業の正社員、要するに資本家階級の側が、その他大勢の人々を搾取して成り立っているようなシステムなんだ。保険会社であれば、アルバイトの社員に営業を任せておいて、その成果から多くの利益を搾取している。銀行であれば、元手のない中小企業に高利でお金を貸して、多くの利ザヤを稼いでいる。力のある人たちが、その他大勢の人々の労働を搾取している。それでお金が動いている。資本主義というのは、そういう不公平なシステムなんだ。だからこのシステムのなかで高所得を得て楽しく暮らすというのは、人間的には正当化できないと思うな。それは弱い人を搾取しているにすぎない。端的に言えば、ずるいんだよ。はっきり言えば、生き方として間違っていると思う。マルクスだったら、問題は、自分が解放されることではない、万人が解放されることだ、と言うだろうね。

万人が解放されるためには、なによりもまず、最も貧しい人々が解放されるような社会を目指さないといけない。そのためには、所得税や法人税や相続税は高率にすべきであるし、シングル・マザーの家計を支えるための政策も必要だ。そういった実践を担う人生こそが、「いい人生」といえるんじゃないかなぁ。

【ウシャ】マルクス主義者であれば、おそらくそう考えるんだろうね。でもウェーバーの考え方は違うな。マルクスはそもそも、この資本主義というシステムを、根本的なところで誤解しているんじゃないかな。資本主義の社会というのは、それ自体としては、間違っているわけじゃないよ。もし、市場システムを廃止して、社会主義の計画経済に移行するとか、あるいは地域経済を重視して物流を制約するとかしてしまったら、社会は衰退してしまう。私たちの子孫に申しわけないと思わないかい？

所得税や法人税や相続税をものすごく上げたら、お金持ちたちは、自分の所得を海外に移すだろうね。あるいは海外に移住するかもしれない。すると日本は、どんどん貧しくなっていく。社会全体が衰退してしまう。きみにはそれが見通せないのかい？

社会変革というのは、そんなに簡単なことじゃない。私たちがやる実践には、いろいろなパラドックスが付きまとうからだよ。だからまず、社会科学の論理的な推論力をきたえて、そういうパラドックスを冷徹に見分けていかないといけない。もっと現実を冷静にみつめたほうがいいと思うよ。

ウェーバーだったら、私たちは子孫に何を残してあげられるのか、っていう問いを立てるだろうね。私たちの社会は、最終的には、子孫に受け継がれてこそ、意味をもつものだといえる。だから私たちは、子孫たちの視点で、いまやるべきことを考えてみないといけない。すると何が大切なことなのか。それは後の世代の人たちの心に残るようなことをすることだね。そのためには、いまの資本主義の発展を阻止するよりも、資本主義を含めて、この社会全体の発展に貢献するような、そういう活動のほうが望ましいんじゃないかな。

たんに高所得を得て楽しい生活をするというのでは、貢献じゃない。そんなんではまったくダメだよ。おそらく、自分の私生活を犠牲にしてでも、社会の発展に貢献するという、そういう精神の異常さがなければ、大したことは成しとげられないだろう。実際、日本の資本主義を担った企業家たちの多くは、私生活を犠牲にしてまで社会の発展に貢献してきたんじゃないかな。

もし「格差社会」が問題だというなら、お金持ちの人たちを批判するよりも、資本家としてたくさん稼いで、それをすべて慈善団体に寄付するほうがいいんじゃないかな。弱者の味方というポーズをしているよりも、たくさん稼いで寄付をする。そういう志をもった生き方のほうが、この社会に貢献するんじゃないか。ウェーバーだったら、おそらくそう言うだろうね。

【マシャ】えっ、つまり、がっぽり稼いで寄付しろ、って？　きみはどうも、高い理想を掲げすぎているんじゃないかなぁ？　人間というのは、もっと弱い存在だよ。この資本主義社会のなかで生きているかぎり、人々はまず、私腹を肥やそうとするんだよ。寄付する資本家はいっぱいいるけれどもね。ビル・ゲイツやバフェットもね。でも金持ちの寄付なんて、多くの場合、所得の一〇％を超えることはないだろう。残りは個人消費や資産取得に費やされるだろう。「志のある人」に期待していては、この社会はいつまでたっても変わらないよ。

必要なのは、この社会のなかで「卓越した人間」になることじゃない。むしろ、この社会を少しでも変革することだ。社会を少しずつ変革していけば、そこから人間の新たな可能性がみえてくるだろう。そして新たな可能性がみえてきたら、たとえば寄付という実践も、もっと現実的になるだろう。だから必要なのは、まずマルクスが言うように、私たちの社会の下部構造、すなわち経済基盤を変革することじゃないかな。

それにしても、きみのような意見は、ウェーバー主義者からはあまり聞いたことがないなぁ。私が知っているウェーバー主義者たちは、もっと臆病な気がする。資本主義の社会が嫌いで、マルクスに共感しているところがある。でもかれらは、マルクスのいう共産主義を目指すよりも、資本主義以前の「初期のプロテスタンティズム」の生活のほうがいいと思っているようだね。ルターやカルヴァンが創始したプロテスタンティズムの生活を送るほうが、ずっともっと精神性が高いというわけだ。そういう復古的な発想だろう。

きみのように、一部の卓越した人間に寄付を期待する場合でも、あるいは他のウェーバー主義者のように、初期のプロテスタンティズムの宗教実践に回帰する場合でも、マルクス主義者にとっては、どちらも魅力的な生き方にはみえないな。この社会を変革するための、強力な生き方にはならないと思うんだ。それはたんなる理想論にすぎないよ。現実社会のなかでは、フワフワしているようにみえる。

【ウシャ】いやいや、どうかな。そんなことはないと思うよ。むしろマルクス主義の人たちのほうが幻想的で、資本主義の本質を誤解しているんじゃないかな。この資本主義社会を、たんなる私経済のシステムとして理解している。資本主義とはすなわち、人々の欲望、私利私欲、狡猾な理性、などによって動くシステムだとみている。だから変革すべきだと考えている。そうじゃないかな？

たしかに、資本主義のシステムを「人間の欲望を満たす装置」という観点からみると、それはつまらないシステムだろうね。低俗な欲求を満たすだけの社会なんて、魅力的じゃない。その点は同意するよ。でもね、私たちの「近代資本主義」という社会は、じつはそういうシステムではないんだよ。ウェーバー流に言えば、「人間の欲望を満たす装置」というのは、近代以前にも存在していた。古代の中国においても、中世のヨーロッパにおいても、強欲な商人たちはいた。あるいは強欲な役人たちもいた。かれらはかれらなりの仕方で、その時代の資本主義を牽引したといえるだろう。

けれども一八世紀以降の西欧の資本主義、つまり私たちの資本主義というのは、それ以前のシステムとはかなり異質だと思うんだ。ウェーバーから学ぶべきは、まさにこの点だね。いったい、近代西欧の資本主義は、なぜそれ以前の資本主義よりも爆発的に発展したのか。ウェーバーによれば、それは人々がいっそう強欲になったからではないんだ。むしろ近代人が、ある種の「エートス（精神）」を身につけたからなんだ。簡単にいってしまえば、近代人は、勤勉に働く精神、あるいは、自分の生活全般を合理化していく精神というものを身につけた。

もし私たちが、こういう勤勉な精神を失ってしまったら、私たちの資本主義社会は、駆動力（エンジン）を失うだろう。そして実際、私たちの社会はいま、社会全体を駆動するためのエンジンを失いつつあるようにみえる。この数年、景気がいいとはいっても、大した経済成長率ではないよね。高度経済成長期と比べるなら、最近の日本経済は全般的に言って停滞しているといっていい。問題はつまり、私たちが「資本主義の精神」を取り戻すことなんだ。取り戻さなければ、この社会はどんどん衰退してしまう。

「人間の強欲」なんていうのはね、この社会をダイナミックに駆動するほど大きなものじゃない。人間がいかに強欲になったところで、現代の資本主義社会は発展しない。大切なのは「精神」だ。資本主義の新しい精神。それを回復しなければ、私たちは孫たちの世代に、何も残してあげることはできないだろう。ウェーバーだったら、そう考えるだろうね。

きみたちマルクス主義の人たちは、この資本主義の社会を変革すべきだというけれども、端的に言って、この資本主義に代替するシステムは存在しない。冷静に考えてみれば、私たちは結局のところ、この資本主義社会に新たな精神を吹き込むしかないだろう。

問題は、「資本主義の新たな精神」がどんなものか、っていうことだ。それは私にもよく分からないけれども、私たちはとにかく、現代の資本主義を駆動するための「新しい精神」を求めている。ウェーバー流に言えば、希望は一つ、「資本主義の新たな精神」を探ることだ。君は同意しないかもしれないけれどもね。でも私は、それを探りたいな。

【マシヤ】どうだろうなぁ。きみは、精神、精神、っていうけれども、結局、ウェーバーが論じているのは、近代の欧米社会に現れた、歴史上の資本主義の精神であって、私たちの社会がこれからどんな精神を持つべきかについては、ウェーバーは論じていないんだよね？　新しい精神がどんなものか。ウェーバーには、答えがないんだよね？

もちろんマルクスにしたって、われわれがどんな社会を目指すべきかについて、明確なビジョンがあったわけではない。でもマルクス主義者たちはその後、いろいろなビジョンを模索してきたよ。社会民主主義とか、マルチチュードといったビジョンを提起してきた。ところがウェーバー主義者たちはどうだろう？　ウェーバーの議論を継承して、なにか新しい理念やビジョンを出したのかね？　ウェーバー主義者たちは、「講壇禁欲」とか「価値自由」とか何とか言って、世の中を変革するための規範理論やビジョンを出すことに、臆病だったんじゃないかなぁ。たんなる専門研究に閉じこもってしまったようにみえる。

【ウシャ】いやぁ、それはたしかに、そういう面もあるかもしれない。これまでウェーバー主義者たちが、ウェーバーの志を継承して、明確なビジョンを出してこなかったというのは、たしかに痛いところかもしれないね。でも人間というのは、新しいビジョンがなくても、新しいことを始めることができるんじゃないかな。

たとえば、ルターやカルヴァン、あるいはプロテスタントの平信徒たちが、どんな精神をもって生きたのか。そういったことを知るだけでも、私たちは精神的に奮い立つことがある。『プロ倫』というのは、そういう精神的な喚起力をもっている本じゃないかな。マルクスの『資本論』もそうかもしれないけれども。こういう古典的な作品を読んで精神的に喚起されたら、私たちはそれぞれ、そこから先に向かうことができる。その方向性は、もちろん、一人ひとりに任されているけれどもね。あなたも一度、『プロ倫』を読むといいよ。新たな精神が、自分のなかに芽生えてくるかもしれないよ。

【マシャ】『プロ倫』かぁ。いや、一度チャレンジしてみたんだけれども、どうも難しすぎてねぇ。まあでも、また読んでみるとするかな。ただ、それだけの時間があるかどうか……。

この二人の対話は、もっと続けてもらってもいいかもしれない。対話はまだ序の口に入ったばかりである。この対話を引き受けて、とりわけウェーバー主義者は、どのような答えを与えるだろうか。『プロ倫』という書物は、こういう大きな問題関心に即して読む価値があるだろう。

２－４　金銭欲を否定する精神

企業精神と市民精神

ウェーバーのいう「資本主義の精神」には、もう一つの特徴がある。「市民の精神」という性格である。この特徴を理解するために、あらためてゾンバルトの議論を参照したい。

ゾンバルトは大著『ブルジョワ』で、自身が「資本主義の精神」と呼ぶものを、体系的に考察している。ゾンバルトはまず、経済生活の分野におけるすべての「魂」にかかわる事柄を、「経済生活における精神」と名づけた。その上でゾンバルトは、ある一つの時代には、ある一つの支配的な精神があるという。たとえば、近代資本主義の時代には、「資本主義の精神」があるという。ではそれはどんな精神か。大著『ブルジョワ』は、この問題に体系的な答えを与えている。

ゾンバルトによれば、「資本主義の精神」は、大きく分けて二つの要素から成り立っている。一つは「企業精神」である。これは、金銭欲、冒険欲、発明欲、計画力、計画実行力、発想の豊かさ、組織化の能力、交渉力、取引相手の購買欲をかきたてる力、などの特徴から成り立つとされる。もう一つは「市民精神」である。これは、計算の重視、熟考すること、実業道徳（礼儀正しさ、正直など）、勤勉、節制、正確な時間配分、経営の合理化、などの特徴から成り立つとされる。ゾンバルトは、これら二つの要素が合体して「資本主義の精神」が形成されると考えた[13]。

さらにゾンバルトは、こうした「資本主義の精神」にはさまざまな源泉があるとして、その源泉を探求していった。人間が遺伝的に継承する心理的な特質、諸民族の素質、哲学の影響、カトリックやプロテスタントやユダヤ人などの宗教とその実践、国家が果たす機能、人々が移住することの効果、金・銀の発掘の影響、技術革新、前資本主義的な職業活動の意義、資本主義の制度それ自体（精神と対比される肉体）、といった諸要素は、すべて「資本主義の精神」を形成してきたという。では、それぞれの要素はどのように寄与してきたのか。ゾンバルトはこのような関心から、「資本主義の精神」を総合的に分析している。

いつだって人は貪欲だ

これに対してウェーバーは、「資本主義の精神」を、ゾンバルトが指摘する二つの要素のなかの、「市民精神」に限定して捉えた。というのもウェーバーの理解では、近代の西欧社会で発展した資本主義に「固有」の特質は、その「市民精神」にあるからである。資本主義の精神の他の特徴、たとえば「金銭欲」や「冒険欲」などは、ウェーバーによれば、いつの時代にも存在していたのであって、とくに新しい要素ではない。ウェーバーは次のように述べている。

中国の高級官僚や古代ローマの貴族の欲深さ、あるいは最近では、農地改革を求める土地均分論者たちの欲深さは、［市民的資本主義の担い手のそれとは］比較にならないほどである。また、ナポリの馬車使いや船頭の金銭欲（auri sacra fames「金に対する呪われた貪欲さ」）、あるいはそれと似たような仕事に就いたアジアの人たちの金銭欲は、南ヨーロッパやアジア諸国における職人たちの金銭欲と同様に、同じ状況に置かれた一人のイギリス人の金銭欲と比べるなら、――

それはだれもが学ぶことができることであるが——はるかにずっと浸透しているし、とりわけ始末が悪いものである。貨幣を獲得するために自分の利益を主張するという、こうしたまったく始末の悪い態度がいたるところで支配的にみられる国というのは、まさに、市民的（ブルジョワ）資本主義の発達が、西洋の発展に関する諸尺度で計った場合に、「立ち遅れ」たままの国々である。製造業者であれば、だれでも知っているように、ドイツと比べてイタリアのような国の労働者たちには、「入念さ coscienziosità」が欠けていることが、資本主義の発展をはばむ障害でありつづけている。資本主義においては、規律のない「自由意志」の実践者たちは、労働者としては役に立たないし、またフランクリンから学ぶことができるように、節操のない仕方で取引をするビジネスマンたちも役に立たない。資本主義とそれ以前の社会は、人々が貨幣を求めて「駆り立てられている」状態の強弱によって区別されるのではない。呪われた金銭欲は、人類の歴史とともに古いのである。のちにみるように、この金銭欲という衝動にもっぱら身をまかせるような人々は、たとえば「利益のためなら、地獄を航海して、帆が焼け焦げてもかまわない」という、あのオランダの船長「ベイラント」[14]のような人は、そしてここが重要な点であるが、近代に特有の資本主義の「精神」を大量の現象として生みだすような、その源泉となる心情の担い手では決してなかったのである。（私訳、原書四一～四二頁、大塚訳五三～五四頁）

ウェーバーによれば、人間の「金銭欲や冒険欲」は、近代の資本主義に特有とはいえない。厚かましい金銭欲は、伝統的な社会においても、共同体の外部の他者との取引においては、無制限に許されていた。共同体の内部においては、金銭欲は道徳的に否定されるけれども、共同体の部外者との取引では、無制限に金銭欲が肯定されてきた。このように、近代以前の伝統的な共同体においては、「対内道徳」と「対外道徳」が使い分けられてきた。しかしこうした「二重道徳」をもつ伝統社会においては、近代の資本主義は発達しない。二重道徳の社会では、共同体の内部において、合理的な経営組織が発達しないからである。

これに対して近代の西欧社会は、共同体の内部においても、合理的な経営組織を発達させていった。ここに新しさがある。そしてそのような発展をみちびく精神は、ウェーバーによれば、人間の貪欲な金銭欲から生まれたのではないという。

ウェーバーによれば、近代の西欧社会は、「対内道徳」と「対外道徳」という区別を取っ払って、「市民的な資本主義」という、オープンな資本主義を生み出した。「市民的資本主義」とは、共同体の内部でも、合理的な経営によって資本を増殖したり、あるいは合理的な労働組織によって効率的に経営するような経済のシステムである。ではそのようなオープンなシステムは、どのように発達してきたのだろうか。

市民的美徳の特殊な形

ゾンバルトによると、「市民」、すなわち資本主義の市民精神は、すでに一四世紀のイタリアにおいても、完成された姿で現れているという。L・B・アルベルティの『家族論』には、のちにフランクリンが述べたような事柄がすべて載っているという。[15] 経営の合理化（貴族流の浪費生活の否定）、節約の奨励、支出の順位を決める図式、目的に即した時間配分、勤勉と活動の奨励、などなど、アルベルティの『家族論』においては、市民的な美徳のすべてが語られているという。[16]

けれどもウェーバーによれば、アルベルティが説いているのは、「家政」に関する事柄であって、「利益をどのように追求するか」についてではない。アルベルティは、財産（貨幣や物財）の運用方法について述べているけれども、資本を増殖させる方法については述べていない。アルベルティはまた、人々が「身分相応」の仕事に就くことや、家族の名誉を重んじることを勧めている。これらはウェーバーが独自に定義する「市民的資本主義の精神」とは異なるという。加えてアルベルティの教説は、宗教的な「救済」を求めて生活態度を抜本的に変化させるような、プロテスタンティズムの倫理にみられる変革力をもっていない。ウェーバーはこのように、アルベルティが示した市民的精神と、近代西欧に特徴的な市民的資本主義の精神には、決定的な違いがあるという。後者は、「営利追求」、「資本の増殖」、「伝統社会の身分（地位）から解放された職業（倫理）」、「救済への関心」によって特徴づけられる。

このようにウェーバーは、「資本主義の精神」についてゾンバルトとは異なる見解を示した。ゾンバルトは、資本主義の精神が「企業精神」と「市民精神」の二つから成り立つと考えた。これに対してウェーバーは、「市民精神」のなかの特殊な形態、すなわち営利の追求、資本の増殖、身分から解放された職業倫理、救済への関心（経済への無関心）から意図せずして帰結したもの、といった特徴をもつ精神に絞り込んで「資本主義の精神」を把握した。ウェーバーのいう「資本主義の精神」とは、生活全般を合理化していく「市民的な美徳」そのものではない。そのような市民的美徳の特殊な

表5　資本主義の精神：ゾンバルトとウェーバーの定義の違い

ゾンバルトのいう「資本主義の精神」の二つの特徴

1. **企業精神**
   1-1. **金銭欲、冒険欲**　→ウェーバーによれば、いつの時代にも強力だった
   1-2. **発明欲、計画力ほか**　→ウェーバーは検討していない

2. **市民精神**（経済生活全般の合理化）
   2-1. **アルベルティの家政論**　ゾンバルトは2-1と2-2を区別しなかった
   2-2. **プロテスタンティズム由来の精神**　営利の追求、資本の増殖、身分から解放された職業倫理、救済への関心（経済への無関心）から帰結したもの→ウェーバーは、この2-2こそ、近代西欧に特有の資本主義の精神であると考えた

形態、すなわち、経済的な利得を享受することにはほとんど関心がないけれども、しかし営利を最大限に追求するような生活態度、として把握されることになる（表5を参照）。

なおウェーバーは、ゾンバルトが「企業精神」の特徴として指摘した、「発明欲、計画力、計画実行力、発想の豊かさ、組織化の能力、交渉力、取引相手の購買欲をかきたてる力」などについては、それが近代西欧の資本主義に独自の特徴であるのかどうかについて、検討していない。ウェーバーはこれらの特徴が、資本主義の発展にどのような影響を及ぼしたのかについて触れずに、自分の問題関心をプロテスタンティズムの倫理（市民的精神）に絞っている。しかしもし、私たちがこの「発明欲や計画力」などの特徴に注目するなら、近代の資本主義の精神は、別様に理解することもできるだろう。

この点に注目して独自の議論を展開したのは、J・シュンペーターの『経済発展の理論』（一九一二年）であった。シュンペーターは後に、『資本主義・社会主義・民主主義』（一九四二年）で、このような発明欲や計画力などの精神が、社会

主義体制において発揮される道筋を描いた。[17] この発明欲や計画力などの企業精神に注目すると、「資本主義の精神」の一部の特徴は、中央計画経済体制という意味での社会主義の起源になった、といえるかもしれない。

2-5　伝統主義を克服する

伝統社会は成長しない

以上において、私たちはウェーバーのいう「資本主義の精神」という用語を詳しく検討してきた。だが検討はまだ終わっていない。ウェーバーはさらに、「資本主義の精神」を、「伝統主義」との関係で捉えていく。資本主義の精神は、それ以前の伝統主義の生活様式を克服して、新しい時代を生み出す精神である。それはどのような意味において新しかったのだろうか。

ウェーバーは具体的に、農作物の収穫のときの労働を例に挙げて、説明している。農業では収穫のときに、どれだけはやく収穫作業を終わらせるかによって、利益に大きな差が出るといわれる。とくに天候が不順なときは、短時間で収穫しなければならない。嵐が来るまえに収穫しなければ、農作物は台無しになってしまうからである。では、収穫作業をはやく終わらせるために、企業家あるいは経営者は、農業労働者たちに対してどんなインセンティブを与えることができるだろうか。

ひとつのやり方は、「出来高賃金制」を取り入れることであろう。たくさん収穫した労働者には、基本給のほかに、収穫量に応じて賃金を上乗せする。上乗せの比率を高くしていけば、労働者たちは懸命になって働いて、一時間当たりの収穫量を増やそうとするであろう。ところが伝統主義の社会では、そうした出来高賃金制を導入しても、労働者たちは働かない。むしろ労働量を減らす傾向にあるという。ウェーバーによれば、

> 労働者にとっては、より多く稼ぐことよりも、あまり働かないことのほうが魅力的だった。彼は、もし一日中、最大限に働いたとしたら、いくら稼げるだろうかと考えるのではなく、これまでどおり二・五マルクを稼いで自分の従来のニーズを満たすためには、どれだけ働かなければならないかと考えた。これはまさに、「伝統主義」と呼ばれる態度の一例である。人はその「本性からして」できるだけ稼ごうとするのではなく、むしろシンプルに生きようとするものである。これまで通りの生活を続けるために、必要なだけ稼ごうとするにすぎない。とりわけ近代の資本主義が、人々の労働の強度を引き上げて「生産性」を上昇させようとしたとき、その企てはどこにおいても、資本主義以前の経済におけるこうした労働の基調的な考え方（ライトモチーフ）に直面して、非常にタフな抵抗を受けたのであった。今日においても、（資本主義の観点からみて）それを支える労働者の人々が「遅れて」いればいるほど、抵抗はいっそう強い。（私訳、原書四四～四五頁、大塚訳六五頁）

つまり伝統主義の社会においては、賃金を引き上げると、労働者はかえって働かなくなる。ある程

度のニーズを満たすことができれば、それ以上に働く必要はない、と思うからである。このような伝統社会では、農作物の収穫量は上昇しない。製造業においても、伝統社会においては、次のようなことが生じてしまう。

> また純粋にビジネスの点から言って、製造業で製品を作る際に、質の高い（熟練の）労働や、高価でダメージを受けやすい機械の操作、あるいは研ぎ澄まされた注意力や自発性（イニシアチブ）が問題になるところではつねに、低賃金は、資本主義の発展のための支柱にはならない。こうしたケースでは、低賃金では利益が生まれないのであって、意図したこととは正反対の結果がもたらされてしまう。というのも、これらのケースでは、高度の責任感が絶対に不可欠であるだけでなく、少なくとも働いているあいだは、どのようにすれば最大限に楽をして、あるいは最小限の力で、これまで通りの賃金を稼げるだろうかなどと絶えず考えたりしないで、あたかもその労働が、絶対的な自己目的——「天職（ベルーフ）」[18]——であるかのように遂行する、そのような心性が一般に不可欠となるからである。だがそのような心性は、生まれつきのものではない。そのような心性は、高賃金か低賃金かという操作によって直接生まれるものではなく、長い時間を必要とする教育プロセスの産物なのである。（私訳、原書四六頁、大塚訳六六〜六七頁）

伝統主義を克服するのは、大変である。「どうしたら楽して稼げるのか」などと人々が考えているうちは、生産性は上昇しない。そうではなくて、多くの人が、とにかく自分の仕事に専念することができなければならない。ウェーバーによれば、そのような変化は、教育のたまものだという。

伝統主義の克服という問題は、資本主義の初期においてだけでなく、ウェーバーが生きた時代においても、切実だった。ドイツでは当時、未婚の少女たちは、新しい仕事を習得する能力や意欲を欠いていた。「新しい仕事を習得すれば、収入がもっとよくなるよ」と雇用主が言っても、そのような説得はあまり効果がなかった。けれどもウェーバーによれば、厳しい宗教教育を受けたドイツ敬虔派（プロテスタンティズムの一派）の少女たちは、経済教育を受けることで、自身の労働を義務とみなしてひたむきに働いたという。そしてさらに、節制と克己心によって自分の能力を高めていくという、天職倫理（第3章で詳述）がみられたという。これはすなわち、宗教が教育的な効果を発揮して、資本主義社会への適応力を育てた、ということである。現在の言葉で言えば、人的資本（ヒューマン・キャピタル）が形成されていた。人的資本が豊かな人は、資本主義社会の発展を担っていく。反対に、人的資本が貧弱な人は、資本主義社会の発達を担うことがない。宗教は、いわば人的資本形成の役割を果たしたというわけである。

「前貸問屋」にみる資本主義の精神

ここで「伝統主義」と「資本主義」の関係について、もうすこし細かくみておきたい。伝統主義と資本主義は、「目的」と「手段」という、二つの観点から区別することができるだろう。まず経済活動の「目的」として、「必要の充足」、「正当な利潤の追求」、「できるだけ多くの利潤の追求」という三つを区別することができる。この場合、「必要の充足」を求める社会は伝統主義であり、「正当な利

表6　伝統主義と資本主義

	必要の充足	正当な利潤の追求	最大限の利潤の追求
いつの時代にも存在した貨幣追求の態度			オランダの大貨幣資本家（アルミニウス主義）
生活の合理化 仕事への専念	必要充足のための資本主義	「資本主義の精神」 例）新しい前貸問屋	
従来の生活態度	伝統主義の典型	伝統主義的な資本主義① 例）前貸問屋	伝統主義的な資本主義② 例）海外貿易

潤」や「できるだけ多くの利潤」を求める社会は資本主義である。次に、目的を達成するための「手段」に注目すると、「いつの時代にも存在した貨幣追求の態度」、「生活全般の合理化（怠惰の否定と仕事への専念）」、および、「それまでの慣例に従った生活スタイル」の三つを区別することができるだろう。このうち、最初の二つは資本主義的な態度であり、最後の一つは、伝統主義の態度である。これらの区別を組み合わせると、**表6**のようになる。

まず、生活全般を合理化して利益を得ようとする一方で、実際には、従来の必要を満たしているにすぎない生活がある。これは「必要充足のための資本主義」と呼ぶことができるだろう。ウェーバーによれば、そのような人たちは、じつはとても多いのだという。

次に、ビジネスの様式としては資本主義的であるが、生活スタイルとしては、従来のやり方を維持しているような人たちがいる。そのような人たちは、「伝統主義的な資本主義」を生きている、と言えるだろう。

これに対して「資本主義の精神」というのは、さしあたって、「正当な利潤を、人々が天職を通じて組織的・合理的に追求する」場合の心性であると、ウェーバーは論じている。ここでウェーバーは、「資本主義の精神」を、一方における「生活の合理化（仕事への専念）」と、他方における「正当な利潤の追求」という二つの要素によって特徴づけている。ウェーバーは、具体的には「前貸問屋」の例を挙げて説明している。

「前貸問屋」とは、問屋の人が生産者に対して、直接、生産に必要な原材料や道具を前貸しして、生産物が完成したら、その生産物と引き換えに、生産者に対して賃金（加工賃）を支払うという職業である。この場合、生産者たちは、生産に必要な原材料や道具を、市場で買う必要がない。それらは問屋から買うので、かれらは実際には、「問屋に雇われた賃金労働者」のような存在となる。このような前貸問屋制のシステムは、都市におけるギルド（親方を中心に形成された同業者組合）の規制（組合に属さない生産者の排除）がおよばない農村で、とりわけ発展した。なかでも、問屋制家内工業（生産の現場が、それぞれの生産者の家でなされる場合の前貸問屋制）は、商品の需要の変動に応じて、柔軟に生産量を変えることができるという強みがあった。このような生産パタンは、機械制大工業のまえの「マニュファクチャ」段階において、広くみられた。

ウェーバーによれば、前貸問屋は、少なくともヨーロッパ大陸の繊維産業についていえば、一九世紀の中ごろまで、伝統的な経営のスタイルだった。前貸問屋の営業時間は、当初は一日だいたい五〜六時間で、生活のテンポはゆったりしていたようである。ところがこの同じ形態のビジネスに、「資本主義の精神」が入り込んでいくことになる。長時間労働、最大限の利潤追求、労働者の育成、顧客獲得競争、販路開拓、薄利多売、などのスタイルが入り込み、そこに「資本主義の精神」が現れるようになった。[19]

むろん、資本主義の発展を強力に推進する生活スタイルというのは、このような前貸問屋にみられる「資本主義の精神」の他にもあった。それは、オランダの大貨幣資本家たちの態度にみられるものである。かれらは、伝統主義の束縛から解放されて、最大限の利潤を追求した。しかしウェーバーによれば、オランダの大貨幣資本家たちは、カルヴィニズムの厳格な生活態度を受け入れたわけではなかった。かれらは、「アルミニウス主義」[20]と呼ばれる修正カルヴァン主義の立場をとった。カルヴァン主義とアルミニウス主義とでは、生活態度の厳格さが異なる。ウェーバーは、オランダの大貨幣資本家たちが、広い意味でのプロテスタントであるとはいっても、資本主義の精神の典型的な担い手ではないと考えた。あまり厳格な生活態度をもっていなかったからである。「資本主義の精神」を担う人たちは、典型的にはむしろ、中小の企業で働く「市民」たちであるとみた。

いかなる人々が経済システムを変えたか

ウェーバーはさらに、前貸問屋に入り込んだ「資本主義の精神」の担い手たちが、「伝統的な資本主義」の担い手とも異なる、と指摘している。伝統主義の典型的なパタンは、必要なだけ稼いで、従来どおりの生活を維持するという態度であろう。これに対して、資本主義の精神が入り込む以前の「前貸問屋」のように、①従来の生活意識や慣習を大切にしながらも、正当な利潤を追求するタイプの資本主義がある。また「海外貿易」会社のように、②国家の伝統主義的な庇護のもとで、市場を統制しつつ、最大限の利潤を追求するようなタイプの資本主義もある。

ウェーバーによれば、①のタイプの資本主義は、ごく最近にいたるまで、普通にみられるものであった。「前貸問屋」においては、一九世紀の半ばまで、伝統主義的な人間関係と利潤の追求が共存していた。この「伝統主義的な資本主義」は、ビジネスのために「資本」を用いる（すなわちお金を借りて投資する）とか、簿記その他の点で、合理的に利潤をはじき出すという点では、資本主義的である。ところがその背後で、生活のスタイルは伝統的なものにとどまり、労働者の一人当たりの労働量（労働時間）を増やすことはせず、また、顧客の獲得や販路の開拓においては、伝統的なやり方を大切にした。そこにはいわば、資本主義のもとでの「伝統主義の精神（エートス）」があった。ところがこのような伝統主義の態度は、やがて通用しなくなっていく。

こうした［伝統主義の］居心地のよい生活は、ある時点で、急にかき乱されることになった。とはいっても多くの場合、組織の形態に根本的な変化が起きたわけではなかった。それは必ずしも、労働者を終身雇用で雇う経営体に移行したり、製造機械を導入した経営体に移行するわけではなかった。むしろ多くの場合、次のようなことが起きたにすぎなかった。前貸問屋を営む家族の一青年が、都市から農村にやってくる。そして自分が求める織工を、注意深く見つけ出して、かれらを依存させながら統制しつつ、農民から労働者へと育成していく。あるいはまた［流通の観点から］、最終的な購買者に直接アプローチするために、小売業を手中におさめたり、パーソナルな宣伝方法でもって顧客を獲得したり、毎年規則的に各地をまわったり、あるいはとりわけ、製品の品質をもっぱら顧客のニーズや要望にあわせて「手ごろな」ものにしたり、「薄利多売」の原則を貫いたりしはじめる。するとそのような「合理化」のプロセスは、いつもどこでも、繰り返し次のような結果になった。すなわち、上を目指さない者は、没落しなければならなかった。しのぎを削るような闘争的競争が始まり、怠け者は破産していった。かなりの額の資産が獲得された場合でも、それは利子目当てのために貸し付けられるのではなく、事業目的のために、次から次へと投資されていった。ゆっくりとした居心地のよい古いスタイルの生活は、厳しく醒めた生活に道を譲ることになった。こうした新しい生活になんとか追いつこうという人は、消費を欲せず、ひたすら獲得しようとした。これに対して、古いスタイルの生活に留まろうとする人は、生活全体を縮小しなければならなかった。そして、とりわけこの点が重要なのであるが、こうした大変動は、通常は、新しいお金が流入してきたから生じたのではなく、……（中略）……新しい精神、すなわち「近代資本主義の精神」が流れ込んできたために、生じたのであった。（私訳、原書五二〜五三頁、大塚訳七六〜七七頁）

つまりウェーバーによれば、資本主義経済への移行は、伝統主義の経済スタイルのなかに、資本主義の精神が流れ込んできたから生じたのだという。ここで「（近代）資本主義の精神」とは、⑴優秀な人材を引き抜いて雇い、鍛えること、あるいは、⑵製造から小売まで体系的なビジネスの流れを組織化すること、といった仕方で発揮されるものとみなされている。

おそらく最初にこうした精神を発揮した人は、まわりの人たちから不審の目をもって見られたであろう。たとえば、都市から農村にやってきて、農村部の優秀な人材を引き抜いて鍛えようという人は、なかなかその村の人たちに信用されなかったであろう。優秀な人材を引き抜くためには、特別な倫理的資質を必要としたにちがいない。ウェーバーは次のように考察している。

またこのように、外面的には目立たないけれども、この新しい精神によって経済生活を遂行する人は、たいていの場合、経済史上いつの時代にもみられるような、大胆不敵であくどい投機家や、経済の分野での冒険家たち、あるいはたんなる「大金融業者」といった人たちではなかった。むしろ、過酷な生活学習環境の下で生まれ育ち、思慮深さと決断力の両方を身につけ、とくに醒めた目をもってたゆまずすすみ、厳格に市民「ブルジョワ」的な見方や「諸々の原理」をもって、きびきびと、かつ徹底的に、ある事柄に対して自身をささげるような人たちであった。
(私訳、原書五三~五四頁、大塚訳七八頁)

ウェーバーによれば、冒険商人や金融業者よりも、こうした市民的な実践力をもった人たちが、農村と都市の経済システムを変えていったのだという。

以上において、私たちはウェーバーのいう「資本主義の精神」の特徴をさまざまにつかんできた。「資本主義の精神」とは、「市民精神」であり、とりわけ「営利の追求、資本の増殖、身分から解放された職業倫理、救済への関心(経済への無関心)から帰結したもの」といった特徴をもっている。さらに資本主義の精神は、仕事を天職として受けとめ、正当な利潤を追求し、過酷な生活学習環境で育ち、見知らぬ他者から誠実であると評価されるような人格的特徴をそなえている。そのような生活スタイルを築いた人が、資本主義の精神をもっているとみなされている。

２―６　人はなぜ働くのか

四つの答え

そしてウェーバーは、資本主義の精神の担い手のなかでも、最後に挙げた諸特徴をもった人たち、すなわち、過酷な生活学習環境のもとで育ち、思慮深さと決断力を身につけ、醒めた目をもってたゆまず歩むような人たちを、「市民」と呼んでいる。ウェーバーが「市民」と呼ぶ人とは、現在の社会で言えば、家や学校で厳しい勉強に耐え、リーダーシップの能力を磨き、理性を重んじて生きる人たち、といえるだろう。

このような市民の精神は、資本主義のシステムが成熟したウェーバーの時代には、自由主義的な啓蒙思想と結びついていた。伝統主義的な生活から離脱して、信仰心を捨ててビジネスライクな生活を始めるためには、「啓蒙思想」が役に立った。啓蒙思想とは、理性の光によって、非理性的な考え方を克服していこうとする思想である。一七世紀後半以降のイギリスや、一八世紀以降のフランスで影響力をもちはじめた思想である。ヒュームやルソー、モンテスキューなどがその代表的な思想家である。啓蒙思想は、あらゆる非合理的なものを排して、合理的で世俗的な生活を支持する。このような考え方は、資本主義システムの合理化に貢献することになった。

けれどもここが重要な点なのであるが、ウェーバーによれば、最初に「資本主義の精神」を担った人たちは、こうした啓蒙思想の担い手たちではなかった。かれらは休みなく徹底的に働いて、得た収入を消費せず、ひたすら働き続けた。極端に言えば、働き続けて死んだほうが、理想的だと思っていた。これはどうみても非合理的な生き方である。どうしてそんなに死ぬほど働き続けるのか。そのように問われれば、かれらはおそらく、次のように答えるであろう。「このように絶え間なく働くことは、すでに日常生活に不可欠の要素になってしまったのです」と。

「なぜそんなに働くのか」、「なぜそんなに資産を増やすばかりで消費しないのか」と尋ねられて、私たち現代人は、どのように答えるだろうか。その答えには、およそ四つのパタンがあるだろう。

(1)それが生活パタンになってしまったから。
(2)子や孫の幸せのために資産を残したいから。
(3)社会的名誉や権勢のために資産があることをアピールしたい(誇りたい)から。
(4)社会の経済的繁栄のために尽力して、満足したいから。

これらの四つの答えは、いずれもウェーバーが『プロ倫』のなかで言及しているものである。

第一の答えは「資本主義の精神」の持ち主によるものであろう。この答えを少し補うと、「働いて資産をためることが、倫理的にしなければならない生活の一部になってしまった」となるだろう。

第二の答えは、伝統主義者でもそのように答える可能性があるだろう。この場合、伝統主義の精神と資本主義の精神を区別することは難しい。この答えはいわば、「伝統主義的な資本主義の精神」といえるかもしれない。ウェーバーは、「子や孫の幸せのために」という理由でひたすら禁欲的に働いている人は、あまりいないとみていたようである。しかしこのような人々の精神をさらに理想化して一般化すれば、「世代を超えた幸福のための資本主義の精神」となるであろう。

第三の答えについて、ウェーバーは、アメリカ合衆国では、人びとはこうした社会的評価を求めて働いているようだ、と述べている。これは「繁栄」や「勢力」への関心から、一生懸命に働くものであろう。フランクリンが推奨する勤労道徳とは、このような「繁栄」や「勢力」のための、巧みな処世術であったといえるかもしれない。このような人びとの精神をあえて名づけるとすれば、「自分の繁栄や勢力誇示のための資本主義の精神」となるであろうか。

しかしウェーバーのみるところ、資本主義の「精神」と呼べるものは、実はこのような巧みな処世術にあるのではなく、もっと謙虚で誠実なものだという。ウェーバーによれば、資本主義の精神は、ドイツにおいて、少数のすぐれた実業家たちの実例に見出される。ドイツのすぐれた企業家たちの実例は、おそらく、資本主義の精神の担い手である「資本主義的企業家」の理想として構成することができるかもしれない。

ウェーバーは当初、フランクリンの生き方が「資本主義の精神」の一例であると述べた。しかしここにきて、ウェーバーは、フランクリンの説く生き方が、「巧みな処世術にすぎない」とみなしている。ウェーバーはむしろ、ドイツのすぐれた企業家たちを念頭において、「資本主義の精神」について語っている。ドイツのすぐれた企業家たちは、繁栄や勢力のための処世術に長けているわけではない。かれらには、天職の遂行という「非合理的な感情」がみられるという。

第四の答えは、献身的な精神である。フランクリンは、『自伝』で書いているように、フィラデルフィアの市政において、多数の人々に仕事を与えることによって、経済的繁栄のために尽力した（フランクリンは、同市で郵便局長を務めたり、フィラデルフィア・アカデミー——のちのペンシルヴァニア大学——を創設したりした)。彼は自分の繁栄だけでなく、地域社会の繁栄のために働いた。このような理想主義もまた、資本主義の精神の一つを示すものとみなされる。これは「社会的繁栄のための資本主義の精神」と呼ぶことができるであろう。

資本主義の精神の「幹」と「枝」

以上のように、ウェーバーのいう「資本主義の精神」には、四つのタイプがあると考えられる。(1)生活パタンの内面的義務化、(2)世代を超えた幸福の追求、(3)繁栄・勢力欲、および、(4)社会的繁栄への献身志向、である。[21]

ウェーバーによれば、資本主義の精神とは、巨額の貨幣や資産を築いて、それを消費せずに死んでいくという、ある意味で「倒錯した衝動」に駆られた精神である。しかしその倒錯というのは、資本主義以前の伝統社会に生きる人々からみてそのように感じられるのであって、資本主義社会に生きる私たちには、それほど倒錯しているようにはみえないかもしれない。先の四つの答えは、すべて倒錯的にみえるかもしれないが、見方によってはすべて正常ともいえる。一生懸命に働いて、例えば孫世代の人々に資産を残して死んでいくのは、幸せな生き方といえるかもしれない。

いずれにせよ、ウェーバーは「資本主義の精神」という概念に、解釈の余地を与えている。ウェーバーのいう「資本主義の精神」は、(1)を「幹」としている。しかし同時に、(2)から(4)までの特徴が、あたかも「枝」のようにあちこちに描かれている。こうした「枝」を考慮に入れると、ウェーバーのいう「資本主義の精神」は、豊かな概念であることが分かるだろう。ただ『プロ倫』では、ウェーバーは、「幹」の部分に関心を絞り込んでいく。ウェーバーは、この(1)の意味での「資本主義の精神」が、歴史的にどのように生じてきたのかという関心に絞り込んで、その後の議論を進めていく。

すでに述べたように、現代においてこの資本主義の「精神」は、私たちの政治や私法や流通の諸制度のもとで、ビジネスの形態や私たちの経済に特有の構造にたんに適応したものとして理解することができる。資本主義の経済秩序は、仕事に対するこうしたコミットメントが、貨幣を稼ぐ「天職」になることを求めている。それは、外界の事物に対してとりうる態度としては、このような資本主義の構造に対してとても適合的であり、経済上の生存競争で勝つための諸条件にも適している。そのために、今日では、「貨幣を増やす」ための生活術が、なにかある統一的な「世界観」と必然的に結びついているなどと言うことはできない。とりわけ、このような生活スタイルを支持するために、私たちは何か宗教の潜勢力を是認する必要があるわけではないし、教会の諸規範を通じて経済生活に影響を与えるというのは、それがまだあるとすればの話であるが、国家による規制と同じくらい障害物のように感じられよう。私たちの「世界観」を決定するように方向づけているのは、むしろ、取引に関する政策や社会政策についての私たちの利害関心であろう。資本主義的な成功のための諸条件に自らの生活スタイルを適応させない人は、没落するか、あるいはそうでない場合でも繁栄することはないのである。しかしこうしたことは、近代の資本主義が勝利して、それまで用いていた「資本主義を軌道に乗せるための」梯子を必要としなくなった時代の現象である。かつて近代の資本主義は、台頭する近代国家の権力 Gewalt と結びついて、中世における経済規制の古い形態を崩壊させた。これと同様に、これはいまのところ推論にすぎないのであるが、近代の資本主義は、宗教の力 Macht と関係することによっても、こうした事態を生じさせたのではないだろうか。（私訳、原書五五～五六頁、大塚訳八一～八二頁）

このようにウェーバーは、資本主義の発展に対して宗教の影響があったとすれば、それはどのような意味をもっていたのか、という歴史的な問題を立てている。ここで「資本主義の精神」とは、貨幣を獲得することが人間に義務づけられた自己目的であり、「天職」であるとみなすような考え方であるとされている。もちろん、貨幣獲得には、「子や孫の幸せを願う」とか「自身や社会の繁栄を求める」といった意識が含まれる場合もあるだろう。しかしそうした含意は、議論全体のなかで、前景化されているわけではない。

それでも「資本主義の精神」の概念について、「幹」と「枝」の両方を考慮に入れると、『プロ倫』の論理構造の全体が、いっそう豊かに見えてくる。

なにが「合理的」か

筆者なりにウェーバーの議論をもう一度整理すると、「資本主義の精神」には、狭義と広義の意味がある。狭義の定義は「幹」であり、広義の定義は「枝」である。

(a)狭義の資本主義の精神：子や孫の幸せや自身の社会的繁栄・勢力を気にせず、仕事における熟達と有能さの発揮を究極の価値としながら、勤労を倫理的義務と感じて、ひたすら貨幣獲得を求めるエートス
(b)広義の資本主義の精神：子や孫の幸せや自身および社会の繁栄・勢力を気にしつつ、仕事における熟達と有能さの発揮を究極の価値としながら、勤労を倫理的義務と感じて、ひたすら貨幣獲得を求めるエートス

(a)「狭義の資本主義の精神」は、先の答えの(1)に相当する。これに対して(b)「広義の資本主義の精神」は、先の答えの(2)から(4)までを含んでいる。私たち現代人の感覚からすれば、「狭義の資本主義の精神」は非合理的にみえるけれども、「広義の資本主義の精神」は、合理的と呼んでよいかもしれない。「子や孫の幸せのため」とか「自身の繁栄のため」とか「社会の繁栄のため」といった目的は、私たちの「生きがい」に結びついているからである。それらは追求に値する道徳的価値を含んでいるだろう。

しかし他方で、私たちはこうした「生きがい」のために、そんなに無理して働くこともないだろう、とも感じている。「生きがい」というのは、やはり自分にとって「幸せ」をもたらすものであってほしい、と思うものである。「生きがい」は、「子や孫の幸せのため」とか「自分や社会の繁栄のため」と言って、ひたすらがまんして働くような生き方ではないはずである。こうした幸福論の観点からみれば、「資本主義の精神」というのは、狭義であれ広義であれ、すべて非合理的な生き方にみえ

るかもしれない。合理的な生き方とは、やはり自分の幸せのために働いて消費するような、そういう生活であるかもしれない。ウェーバーは、次のように問題を立てている。

「合理主義」というのは一つの歴史的概念であり、そこにはさまざまな対立物からなる世界が含まれている。私たちがこれから探求しなければならないのは、過去においても現在においても、資本主義文化の主要な特徴となっている「天職 Beruf」という考え方である。そしてまた、すでにみたように、幸福(エウダイモニア)主義の自己利害からすればとても非合理的なのであるけれども、天職的な労働のために身を捧げるという場合に想定されている「合理的」思考と「合理的」生活の具体的な形態が、いったいどんな精神から生まれたのか、という問題である。とりわけ私たちの関心をひくのは、この「天職」という概念のうちに、そしてそれはあらゆる「天職」概念の場合にも同様に存在するのだけれども、この非合理的な要素がどのように生じたのかという、その起源に関する問題である。(私訳、原書六二頁、大塚訳九四頁)

合理主義といっても、その合理性の基準にはいろいろある。私たちは何となく素朴に、非合理的なことを避けたほうがよいと感じるけれども、そういう場合に採用している「合理性」の基準は、往々にしてあいまいである。たとえば、「資本主義の精神」の担い手たちは、倫理的な義務感からひたすら働くので、非合理的にみえる。これに対して私たち現代人は、各人がそれぞれ自分の幸せのために利益を追求する点で、合理的であるようにみえる。けれども、こうした「自分の利益の追求」という観点から、「資本主義の精神」の担い手たちが非合理的で劣っているとか、あるいはそのような生き方は、近代合理主義の完成にいたるまでの初期の成果の一つにすぎないとか、そういう評価をしてよいのかどうか。それが問題となるだろう。

「よい人生」とは何か

私たちが「近代合理主義」と呼んでいるのは、各人が自身の幸せを求めて利己的に行動するような生き方であり、そのような人々からなる社会である。しかしそのような生き方は、それほどほめられた生き方ではないかもしれない。「資本主義の精神」の担い手たちは、ひたすら働いて、消費せずに死んでいく。その点ではとても非合理的であるけれども、かれらはともかく「精神」をもっている。かれらは私たちよりも、劣っているのかと言えば、その答えはけっして自明ではないだろう。

「よい人生」とは、必ずしも近代合理主義の人生というわけではない。「よい人生」をめぐっては、さまざまな立場があるだろう。「資本主義の精神」を追求する立場や、「個人の幸福（エウダイモニア）」を追求する立場、働くことを美徳とする「勤労道徳」の立場（デザーヴ論）、あるいは、子孫の幸せや繁栄を願って働く「保守主義／ナショナリズム」の立場や社会の繁栄のために働く立場など、いろいろな立場があるだろう。どの立場が最も合理的なのかについては、答えがない。よい人生とはなにか。その答えは各人にまかされていると同時に、私たちが政府や他の組織を通じて、どのような国民を育てたいのかという問題関心にも依存しているだろう。

このように考えてみると、ウェーバーのいう「資本主義の精神」と「個人の幸福（エウダイモニア）」の対比は、さま

表7　資本主義の精神とそれに対比される価値観

	生活スタイル① 勤労－反消費	生活スタイル② 仕事と消費のバランス追求
個人の幸福	（該当なし）	現代人の典型（利己心に基づく幸福追求）
倫理的義務	狭義の資本主義の精神	弱められた勤労道徳
子孫の幸福	広義の資本主義の精神①	家系志向の保守主義
自身の繁栄	広義の資本主義の精神②	繁栄型ウェルビイング論①
社会の繁栄	広義の資本主義の精神③	繁栄型ウェルビイング論②、および、子々孫々の繁栄を願うナショナリズム（初期ウェーバー）

ざまな立場のなかの一つの対比にすぎないことが分かる。他の立場を含めて検討してみると、資本主義社会の倫理的基盤は、**表7**のように整理することができる。

　生活のスタイルは、次の二つに分けることができる。すなわち、①ひたすら働いて消費しない生き方（勤労－反消費）と、②たくさん働くにせよ、仕事と消費のバランスを大切にする生き方の二つである（できるだけ働かないという立場もあるが、ここでは省略する）。また、追求すべき人生の目的には、次のようなものがあるだろう。「個人の幸福（エウダイモニア）」「倫理的義務の遂行」「子孫の幸福」「自身の繁栄」「社会全体の繁栄」などである。

　これらを組み合わせると、ウェーバーのいう「資本主義の精神」は、狭義には、「勤労－反消費」のスタイルで「倫理的義務」を追求するものであり、広義には、「勤労－反消費」のスタイルで「子孫の幸福」「自身の繁栄」「社会の繁栄」を追求するものであるといえるだろう。

　これに対して、現代人の多くは、仕事と消費のバランスを重視しつつ、個人の幸福を追求する生き方を重んじているように思われる。現代人はまた、理想としては、仕事と消費のバランスを求めつつ、やはり仕事に勤労道徳を求めたり、あるいは、子孫の幸福を願って働いたり、自身や社会の繁栄（繁栄としてのウェルビイング〔＝福祉〕）を目指して働く場合もあるだろう。

ウェーバーは『プロ倫』において、「狭義の資本主義の精神」と「現代人の典型（利己心に基づく幸福追求）」を対比させた。しかし『プロ倫』の全体構造を理解するためには、「広義の資本主義の精神」を含めて捉えておきたい。そのように捉えることで、「資本主義の精神」という概念の広がりを、いっそう深く理解できるからである。ウェーバーのねらいは、私たちがどのようにして精神性を示すことができるのかという問題を、歴史の検討を通じてドラマチックに開くことにあった。とすれば、私たちは「広義の資本主義の精神」を含めて、さまざまな立場を検討してみる価値があるだろう。

2-7　理念型について

概念の純粋なイメージ

前節では、ウェーバーのいう「資本主義の精神」の概念を、狭義と広義に分けて、その意味を整理した。この「資本主義の精神」と、もう一つ、「禁欲的プロテスタンティズムの倫理」（第4章および第5章を参照）は、『プロ倫』の最重要のキーワードである。これらの概念はいずれも、ウェーバーによって、「理念型」と呼ばれる方法によって練り上げられている。本節では、ウェーバーが「理念型」と呼ぶ方法について、簡単に説明したいと思う。[22] この理念型という方法をどのように理解するかは、

『プロ倫』を読む際のカギになるだろう。

歴史を語るための方法は、いろいろある。「ルターはこう言った」、「フランクリンはこう言った」という具合に、歴史の資料に書いてある言葉をつなげていくだけでも、歴史はある程度まで描けるだろう。しかしたんに資料をパッチワークするだけでは、歴史はどのように動いたのかという影響関係がみえてこない。あるいは、ルターやフランクリンが歴史上果たした意義とはなにかという「文化意義」についても、その答えはすべて、解釈する人の自由に委ねられてしまうだろう。

ウェーバーが危惧したのは、こうした二つの方向性であった。一方には、資料を忠実に読むタイプの研究があるけれども、それだけでは歴史の影響関係や文化的な意義はみえてこない。他方には、歴史的な事柄の文化意義を自由に解釈する人たちがいるけれども、それでは歴史の影響関係を客観的に明らかにすることはできない。

ルターはいろいろ言ったけれども、では歴史的にみて、ルターのなにがどう重要だったのか。それを客観的に明らかにするためには、どうすればいいのか。ウェーバーによれば、歴史家が語る多くの言葉は、直感的なイメージを喚起するものの、厳密に定義されたものではない。そこでウェーバーは、「理念型」という概念構成の方法を提案する。[23]

ルターは、その後の歴史にどんな意義を与えたのか。いろいろな影響を与えたといえるが、どれが重要なのか。その重要性を判断するためには、一定の視角が必要であろう。直感的にはいろいろな判断をすることができるけれども、他人に説得力ある仕方で提示するためには、「私はこれが重要だと思う」と言うかわりに、「この観点からみればこれが重要だ」と言う必要があるだろう。このような言い方をすれば、他の人々といっしょに、客観的に吟味できるようになるからである。

「理念型」とはこのように、ある観点からその文化的意義を判断するという目的に即して、概念を構成していく方法である。理念型は、ある概念の純粋なイメージである。そのイメージは、いくつかの特徴から成り立っている。理念型は、それらの特徴を、ひとつの統一的なイメージにまとめたものである。前節で私が整理した、「狭義／広義の資本主義の精神」は、その一例である。

「資本主義の精神」には、この他にもさまざまな特徴があるだろう。しかしすべての特徴を挙げようとすると、複雑になってしまう。どの特徴が重要なのかが分からなくなってしまう。そこでウェーバーは、一面的ではあっても、概念に純粋なイメージを与えるべきだと考えた。しかしたんに概念を明確にすればよいというわけではない。理念型は、ある一定の問題関心に照らして、何が重要な特徴であるのかを見えやすくしなければならない。つまり理念型の方法は、ある概念を明確にするだけでなく、問題を明確にして、明確な答えを導くという、三点セットになっている。

問題の明確化——問題に即した、概念の純粋なイメージ作り——明確な答えの導出

これが理念型の方法である。問題をうまく立てないと、理念型もうまく立てることができない。答えもうまく導くことができない。「問題」と「理念型」と「答え」は、すべて絡み合っている。理念型をうまく構成できたのかどうかは、それを用いた分析がうまくいったかどうかという、結果判断の問題となる。だからウェーバーは、『プロ倫』では、一方では問題を練ると同時に、他方では理念型

としての概念を練っていったのだった。

理念型はまた、「類型」論とも異なる。前節で私は、「資本主義の精神」には「狭義／広義」の二つのタイプがあると指摘した。しかしウェーバーによれば、類型をたくさん作っても、それで「資本主義の精神」の本質が見えてくるわけではない。理念型は、ある一定の問題関心に照らして、概念に本質的な特徴を与えるものでなければならない。

一面的に歴史をとらえること

では、概念に本質的な特徴を与えるには、どうすればいいのか。それはある問題関心に即して、意義深いと思われる要素を抽出することによって、である。ウェーバーの場合、『プロ倫』においては、ざっくり言うと、次のような問題が設定された。すなわち、西洋における近代化は、いかにして可能だったのか。そしてそれぞれの歴史的対象は、この近代化にどのような役割を果たしたのか。このような問題に照らして、「禁欲的プロテスタンティズムの倫理」や「資本主義の精神」などの理念型が構成された。

ウェーバーは、概念の特徴を一面的に構成した。その構成の仕方は、必ずしも「資本主義の精神」や「禁欲的プロテスタンティズムの倫理」にとって最重要の特徴というわけではない。これらの概念の特徴は、近代化にとって、どんなユニークな貢献をしたのか、という関心から切り取られたものである。その特徴は、「発生論」的なものと呼ばれる。「禁欲的プロテスタンティズムの倫理」や「資本主義の精神」は、歴史上、新しいものとして登場したのであるが、ではその新しさはどこにあるのか。さらにその新しさは、歴史に何を付け加えたのか。近代化にとってどんな意義をもっていたのか。そのような視角から特徴づけられた。ウェーバーが用いる「理念型」とはつまり、西洋の近代化にとって、何が最も意義深いものなのかという文化意義への問いに照らして、一面的に構成されたのであった。

ウェーバーのこのようなやり方には、批判もあるだろう。ウェーバーは、フランクリンのテキストを参照しつつ、「資本主義の精神」という理念型を説明した。ところがフランクリンは、実際にはプロテスタンティズムの要素ももっていた。だからフランクリンを「資本主義の精神」によって特徴づけるのは、恣意的ではないか。そういう批判がある。あるいはウェーバーは、「禁欲的プロテスタンティズムの倫理」の特徴の一つとして、「二重予定説」を挙げている。けれども実際、カルヴァンは、それほど二重予定説を重視していなかったのではないか。このような批判が投げかけられる。ウェーバーは一面的に概念を構成しようとするけれども、そうするとその概念は、歴史の現実からかけ離れてしまうのではないか。

ウェーバーであれば、次のように答えるであろう。では歴史家のみなさん、別の理念型を作って、もっとよい仕方で近代化の歴史を語っていただけないでしょうか。理念型は、歴史を語るための一つの概念装置です。もっとよい概念装置があれば、私もそれに同意しましょう。あるいはもし、私と問題関心が異なるのであれば、みなさんも自分の問題関心に応じて、別の理念型を作ってはいかがでしょうか、と。

理念型は、ある問題関心に応じて、現実の歴史のなかのある特徴を、鋭く抽出したものである。このようにしてある一面的な特徴を取り出して理念型を構成すると、ある問題関心には応じることができるけれども、別の問題関心からアプローチすれば、それはまったく説明力をもたないだろう。ウェーバーはこのことに十分気づいていた。大切なのは、どんな問題を立てるかである。問題関心が曖昧だと、その問題に答えるための概念の作り方も曖昧になってしまう。あるいはいろいろな問題関心にいっぺんに答えようとすると、私たちはその概念を「現実」に即して実体化してしまう。「禁欲的プロテスタンティズムの倫理」や「資本主義の精神」は、歴史上、どのようなものとして存在したのか、という具合に問題を立ててしまいがちである。しかし現実はあまりにも複雑なので、なにが歴史的個体の「存在」を規定するのかといわれても、その答えは結局のところ、現実の一面を切り取らざるを得ないであろう。

歴史家はこのほかの方法として、「資本主義の精神」や「禁欲的プロテスタンティズムの倫理」といった概念を、その当時の人々にとっての「模範(モデル)」という観点から定義するかもしれない。あるいは、歴史を語る歴史家の視点からみて理想的にみえる特徴を、その概念の定義とするかもしれない。しかしウェーバーは、こうした方法もまた、ふさわしくないと考えた。なぜならこういう歴史の語り方は、往々にして、自分の価値判断を歴史に託して語ることになってしまうからである。自分の理想を隠したまま、それを歴史に託して語らせる方法は、無責任なやり方ではないか。およそ何が理想かという価値判断は、自分の言葉で責任をもって語るべきではないか。これがウェーバーの考えだった。

ウェーバーは、歴史の語りは、語る人の価値判断から距離を置いたものでなければならないが、他方で各人の価値判断とは別に、人々のあいだで客観的に合意できるような、歴史の文化意義を探るものでなければならないと考えた。たとえば、「禁欲的プロテスタンティズムの倫理」や「資本主義の精神」をどのように評価するかについては、人それぞれの主観的な価値判断があるだろう。でもこれらの概念が、近代化にとってどんな文化的意義をもっていたのかについての評価は、合意できる余地がある。ウェーバーはこのように、価値判断が異なっていても、「文化意義」の評価を共有できるという点に、客観性の基礎を求めた。ここでいう客観性とは、正確に言えば、間主観性である。

むろん、ウェーバーが実際に構成した理念型をもっと明確にしていくと、そこにはウェーバーがあまり関心を寄せなかった特徴もあることが分かる。その特徴を含めて理念型を再構成してみると、そこから別の文化的意義を引き出すこともできるだろう。ウェーバーは実際には、それほど入念に理念型を構成したわけではなかった。そこで本書では、ウェーバーが作った理念型を、もっと明確にするという方針で『プロ倫』を解読していきたい。本書では、とりわけ「資本主義の精神」（すでに本章で論じた）と「禁欲的プロテスタンティズムの倫理」の特徴を整理することで、『プロ倫』の全体構造を明らかにしたい。あわせてこれらの文化的意義の新たな特徴を見出したいと思う。

コラム　オランダの貿易商人ベイラント

ウェーバーが先の引用で言及しているオランダの船長とは、オランダのアムステルダムに暮らす貿易商人ベイラントである。その当時、オランダの一部はスペイン領となっていたが、一六三五年に仏蘭同盟が結ばれると、フランスとオランダは、そのスペイン領を奪って分割しようともくろんだ。ところがオランダの諸州は、軍費の分担をめぐって意見がまとまらない。アムステルダム市は、敵のスペイン人に武器を売って儲けることを容認した。アムステルダムに暮らす人たちは、もしフランスとオランダの同盟軍が戦争に勝ったら、オランダ域内の政治が不安定になって、自分たちは不利になると考えたのかもしれない。アムステルダムに暮らすベイラントは、スペイン人に兵器を売って儲けることにした。だが戦争後、裁判にかけられる。そのときに彼は、有名な弁明を残したといわれる。

「取引は自由であるべきだし、たとえ戦争だからといって、妨げられてはならない。アムステルダムの商人は、自由に取引する権利がある。もし利益のために地獄を航海しなければならないとしたら、私は自分の船の帆が焼け焦げる覚悟で行くだろう」と。

このように弁明したベイラントは、結局、裁判で無罪となった。先のウェーバーの引用では、ベイラントは「節操のない金銭欲をもった人間」として描かれているけれども、しかし彼は、アムステルダムという都市の利益のために行動したのであり、都市を愛していたともいえる。自分が暮らす都市と国家のどちらが大切なのか。意見は分かれるだろう。いずれにせよ、ここでウェーバーが問題にしているのは、武器を自国に売るのか、それとも敵国に売るのか、ではない。戦争という一時的な出来事で大儲けしようとする態度そのものが、プロテスタンティズムの天職倫理に反するということである（岡崎久彦『繁栄と衰退と　オランダ史に日本が見える』文藝春秋、一九九一年、一七〇頁、および、大塚久雄「近代に於ける自由と自由主義」『自由主義の現代的課題』社會思想研究、第2輯、一九四九年、六六〜六七頁、参照）。

コラム　アルベルティの『家族論』

レオン・バッティスタ・アルベルティ（一四〇四〜一四七二）は、ルネサンスの時代に理想とされた「万能人」の最初の典型とされる人物である。建築、絵画、彫刻、詩作、体操などに秀でていたほか、『絵画論』、『芸術論』、『建築論』、『家族論』などの書物を残している（いずれも邦訳あり）。

アルベルティ家は、メディチ家などと並ぶイタリアの豪族であった。ところが一四世紀後半に起きた政争に敗れ、フィレンツェから追放されてしまう。一四〜一五世紀イタリアのフィレンツェは当時の資本主義の世界的な中心地であったが、政治的迫害を受けたアルベルティ家はその後、どんな生活を築いていくべきなのか。それを論じたのが『家族論』である。

『家族論』[24]は、第一書「父親の義務と子供の教育について」、第二書「結婚生活について」、第三書「家政について」、および、第四書「友情について」の四部からなる書物である。いずれも親族のあいだの打ち解けた対話、という形式で書かれている（ただ当時、アルベルティの親族の多くは、自分たちが批判されているのを感じ取って、敵意を感じたようである）。

第三書の「家政についてEconomicus」では、よき市民になるための、家の管理術が語られている。たとえば、気前のいい晩餐会を催すのではなく、倹約を通じて、財産を築くと同時に、気高さを身につけるべきである、といった事柄である。アルベルティによれば、人間にとって本当に「自分のもの」と言えるのは、「魂」と「身体」と「時間」の三つである。人間は「他人に頼らず自分自身で生きることを愛し、自分の運命をコントロールすることを愛する」ので、「魂」と「身体」は自分のものである。また人間は、時間を無駄にしないでうまく利用すれば、時間を自分のものにすることができる。そしてこの「時間」こそ、最も貴重なものだという。

人生の目標とは、自分の才覚と活力と知性を用いて、自分と家族の名誉を確保することである。名誉というのは、政府関係の役職に就いて社会的名声を得ることではない。むしろそのような虚偽と虚栄に満ちた仕事を避けて、人々のあいだで評価されるような、美徳と人情と愛想を身につけることによって得られる。まず、「私生活の配慮」が大切である。たとえば、身体を健康に保ったり、小ざっぱりときれいに、品よくみえるような身だしなみをしたり、よく管理された食事や運動を大切にしたり、清潔で機能的でよい作りの衣服を着たりするといった、自己への配慮が必要である。こうした規律ある生活によって、人は人望と友情を得ることができる。財産を築いて家族を養うためには、力を貸してくれる友人が必要である。そのためには自分を規律して、人望を得なければならない。

財産を築くためには、家族を十分に養って、注意深く勤勉に働かなければならない。これに対して公的な役職から得られる名誉は、家族を養うことができない。虚栄のために出費しなければならないといった、さまざまな事情があるためである。

では、家を経営するためには、何が必要か。『家族論』では具体的に、フィレンツェを追放されたアルベルティ家の諸家族が、どの都市のどの土地に家を構えるかが問題となった。アルベルティによれば、よく統治された都市の由緒ある街区に適切な家を見つけて、それを購入して、引っ越しはできるだけ避けるべきだという。さらに、近郊の農園を管理して、穀物やぶどう酒や木材や藁束(わらたば)などを自足することが望ましい。ただし、農民を多く雇って大きな農園を管理しようとすると、さまざまな危険や疑惑や損失や後悔がもたらされるので、管理できる小規模の範囲にとどめたほうがよいとされる。このようにすれば、悪徳を逃れ、健康で、平和で、出費の少ない生活をすることができるという。

さらにアルベルティは、商業が大切であるという。平穏に過ごすためには、安全確実で、日々改良され収益が伸びるような、羊毛や絹などを作る事業をすることが相応(ふさわ)しい。そのような事業は、多くの人手がいるが、多くの人にお金が行きわたるだけでなく、多くの貧者を救うことができる。それは高貴な信仰心に支えられた事業だともいえる。善き評判と仲間の市民たちの厚情に支えられた事業は、巨万の富よりもずっと価値がある。そのような事業のために、明確で誠実な取り決めをし、帳簿記載を精確に書き留めることが重要である。アルベルティはおよそこのように述べている。

　ウェーバーによれば、アルベルティが説いているのは「利益をどのように追求するか」についてではないという。けれどもアルベルティは、実際には、利益をどのように追求すべきかについて以上のように語っている。アルベルティの『家族論』にはすでに、徹底的な自己規律とビジネス管理に基づく仕事という経済倫理が語られている。にもかかわらず、アルベルティの『家族論』が近代の資本主義の精神と断絶しているのは、おそらく、親族を雇って他人を雇うべきではないという、血縁主義の擁護にあるだろう。アルベルティによれば、他人を雇っていっしょに儲けても、かれは「自分で稼いだんだぞ」と言って、雇い主に感謝しないだろうという。これに対して、親族の人たちを雇えば、かれらは恩義を感じて、雇い主の子どもたちを助けてくれるだろう。だから親族を雇って、一族の繁栄を願ってビジネスをするほうが望ましい、という。

　これに対してプロテスタンティズムの経済倫理は、血縁関係を超えて、開かれたビジネス関係を築くことに成功していった。プロテスタントたちは、オープンなビジネス関係を築くことで、いっそうの経済的繁栄を導いたといえるだろう。

第3章　「天職」の概念が生まれた

3－1　「天職」概念の由来

ルターの「天職」

みてきたように、ウェーバーのいう「資本主義の精神」には、いろいろな特徴があり、それは「狭義」（幹）と「広義」（枝）に分かれる内容をもっている。しかしいずれにせよ、そこには、貨幣を獲得し投資することが「倫理的な義務」であるとみなす特徴がある。貨幣を獲得するために、ひたすら働く。そして稼いだ貨幣を投資する。そのための労働は「天職（ベルーフ）」と呼ばれる。

ウェーバーによれば、「天職」は、ウェーバーが生きた時代の資本主義文化の一つの特徴でもあった。人はそれぞれ、自分の「天職」を通じて、資本主義社会の発展を担うことが推奨されている。それがウェーバーの時代にみられた特徴でもあった。

ではそもそも「天職」という言葉は、どこから来たのだろうか。ウェーバーによれば、それはルターの宗教改革にさかのぼることができるという。そこでウェーバーは、この「天職」という概念が、どのように生じたのかを探究している。

最初に注意しておきたいのは、「天職」という言葉は、もともとは「資本主義の精神」とは関係がない、という点である。「天職」は、資本主義以前の、伝統的に営まれている仕事にも用いられていた。伝統的な仕事を天職とするかぎり、そこに資本主義の精神はないだろう。けれども「天職」の概念は、その後の資本主義の発展に大きな影響を与えていく。そこでウェーバーは、「天職」という概念の由来を探究する。第一章の最終節［3］ルターによる職業［＝天職］の把握。［そして］研究の課題」の冒頭で、ウェーバーは、次のように述べている。

さて、周知のように、ドイツ語の「ベルーフ Beruf」という言葉には、また英語の「コーリング calling」という言葉にはいっそう明確に、神から与えられた課題［使命］という、ある宗教的な考え方が共鳴している。私たちが個々の具体的場面で、この言葉に強調点を置けば置くほど、そうした意味合いが明確になる。この言葉を歴史的に追い、言葉の文化をたどってみると、まず、カトリックが支配的な諸国民は、古典古代の人たちと同様に、私たちが「職業」と呼ぶもの（生活上のスタイルや限定された仕事領域といった意味での「職業」）について、ほとんど知らないということが分かる。これに対して、プロテスタンティズムが支配的な諸国民においてはすべて、私たちが「職業」と呼んでいる言葉がすでに存在している。また、そこに関与しているのは、個々の言語の種族的な特性（たとえば「ゲルマン民族の精神」の表現）といったものではない。この言葉［「職業」］の現在の意味あいは、聖書の諸々の翻訳に由来しており、しかもその由来は、［翻訳の］原文の精神ではなく、翻訳者たちの精神にある。ルター派の聖書翻訳においては、最初に「シラの書」のある箇所（第一一章の二〇節および二一節）において、私たちの現在の意味とまったく同じ意味で用いられているように思われる。（私訳、原書六三～六五頁、大塚訳九五～九六頁）

ドイツ語の「ベルーフ Beruf」や英語の「コーリング calling」は、日本語では「職業」や「天職」と訳される。これらの言葉は、一方では、世俗における仕事（「職種 occupation」「専門職 profession」「仕事 job」「キャリア career」等々）を意味する。と同時に、他方では、神に呼び出されていること（召命）という意味を持っている。この二つの用法が重なるとき、「ベルーフ」や「コーリング」は「天職」という意味になる。

「天職」という言葉は、現在では主として、①「神聖な職務」、②「自分の生まれつきの性に合った仕事」、という二つの意味で用いられている。神聖な職務とは、聖職者の仕事である。しかしルターが「ベルーフ」という言葉を使うとき、これら二つの用法とは異なっている点に注意したい。ルターのいう「ベルーフ」とは、③世俗の仕事（苦役）でありながら、④神によって授けられたもの、である。「身分制のなかであてがわれたこの世俗の仕事は、あなたの性に合っていないかもしれないけれども、神があなたに授けてくれたのです。だからあなたは、この仕事を通じて神に仕えなさい。そうすれば神に召されるでしょう」。およそこのようなメッセージが、ルターのいう「天職」には含まれていた。英語の「コーリング」にも、このような意味合いがある。[1]

ちなみに『プロ倫』の翻訳者の大塚久雄は、「天職」という訳語がよいのかどうか、相当迷ったようである。大塚は、もともと梶山訳では「職業」と訳されてきた言葉を、「天職」と訳し直した。けれども「この訳語の取り換えがほんとうに良かったかどうか、今のところは私にも十分な自信がありません」と記している。[2]「天職」という言葉の現代的な意味は、「自分の性に合った仕事」である。しかしルターのいう「ベルーフ」にそのような意味はない。それでもルターのいう「ベルーフ」を「天職」と訳すことはおそらく適切であろう。日本でも「天職」という言葉は、「神聖な職務」という意味では、すでに一七世紀後半に用いられていた。[3]また「天職」という言葉は、中国の儒教由来の言葉であり、中国ではすでに、(1)天そのものの職分（四時の運行、万物の生成など）、(2)天が賢人たちを集めて統治するために彼らに与えた地位や俸禄、(3)それぞれの家に生まれたものはそれぞれの家の職を天職と思って務めよ、と推奨する際の理念、などの意味をもっていた。[4]この(3)の意味における天職の用法は、ルターの「ベルーフ」概念に近い。こうした語源学的な事柄を考慮に入れると、ベルーフという言葉を天職と訳すことはふさわしい。ただルターの特殊な用法を考慮すれば、「天務」という新たな造語を充ててもよいかもしれない。天から与えられた「職務」（仕事の人格的属性ではなく対象的属性）を意味するからである。

聖書翻訳者たちの精神

では『プロ倫』に戻って、ルターの「ベルーフ」概念の検討を続けよう。ウェーバーによれば、西洋においては、この「ベルーフ」という言葉は、元をたどれば、ルター派の聖書翻訳の営みに由来するという。もちろん、ルター派によるドイツ語翻訳聖書の他にも、「天職」に相当する言葉を用いた聖書は存在した。ウェーバーによれば、ユダヤ教の聖書正典であるヘブライ語聖書には、すでに似たような言葉が用いられていた。ただしルターの時代には、ヘブライ語聖書の原本はまだ発見されていなかったので、ヘブライ語訳聖書における「天職」の観念は、ルターに影響を与えていない。

この他、ルター以前に、ドイツ語、オランダ語、英語、デンマーク語、スウェーデン語の聖書で「ベルーフ」に相当する訳語がすでに用いられていた。しかしウェーバーによれば、それらの訳語は、もっぱら非世俗的な意味でのみ用いられていたという。ところがルターは、「ベルーフ」という言葉に「世俗の職業」と「神の召命」という二重の意味をこめた。この翻訳者としてのルター、および、ルターを継承して「ルター聖書」を改訂していった翻訳者たちの精神に、「職業＝天職」という語の由来がある、というのがウェーバーの主張である。

ルターは最初に、まったく異なる二つの概念を「ベルーフ」と訳している。

一つは、パウロが用いている「クレーシス κλῆσις（klēsis）」である。これは神による永遠の救済への召命、という意味である。この用法は、「コリント人への第一の手紙」一章二六節、「エフェソ人への手紙」一章一八節、四章一節と四節、「テサロニケ人への第二の手紙」一章一一節、「ヘブライ人への手紙」三章一節、「ペテロの第二の手紙」一章一〇節、などにみられる。これらの場合はすべて、純粋に宗教的な概念であり、使徒たちが伝えた福音によって、神から召命されていることを意味するにすぎない。この「クレーシス」という概念は、今日の意味での世俗的な「ベルーフ（職業）」とはまったく関係がない。ルター以前のドイツ語訳聖書では、こうしたケースでは「ルッフンゲ ruffunge」（ハイデルベルク大学の図書館のインキュナブラ[5]のすべてはこれである）と訳されたり、あるいは、「神に呼び出された」というかわりに「神に求められた」と訳されたりしていた。

第二に、すでに触れたように、前注に付した「シラの書」の言葉には、七十人訳聖書[6]では、「ἐν τῷ ἔργῳ σου παλαιώθητι (en tôi ergôi sou palaiôthêti)」［（契約(ディアテーケー)をしっかり守り、それに心を向け、）自分の務め（エルゴン［ビジネス、行い、使役］）を果たしながら年老いていけ。（第一一章二〇節）］、続いて「καὶ ἔμμενε τῷ πόνῳ σου (kai emmene tôi ponôi sou)」［（罪人が仕事(エルゴン)に成功するのを見て、驚きねたむな。主を信じて、）お前の労働（ポノス［苦役］）を続けよ。（貧しい人を、たちどころに金持ちにすることは、主にとって、いともたやすいことなのだ）（同二一節）］という部分がある。この二つの部分の翻訳を、ルターはまず「beharre in deinem Beruf」［あなたの職業に固執せよ］と訳し、続く部分を、「bleibe bei deiner Arbeit」［あなたの仕事にとどまれ］と訳す代わりに、「bleibe in deinem Beruf」［あなたの職業にとどまれ］と訳している。そしてその後のカトリックの公認された諸々の翻訳聖書（たとえば、フライシュッツによる一七八一年の翻訳）でも、これらの語句については（新約聖書における語句と同様に）ルターに従っている。ルターによる「シラの書」のこれらの語句の翻訳は、私が知りえたかぎりでは、ドイツ語の「ベルーフ」が今日のような純粋に世俗的な意味［「職業」という意味］で用いられた最初のケースである。

（その直前の二〇節の冒頭 στῆθι ἐν διαθήκῃ σου 〈stēthi en diathḗkē sou〉［契約(ディアテーケー)をしっかり守

り」を、ルターは「bleibe in Gottes Wort」［神の言葉にとどまり］と訳している。しかしこのディアテーケーは、実際、「シラの書」の第一四章一節および第四三章一〇節に照らすと、それはタルムード［ユダヤ教の生活信仰の基となっている聖典。モーセが伝えたとされる］からの引用を通じて、ヘブライ語のחק（chok）［定められたもの、法、契約］に相応しているのであるが、ドイツ語の「ベルーフ」に類似した言葉、すなわち「定め（運命）」や「課された仕事」という意味を含意すべきところである。［七十人訳聖書ではすでに、「契約（ディアテーケー）」をドイツ語の「ベルーフ」に近い意味で用いている］）（私訳、原書六六頁［注］、大塚訳一〇二～一〇三頁）

さて以上は、『プロ倫』の「注」の一部であり、内容的に瑣末（さまつ）に見えるかもしれない。だが重要である。「職業＝天職」の思想は、プロテスタンティズムの創始者たるルターおよびルター派の聖書翻訳作業に由来するという、ウェーバーの議論の一つの中核的な部分だからである。

ルターは、非世俗的な意味の「クレーシス（神による永遠の救済への召命）」にも、世俗的な意味の「エルゴン（ビジネス、行い、使役）」や「ポノス（苦役）」にも、いずれにも「ベルーフ」というドイツ語を充てた。とくに世俗的な言葉の「エルゴン」や「ポノス」にも「ベルーフ」を充てることで、世俗の仕事を「職業＝天職」の意味で捉えたといえる。この点は重要である。というのも、世俗社会において、各人に課された仕事を徹底的にやり抜くことは、同時にまた、神によって救済されるという意味を帯びてくるからである。どんな仕事でも、自分に課された仕事は、天に召された職務である、そういう意味を帯びるようになる。ウェーバーは、このような翻訳をしたルター、およびルターを継承して翻訳をさらに修正していったルター派の翻訳者たちの精神に、「天職」という概念の源泉を見出した。[7]

ルターのドイツ語訳聖書は、その後、ルター派の人たちによって改訂され、普及版として読まれるようになる。その普及版では、新約聖書の一部「コリント人への第一の手紙」で、「ベルーフ」と訳されている個所が、補助的ではあるが重要な意味をもっている。ウェーバーはそのような考えから、ルターによる「シラの書」の翻訳以外にも、ルター派による「ベルーフ」概念の翻訳作業も含めて、この言葉の由来をたどっている（本書補論8－1を参照）。ウェーバーは、「天職」という概念の源泉が、ルターによる翻訳聖書と、その後のルター派によって改訂されたルター聖書の両方にあるとみているようである。

他のありえる由来と「歴史的因果関係」

さて、以上のようなウェーバーの主張には、おそらく批判もあるだろう。いったい、世俗的な仕事に「天職」という意味あいを与えたのは、本当にルターが最初だったのだろうか。ウェーバー本人は、慎重にも、次のような四つの可能性や萌芽を指摘している。

(1)ヒエロニムス（三四七頃～四二〇）は、五世紀の初めに、ヘブライ語からラテン語に聖書を翻訳している。この聖書は、「ウルガータ［公布されたものという意味］訳聖書」と呼ばれている。このヒエロニムスの翻訳聖書は、ヘブライ語からの翻訳に際して、ドイツ語の「ベルーフ」の意味に近い「オパス（仕事）」などの言葉を用いている。ウェーバーはこうした言葉が、禁欲的精神の源泉となった可能性を否定してはいない。こうした言葉は、古代ヘブライ語の מלאכה (melacha)［使命、職業労働、公役制の仕事などの意］から影響を受けた可能性もある、とウェーバーは指摘している。この翻訳聖書は、カトリックでは、二〇世紀の「第二バチカン公会議（一九六二〜一九六五年）」にいたるまで、標準的な聖書でありつづけた。

(2)ルター以前に、ドイツでは、ヨハネス・タウラー（一三〇〇頃〜一三六一）という思想家がいた。一四世紀以降に、キリスト教の内部で台頭してきた「ドイツ神秘主義」の思想家の一人である。タウラーの本には、農民たちが自分の「Ruf」に励むことが、それを軽視する聖職者たちにまさる、という聖書翻訳の一節がある。そしてルターは、タウラーの思想に影響を受けたことが分かっている。しかしウェーバーによれば、ルターが「Ruf」という言葉を用いるとき、それはタウラーに影響されたものではないという。ルターは「Ruf」という言葉を、最初は「世俗的な職業」という意味では用いていない。タウラーの訳は画期的であったが、しかしそれは、社会に広く普及することはなかった。だからそれは、「天職」観念の歴史的な源泉ではない、というのがウェーバーの見解である。[8]

(3)「アウクスブルク信仰告白」という文書がある。一五三〇年に、ルターに賛同したフィリップ・メランヒトンによって起草された文書であり、ルター派の公式な信仰告白[9]の一つとされる。この文書で、「ベルーフ」という言葉が、現代のような用語法で用いられている。しかしウェーバーによれば、この言葉は「部分的にしか展開されていないし、明確には表れていない」という。この信仰告白は、ルターが「シラの書」のドイツ語翻訳で「ベルーフ」を用いる三年前に公にされている。解釈しだいでは、「天職」という概念の源泉は、メランヒトンが起草した「アウクスブルク信仰告白」に求めることもできるかもしれない。

(4)イギリスでは、すでにジョン・ウィクリフ(一四世紀のイングランドで聖書を英訳した聖職者、オックスフォード大学教授。死後三〇年の後に異端とされる)による英訳聖書(一三八二年)で、「コーリング」に相当する古い英語(cleping)が訳語として用いられている。そして一五三九年のクランマーの英訳では、「コーリング」が用いられている。ウェーバーは、このクランマーの英訳が、ピューリタン的な用語法になっているとしている。すると「天職」の由来は、ウィクリフからクランマーにいたる英訳聖書の翻訳者たちの精神にも、同様にさかのぼることもできるかもしれない。しかしウェーバーは、イギリスの文脈を研究の対象外としている。これはしかし、イギリスの文脈を軽視しているようにもみえる。

このように、ドイツ語の「ベルーフ」あるいは英語の「コーリング」の概念には、さまざまな由来があると考えられる。しかしウェーバーは、ドイツの文脈で、しかも歴史的に大きな影響を与えた要因に照準して、ルターおよびルター派による聖書翻訳に焦点を絞って検討している。「職業＝天職」の由来といっても、いろいろな道すじがある。それでもウェーバーは、ドイツの文脈で、「歴史的因果関係」において多大な影響を与えた源泉に絞り込んでいる。この点については、歴史を別様に描く可能性が残されていることに、注意が必要であろう。[10]

３－２　マルティン・ルターの人生

大破門

ウェーバーは、ルター（一四八三～一五四六）がどんな人生を送ったのかについて、『プロ倫』ではあまり説明していない。ドイツでは有名人なので説明する必要がなかったのかもしれない。しかしルターは『プロ倫』の重要人物である。本節ではルターの人生について、ざっと紹介してみたい。

ルターの父ハンスは、銅鉱夫から一代で成功した実業家だった。息子のマルティヌス（マルティン）には、可能なかぎりすぐれた教育機会を与え、将来は宮廷の顧問官などに出世してほしいと願っていた。

ところが大学に入ったルターは、帰省の途中で、運命的な経験をする。豪雨とともに落雷があり、ルターは地面になぎ倒されてしまうのである。ルターはそのとき修道士になる決意を固めた。二二歳でアウグスティヌス修道院に入り、その二年後に司祭の資格を得た。

その後、ルターはヴィッテンベルク大学に移って研究を続け、二九歳でヴィッテンベルク大学の教授となる。

有名な「九五ヵ条の提題」を書いてカトリック教会のやり方を批判したのは、それから五年後の一五一七年であった。ルターはそこで、カトリック教会による免罪符（正しくは「贖宥状」）の販売を批判した。免罪符を買っても、それによって人々は、罪に対する罰を免じられることはないとした。「九五ヵ条の提題」の影響は、大きかった。翌年の一五一八年、ルターは異端審問を受け、その三年後の一五二一年には、正式に破門されてしまう。破門のなかでも最も重い「大破門」であり、これはいまも解かれていない。ところが当時のカトリック教会の権威はすでに弱かったので、ルターは死刑を免れた。

破門される直前の一五二〇年、ルターは次々と重要な著作を刊行している。『キリスト者の自由について』『キリスト教界の改善について』『教会のバビロン捕囚について』などである。

『キリスト教界の改善について』では、ルターはローマ・カトリック教会が中央にお金を召し上げるシステムを詳細に暴いている。同書はまた、托鉢修道院も批判している。その当時、それぞれの都市には、一年間に五つから六つの托鉢修道院の巡礼が、それぞれ六～七回やってきた。大変な事態である。多くの放浪者や無頼(ぶらい)の輩(やから)もやってくる。托鉢僧と見分けがつかないので、かれらにも施さないといけない。また、ローマ主義者たちが来て、いろいろな商品を勧めたり、施しをするようにと訴える。ルターのみるところ、こんなやり方では、そもそも都市経済は成り立たない。「働かない者は食べるべきでもない」(パウロの言葉)というのが、ルターの考えだった。[11]

初版三〇〇〇部、三ヵ月で重版

一五二一年、破門されたルターは、帝国から追放されるものの、極秘でワルトブルク城に保護された。ある選帝侯(神聖ローマ帝国の君主、すなわちローマ王に対する選挙権をもった諸侯の一人)の宮廷顧問官たちによって、匿(かくま)われたのである。その城でルターは、新約聖書のドイツ語翻訳を、なんと約一〇週間程度という驚異的なスピードで完成させ、出版している。初版は、約二〇〇〇部から三〇〇〇〇部くらいの発行部数といわれる。三ヵ月後には再版された。ちなみに値段は、当時の牛一頭分であったと言われる。[12]

一五二四年、農民戦争が勃発する。農民たちは、教皇や諸侯の抑圧から逃れようとして立ち上がった。しかしルターは、それまでの伝統的な身分社会を擁護して、農民たちの要求を退けた。現実の身分社会においては、自分で好きな職業を選ぶことはできないけれども、神は、各人にあてがわれた仕事を通じて、人々を召すのであるから、その仕事を、隣人愛をもってやり遂げないといけない、というのである。

翌年、ルターは、カタリーナ・フォン・ボラと結婚している。一五三四年には、旧約聖書のドイツ語訳を出版。以降ルターは、一五四六年に六二歳でなくなるまで、ドイツ語翻訳聖書の改訂をつづけた。

死の三年前、ルターは『ユダヤ人とその偽りについて』という本を出版して、ユダヤ人を批判している。イエス・キリストはユダヤ人として生まれたが、いまや宗教改革によって福音が示されたのだから、ユダヤ人はキリスト教の教えに従うべきであると説いた。ところがルターのユダヤ人批判は、その四〇〇年後になって、ヒトラーの率いるナチスのユダヤ人抹殺計画のために利用されてしまう。ルターが書いた「ユダヤ人はキリスト教世界に住むべきではない。その会堂はキリスト教世界に存在してはならない」などの表現が、ユダヤ人の強制収容に利用されたのである。[13] それはユダヤ人がキリスト教に帰依すべきであるという主旨であったのだが。ルターにはまったく予想もできない事態が、その後のドイツで起きたのであった。

3-3 ルターに同居する「革新」と「伝統」

以上は、ルターについての簡単な紹介であった。ではルターを思想家としてみた場合、どのように評価することができるだろうか。ウェーバーが着目するのは、ルターが「ベルーフ」という概念を創出したことの意義である。

みてきたように、「職業」と「天職」という二重の意味をもった「ベルーフ」という概念は、ルターおよびルター派の人たちが聖書を翻訳する過程で生まれた。しかしそれは、たんに言葉の上の革新であるだけでなく、宗教改革における思想上の革新をともなっていた。その革新について、ウェーバーは次のように記している。

平等だから身分はあってもよい

ともかく絶対的に新しいといえるのは、世俗のさまざまな職業の内部で義務を遂行することが、およそ倫理的実践がもちうる最高の内容とみなしうる、という考え方である。これは不可避的に、世俗的な日々の労働に宗教的意義を与える結果となった。それとともに、そのような意味での「ベルーフ(職業=天職)」という概念がはじめて生み出された。「ベルーフ」という概念には、あらゆるプロテスタント諸派の中心的な教義が表されている。それはすなわち、カトリックのように「プラエケプタ praecepta [戒め、教え、命令]」と「コンシリア consilia [アドバイス、勧告]」[14] をキリスト教の道徳的な訓戒として区別する立場を退けるものである。また、修道院での禁欲を世俗内部での道徳よりも高く評価するのではなく、神を喜ばすための手段はただ一つ、すなわち、世俗において自分の生活上の地位や身分から生じてくる諸々の義務を遂行することであり、それがすなわち「ベルーフ」であるとみなしたのであった。（私訳、原書六九頁、大塚訳一〇九～一一〇頁）

ルターは革新的であった。修道院の生活は世俗の労働を逃れようとするもので、それはエゴイスティックで愛の欠如した産物だと批判する一方、世俗社会のなかで働くことこそ、隣人愛の実践であると考えたのである。しかも世俗で許容されている仕事はすべて、等しい価値をもつとした。このようにルターは、①隣人愛に基づく世俗社会の肯定、②世俗社会で働くことを「倫理的義務」とみなす道徳観、③あらゆる仕事を「平等」とみなす思想、という三つの革新的な考え方を示した。

ところがルターには、伝統主義の特徴もあった。ルター以前には、トマス・アクィナスに代表される、カトリックの考え方が支配的であった。トマスによると、人々は各自の自然的な原因によって、たとえば器用だとか不器用だとかいった違いによって、さまざまな仕事に就くようになる。すると社会全体としては、「社会的ステイタス構造」のような階層秩序がうまれる。トマスは、そのような秩序が自然にかなっていると考えた。ところがルターは、どんな仕事であれ、それに専念すれば、神に召されると考える。私たちの仕事には、たしかに社会的地位の良し悪しがあるかもしれないけれども、すべての仕事は同じ価値をもっている。

このような発想から、ルターは、当時の身分制に基づいた「社会的ステイタス構造」を否定するのではなく、むしろこれを擁護した。つまりルターは、「すべての仕事の価値は平等なのだから、社会的ステイタス構造は必要ない」と考えたのではなく、「どんな身分制社会においても、すべての仕事は平等なのだから、身分制を否定する必要はない」と考えたのであった。

ウェーバーによれば、こうしたルターの立場は、パウロのように「終末」に関心をもつがゆえに、現世の出来事や自分の地位にはもっぱら無関心になるという考え方、すなわち「終末論的無関心」の立場に近いという。その一方で、ウェーバーは、ルターは一五一八年から一五三〇年に至るまでの時期に、ますます伝統主義に傾いていったと指摘している。ルターが免罪符販売の批判を含む有名な「九五ヵ条の提題」を提起したのは、一五一七年であった。その後、ルターは逮捕を逃れて逃亡、一五二一年には国外追放を命じられる。一五二二年に最初のドイツ語訳聖書（新約）を刊行するが、一五二四年から二五年にかけて生じたドイツ農民戦争では、農民側に付いてカトリックに対抗するのではなく、当時の身分制社会は「神の意志」の発現であるからこれを保守すべきである、という考え方を示した。ルターは、各自が自分の仕事に留まって専念するだけでなく、各自が自分の身分に留まることも必要だ、と考えたのであった。

ルターにとって、身分社会は大切である。資本主義とともに台頭してくる高利貸のような職業を擁護するわけにはいかない。事実、ルターは高利貸や利子を取得する営みを非難した。そのような仕事は、労苦の報酬ではない、だから天職にはなりえないと主張した。[15]

このようにルターは、各自が「自分の身分」に相応しい仕事をするように奨励し、しかも労苦に基づかない高利貸の仕事を否定する点では、伝統主義者であった。ルターにおいては、伝統と革新が同居していた。ルターの「天職」思想は、その後の資本主義の精神とは、内面的な親和関係をもっていたわけではない。

よくある誤解とウェーバーのスタンス

ではルターおよびルター派の「天職」概念は、その後、どのような経緯をたどって、資本主義の精神へと結びついていくのだろうか。探求の出発点に際して、ここで私たちは、ようやく『プロ倫』の探求の出発点にたどり着いたことになる。探求の出発に際して、ウェーバーは、一方では「資本主義の精神」と、他方では資本主義の精神を含まない「天職」の概念を示した。ここからウェーバーは、プロテスタンティズムの倫理が、ルターから始まって、どのような経緯でもって「資本主義の精神」へと結びついていくのかを明らかにしていく。その過程で、プロテスタンティズムの倫理と資本主義の精神の親和的な関係が明らかにされることになる。ウェーバーはしかし、この探求が、とても限定された課題であることを断っている。

こうした研究［すなわち、歴史のなかで「理念」がどのように作用するか、あるいは「理念」に突き動かされることがどのような意味をもつのか、といった事柄についての研究］は、社会政策的な意味でも宗教的な意味でも、宗教改革の内容を評価する試みとはまったく関係がない。このことは、とくに述べておきたいと思う。私たちの目的からすれば、私たちはつねに、真に宗教的な意識からすれば周辺的で、また実際のところ外面的にみえるような諸側面を扱わなければならない。というのも、現代文化の発展は、歴史における無数の個々の動機要因から生じて、独特の「現世的」な方向性を帯びているのであるけれども、そのような文化が織りなす網の目全体に対して、私たちは、その横糸をなす宗教的な動機の要因が、どのような影響を与えたのかについて、より明確にしたいだけだからである。つまり私たちは、現代文化の一定の諸特徴を、その歴史的な原因の一つとして、およそ宗教改革の影響にどのくらい帰すことができるのか、それだけを問うのである。（私訳、原書八二頁、大塚訳一三四～一三五頁）

ウェーバーはこのように、歴史の複雑な因果関係のなかで、一つの横糸、すなわち宗教的な動機の要因を明らかにすることが『プロ倫』の課題であるとしている。

『プロ倫』の主張は、よく次のように理解されがちである。すなわち、「資本主義の精神は、プロテスタンティズムの倫理から生まれた」のだ、と。誤りではないが、しかしこのように単純に理解すると、誤解が生まれてしまう。「いやいや、資本主義の精神はプロテスタンティズムの倫理以外にも、多様な経路で生じてきたはずだよ。だからウェーバーの言っていることは誤っているよ」と。

ウェーバーは、資本主義の精神、あるいは資本主義の「天職」文化というものが、無数の経路を通じて生じてきたことを認めている。資本主義の精神は、プロテスタンティズムの倫理だけでなく、カトリックやユダヤ教の倫理からも生じてきた可能性がある。あるいは資本主義の精神は、経済的な下部構造や、法制度や学校制度などを通じて、生じてきた可能性もある。歴史は複雑であり、無数の網の目から成り立っているのであって、単純な因果関係は成り立たないであろう。ウェーバーは、そこで研究の課題を絞り込んで、プロテスタンティズムの倫理における動機の要因が、資本主義の精神に与えた影響を探求することにした。なぜこのような研究の課題を立てたのかといえば、資本主義の精神にとって、プロテスタンティズムの倫理が最も重要な原因であったからというわけではない。資本主義の倫理とプロテスタンティズムの倫理の関係は、知るに値するから探求する。これがウェーバーのスタンスなのであった。

もっともウェーバーは、これまでの議論のなかで、ドイツではプロテスタントの多い都市で経済が発展しているという点に注目していた。ウェーバーは、プロテスタンティズムの倫理が、資本主義の発展にとって、重要な原因になっていることを観察していた。ところが以降の議論では、研究対象がドイツを超えてイギリスその他の国に広がることもあり、ウェーバーはプロテスタンティズムの倫理が資本主義の発展にとって最も重要な原因だとは言わなくなる。ここで私たちは、次の二つの問題を分けて考えたい。

(1)プロテスタンティズムの倫理は、資本主義の発展に対して、どのような影響を与えたのか。
(2)プロテスタンティズムの倫理は、資本主義の発展にとって、どこまで重要な原因だったのか。

この(2)の問題[16]は、社会発展の決定因をめぐる客観的な問いであり、ウェーバーが『プロ倫』の最初のほうで立てた問題であったが、しだいに後景に退いている。けれども私たちは、この(2)についても、引き続き問わなければならないだろう。というのもこの問題は、「プロテスタンティズムの倫理は、「よい社会」の形成にとって、どれほど重要なのか」という、規範的な問いと結びついてもいるからである。私たちはこの資本主義の社会において、よく生きたいと願っている。よく生きることは、資本主義の社会をよい方向に導くことに資すると願っている。ウェーバーもまた、「善き生」と「社会変革」の関係を意識しながら、『プロ倫』の後半を執筆している。以下ではこの問題を視野に入れて、検討を続けていきたい。

3-4 プロテスタンティズムのキーワード解説

さて、ここまでで、『プロ倫』の前半である第一章「問題」において、何が問われているのかをみてきた。私たちの分析はここから、『プロ倫』後半の第二章「禁欲的プロテスタンティズムの職業＝天職倫理」の分析へと向かうのであるが、そのまえに、歴史の流れとキーワードを解説しておこう。[17]やや込み入っているけれども、完全に頭に入れなくてもよいので、ざっと目を通しておけば以降の議論が分かりやすくなるだろう。

まず、歴史の流れをまとめると、

一六世紀　ルターによる「宗教改革」：プロテスタンティズムの誕生
一六〜一七世紀　カルヴァン派やバクスターなどによるプロテスタンティズムの興隆

一八〜一九世紀　産業革命から資本主義へ‥
　フランクリンなどにみられる「資本主義の精神」
　メソジスト派などによるプロテスタンティズムの新たな興隆

となる。キーワードをまとめて解説しよう。

プロテスタンティズム　広義には、カトリック教会に抗議して分離した諸々の教派である。しかし、イギリス国教会（聖公会）は、カトリックとプロテスタントの両面をもっている。また、アナバプティスト（再洗礼派）は、宗教改革のなかでも急進派で、ルター派からは堕落しているとみなされた。これら二つの教派を除いた諸派が「**狭義のプロテスタンティズム**」であるといえる。ルター派、敬虔派、カルヴァン派、メソジスト派、福音主義、などが代表的である。「プロテスタント」とは「抗議する人」という意味である。ルター派の人たちは、自ら「福音主義」と呼んだ。ドイツでは一八世紀以降、公式には「福音主義」と呼ばれる。これに対して現在のアメリカでは、「福音派」と「主流派プロテスタンティズム」を区別する。「主流派プロテスタンティズム」は、女性の教職者や牧師をいっそう求めるなど、リベラルな政治志向をもつのに対して、「福音派」は、各教派内でやや保守的な態度をとる人たちの総称である。「主流派プロテスタンティズム」は、合同メソジスト教会、アメリカ福音ルター派教会、長老教会（U. S. A.）、米国聖公会、アメリカ・バプティスト教会、キリスト合同教会、クリスチャン・チャーチ Christian Church からなるとされる。

禁欲的プロテスタンティズム　これはウェーバーの用語である。狭義のプロテスタンティズムと同じではない。ここで「禁欲的」というのは、酒やギャンブルや性的関係を控えるという特定の意味ではなく、そのような行為を含めて、生活全般を合理化して規律ある生活を送る、という意味である。プロテスタントの人たちのすべてがこの意味で禁欲的であったわけではない。禁欲的なプロテスタンティズムに該当する教派は、ウェーバーによれば、大まかに言って、「カルヴァン派」、「敬虔派」、「メソジスト派」、および、「洗礼主義」の四つであるという（「洗礼主義」は、ウェーバーにおいてはさらに、「バプティスト派」、「メノナイト派」、および、「クエーカー派」の三つに分類される）。

(1)**カルヴァン派**（とくに一七世紀西欧の地域における）：カルヴァン派は、フランス人でスイスのジュネーヴに亡命した、ジャン・カルヴァン（一五〇九〜一五六四）から始まる教派である。カルヴァン以前に、スイスのチューリッヒで宗教改革を指導したフルドリッヒ・ツヴィングリ（一四八四〜一五三一）[18]の教えと、カルヴァンの教えの二つを継承する教会、さらにルター派とは異なるプロテスタンティズムの当時の諸運動を総称して「**改革派**」という。[19]カルヴァンは、教会の牧師を養成する教育システムを成功させたので、カルヴァン派は改革派の代表となった。一方、スコットランドの宗教改革指導者であるジョン・ノックス（一五一四頃〜一五七二）は、ジュネーヴでカルヴァンに学び、後にイギリスで「**長老派**（**プレスビテリアン**）」教会を築いた。大まかに言ってカルヴァン派には、「改革派」と「長老派」の流れがある。イギリスではこの他、非国教派のリチャード・バクスター（一六一五〜一六九一）が、カルヴァン派として有名である。彼は懺悔の意義を認め、二重予定説を穏和化したので、穏健なカルヴァン派として位置づけられることがある。

⑵**敬虔派**(パイエティズム)：ウェーバーによれば、ピューリタニズムの代表的な信徒たちは、すべて敬虔派と呼ぶことができるという。しかし特定の意味での「敬虔派」とは、一七世紀のドイツにおいて、ルター派から独立した「ドイツ敬虔派」である。創始者はフィリップ・ヤーコプ・シュペーナー（一六三五～一七〇五）[20]。かれは、教理よりも心情を重んじた。その反知性主義的な態度のために、この教派はしだいに衰退していったとされる。しかしウェーバーは、彼と同時代の敬虔派の少女たちが「勤勉なプロテスタント」として育てられていたことを『プロ倫』で指摘している。

⑶**メソジスト派**：一八世紀のイギリスで、日常生活を規律正しくする「方法」を体系的に実践した教派である。創始者は、英国国教会の聖職者であるジョン・ウェズリー（一七〇三～一七九一）[21]。この教派はとくに、産業革命期の労働者階級の人たちに影響を与え、受け入れられた。メソジスト派は、やがて国教会と対立するようになり、イギリス国内では衰退する一方、アメリカにおいて発展していく。ジョン・ウェズリーの弟、チャールズ・ウェズリーは、兄の説教巡業に同行しつつ、賛美歌のために、約六五〇〇曲もの作詞をしたといわれる。メソジストの礼拝では、いまでも賛美歌の合唱が盛んである。

⑷**洗礼主義** Täufertum：ウェーバーは、バプティスト派、メノナイト派、およびクエーカー派をまとめて「洗礼主義」と呼んでいる。ウェーバー独自の用語法である。これらの教派は、聖霊のはたらきを重視する原始キリスト教の思想を復活させようとする点で、共通している。また、自発

的な集団としての「信団(ゼクテ)」を形成する点でも、共通の傾向がみられる。「**新しいプロテスタンティズム**」とも呼ばれる。

(a) **バプティスト派**：一七世紀の初めにイギリス国教会から独立した教派である。主として北米で広がっていった。バプティスト派は、「洗礼(バプティスマ)」の儀式を大切にする。しかし、たとえ信者の子どもであっても、幼児のうちに洗礼を受けて入会することはふさわしくなく、だれもが自覚をもって入団し、洗礼を受けることに意義があると考えた。アメリカでは後に、マーティン・ルーサー・キング・ジュニア牧師（一九二九～一九六八）が、この教派を基盤に活躍している。

(b) **メノナイト派**：狭義には、メノー・シモンズ（一四九六～一五六一）を創始者とする教派である。広義には、一六世紀のスイスで生じた**再洗礼派（アナバプティスト派）**を継承するすべてのグループを指している。「再洗礼」とは、「幼児洗礼」を受けた後に、再び自覚をもって第二の洗礼を受けることである。広義のメノナイト派には、**アーミッシュ派**も含まれる。メノナイト派においては、メンバーは信じた者たちだけにかぎられる。外部との接触をできるだけ避けて、集団農場などを営むことも多い。素朴な生活を重んじている。

(c) **クエーカー派**：イギリスの非国教徒、ジョージ・フォックス（一六二四～一六九一）[22]によって創始された教派である。クエーカー派は、人はだれもが神の声を「内なる光」によって聞くことができると考える。そしてそのような霊的な存在としての人間の尊厳を認める立場から、平和主義、差別反対、奴隷制反対、禁酒運動、死刑廃止などの態度をとった。ちなみに、イギリスの経済学者デヴィッド・リカード（一七七二～一八二三）は、ユダヤ教からクエーカー派へと改宗した。日本の新渡戸稲造(にとべいなぞう)は、アメリカに留学したときにクエーカー教徒になった(第5章のコラム、二〇三頁以下を参照)。

ピューリタニズム(清教徒主義) オランダとイギリスにおける、禁欲的な傾向をもったプロテスタントの諸教派の総称。信徒たちは「清教徒」と呼ばれる。あまりにもピュアな考え方をするので、周囲の人々からバカ正直だと侮蔑されていたが、自ら「ピュアな人(ピューリタン)」を名乗るようになった。ピューリタニズムには、カルヴァンの教えを含んでいる場合と、そうでない場合とがある。会衆派、バプティスト、メノナイト、クエーカーなどが含まれる。

会衆派 イギリス国教会の改革を訴えたロバート・ブラウン(一五五〇～一六三三)が最初の指導者である。会衆派は、カルヴァン派の教義を基本としつつも、自分たちの活動のために「自治」と「独立」を重んじて、メンバーたちが合意すれば、どんな思想であれ受け入れるという態度をとった。伝統から離れて自由な信仰のかたちを求める点ではリベラルだが、共通の教義がなく、学的探究や組織的行動力の点では弱い。日本では「組合派」ともいうが、独立した教派としては、もはや存在していない。この他、ウェーバーの定義では、「**ルター派**」と「**イギリス国教会**」は、主要なプロテスタンティズムの定義から除外されている。しかしこれらの教派にも、禁欲的プロテスタンティズムの要素はあるという。

ルター派　ルーテル教会ともいう。マルティン・ルターによって創始された教派である。『聖書』のことばのみが信仰の唯一の基盤であると考え、すべての信者は神の福音を伝える責任があるとみなす「万人祭司」論を主張した。カトリック教会では、七つの秘跡（サクラメント）が認められていた。洗礼、堅信、聖体、ゆるし、病者の塗油、叙階、結婚の七つである。これに対してルター派は、洗礼と聖餐（せいさん）［イエス・キリストの最後の晩餐に由来するキリスト教の儀式で、パンとぶどう酒をいただく］の二つだけしか認めない。ルターの時代には、礼拝においては、それぞれの国の民族語を用い、全員で賛美歌を歌い、聖餐にはパンとぶどう酒を用いた点が革新的だった。現在のカトリック教会でもこれを模倣したスタイルがとられている。ルター自身もまた賛美歌を作曲した。この教派から後にJ・S・バッハが生まれ、活躍する。

イギリス国教会　聖公会、アングリカン教会とも呼ばれる。一五三四年にローマ・カトリック教会から独立した。歴史的にみると、イギリス国教会は、特定の教義をもたない中道路線を探ってきたので、その実態は、プロテスタントともカトリックとも呼びうる、あいまいな立ち位置になった。他方で、主教、祭司、執事をかならず置き、また共通の祈禱書を用いることによって、全体を組織した。

以上が、『プロ倫』を読む際に必要になるキーワードの解説である。ではこれらの基本用語を押さえたうえで、ここから『プロ倫』の後半部分を読むことにしよう。

第４章　禁欲的プロテスタンティズムの倫理とはなにか？ －１－

４－１　二重予定説の登場

人々を心理から動かすもの

前章の最後で、プロテスタンティズムの教派について解説したとおり、プロテスタンティズムという宗派には、いろいろな教派がある。また同じ教派内でも、さまざまな教理が競合していたりする。ところがその一方で、禁欲的なプロテスタントの人たちの生活スタイルは似通っていた。すると研究としては、プロテスタントたちの生活スタイル一般に、光を当てればよいと思われるかもしれない。しかしウェーバーは、そうではないという。やはり教理が大事なのだという。

禁欲的道徳の教説にはさまざまな根本教理があり、それらの教理は結局、激しい闘争の末にいずれも消滅していった。だがとにかく、根本教理が最初に据えられていたということは、重要である。それらはその後、「ドグマ的ではない」倫理に対しても圧倒的な痕跡を残しただけではなく、もし私たちが、そのような根源にある思想内容を知らなければ、そのような禁欲的道徳が、当時の最も精神的な人々を強力に支配していた来世という考えに結びつき、そのすぐれた力によって、人々の生活実践に深刻な道徳的革新をもたらしたことを理解できないであろう。もっともその道徳的革新は、当時の倫理綱領において、理論的あるいは公式的に教えられていた事柄にあるのではない。確かにそのような事柄も、教会の規律や牧師による心理療法的なケア（パストラルケア）、あるいは説教を通じて、人々に実践的な意義を与えたであろう。しかし道徳上の革新は、そのような事柄とはまったく別のところにあった。それはすなわち、宗教上の信仰と宗教生活の実践から生み出され、人々の生活を方向づけ、個人を根本から捉えるような、心理的駆動力にあったのである。（私訳、原書八六頁、大塚訳一四〇～一四一頁）

このようにウェーバーによれば、重要なのは教理の内容ではなく、教理によって新たに喚起された「心理的駆動力」であるという。人を突き動かすドライビング・フォースであるという。当時のプロテスタントの人たちは、新しい駆動力によって、生活全般を徹底的に合理化していった。では当時の人々は、なぜ「新しい生活のスタイル」を徹底的に築いていったのか。ウェーバーはその駆動因を探りたいのだという。

ここで「道徳」や「倫理」という言葉に注意したい。これらの言葉は、いわゆる「モラル」のことではない。「人倫 Sittlichkeit」、すなわち慣習や制度のことである。朝、早起きをするというのは、それだけでは道徳的とは言われない。あるいはまた、学校から帰宅して寝るまでの時間を、効率的かつ計画的に使って勉強するといった生活実践も、それだけでは道徳的とは言われない。しかしここで問題になっているのは、このような生活の実践である。ここではさしあたって、「日常生活全般を合理化していく態度（生活のスタイル）」と理解しておこう。こうした生活スタイルは、現代では「合理的でしっかりしている」とほめられるかもしれないが、反対に「合理的すぎて心がない」と非難されることもある。ウェーバーはこうした合理的な生活態度を、「道徳」や「倫理」という言葉で表そうとしている。

神は誰を救わないかも決めている

さて、ウェーバーはここから、最初に「カルヴァン派」をとりあげて検討する。カルヴァン派は、一六世紀から一七世紀にかけての西欧で、最も支配的になった教派である。それだけではない。ウェーバーによれば、カルヴァン派においては、プロテスタンティズムの「心理的駆動力」が、最も典型的に表れているという。

カルヴァン派の教理の典型は、「ウェストミンスター信仰告白」（一六四八年）にみられる。この文書は、イギリス国教会のために作られたものである。ロンドンのウェストミンスター教会で開催された会議で作成が決定されたので、このような呼び方になっている。この信仰告白（その意味は「基本的な教義」のこと）はやがて、スコットランドに始まる長老派にも採用され、会衆派教会やバプティスト教会もまた、これを修正して採用していった。「ウェストミンスター信仰告白」は、カルヴァン派の正統な教義を要約したものである。その一部を紹介してみよう。

第九章「自由意志について」第三項　人間は罪の状態に堕落することによって、救いに伴ういかなる霊的善にも向かう意志の能力をすべて全く失っている。したがって、生まれながらの人間は、そのような善に全く逆らい、罪の中に死んでいるので、自分自身の力では、自分で回心することも、回心の備えをすることもできない。

第三章「神の永遠の聖定について」第三項　神の聖定により、神の栄光が現されるために、ある人間たちと天使たちは永遠の命に予定されており、また他の者たちは永遠の死にあらかじめ定められている。

第五項　人類の中で命に予定されている者たちを、神は世界の基が置かれる前に、その永遠不変の計画と、御意志の秘められた意向とよしとされるところに従い、キリストにおいて、永遠の栄光へと選ばれた。これは神の全く無償の恵みと愛から出るものであって、信仰も、善い業も、そのいずれにおける堅忍(けんにん)も、また、被造物の内にあるその他のいかなるものも、それらを神が予見されたことが、選びへ神を動かす条件あるいは原因となったのでは決してない。そしてすべては神の栄光ある恵みが讃美されるためである。[1]

以上の文章は、ウェーバーも『プロ倫』で引用している。ここで重要なのは、カルヴァンの「二重予定説」である。救われるのは、人間の一部だけである。他の人々は救われない。神はみずからの自由意志で、あらかじめそのように決めている。これがカルヴァンの考えである。

カルヴァン以前のカトリック教会では、神は、あらかじめ救う人を予定してはいるものの、誰を救わないのかについては、予定していないとされた。その意味で神の予定とは、部分的なものであった。神は、救済するかしないか、あらかじめ決められていない人たちがいるとされた。そのような人たちは、もし現世でよいおこないを積めば、救済される可能性があるとみなされた。神は、慈悲深い心をもっている。だから、よいおこないをすれば、救ってくださるとみなされた。

ところがカルヴァンは、このような考え方に反対した。カルヴァンにとって、神は「裁く神」であって、「慈悲の神」ではない。神は慈悲の心をもっていない。カルヴァンにおいては、神はあたかも、専制君主のような「隠れたる神」として理解される。「二重予定説」とは、神は誰を救い、誰を救わないのかについて、いずれも決めているという説である。ウェーバーによれば、ルターも同様の考え方を抱いていた。けれどもルターは、このような考え方をしだいに強調しなくなる。これに対してカルヴァンは、しだいに二重予定説の考え方を強調するようになったという（ただし、二重予定説がカルヴィニズムの中心的な特徴であったかどうかについては、解釈が分かれるようである）。

４－２　ジャン・カルヴァンの人生

ここで、カルヴァンという人物について、簡単に紹介したい。カルヴァンは、ルターとともに賞される、プロテスタンティズムの創始者のひとりである。『プロ倫』では最も重要な人物のひとりであるから、ここでその人物像を押さえておくことにしよう。

カルヴァン（一五〇九～一五六四）は、フランス東北部のノワイヨンに生まれた。一四歳からパリの学校で学び、一九歳で「教養学士」号を得ている。その後は、父のすすめで、ブルージュの大学で法律を学び、法学士号を取得する。かれは当初、カトリックが支配する当時の文化環境のなかで、「ユマニスト（人文主義者）」として名を挙げようと考えた。そうした野心から、カルヴァンは、パリで処女作『セネカ「寛仁論」注解』を自費出版する。ところが反響はほとんどなかったようである。おそらくカルヴァンは、失望したであろう。その約一年後にカルヴァンは、新しい宗教改革の考え方、すなわちプロテスタンティズムの考え方を受け入れるようになった。

プロテスタントとなったカルヴァンは、その当時、家庭教師などをしながら、フランスの各地を転々としていた。ところが二五歳のとき、檄文（げきぶん）「教皇のミサの、恐るべき、重大な、耐えがたい弊害についての真正なる諸箇条」がフランス諸都市にばらまかれると、王とカトリック教会はこれに猛反発して、プロテスタント勢力の弾圧に乗り出した。そこで多くの改革派の人たちは、フランスからの亡命を余儀なくされることになる。カルヴァンもまた、スイスのバーゼルに亡命して、そこで後の宗教改革の指針となる『キリスト教綱要』（初版は一五三六年）を刊行している。カルヴァン二七歳のときの作品である。同書はその後、カルヴァンの手でなんども改訂され、そのたびに膨れ上がっていった。けれどもカルヴァンの主張のエッセンスは、この初版に現れているといわれる。

やがて月日が経って、フランスでは宗教上の取り締まりが軟化する。するとカルヴァンは、パリで弟と妹に会うことにした。その時の家族会議で、カルヴァン家は、みんなでストラスブールで暮らそうということになった。ところが、である。ストラスブールに向かう途中で、戦争が激化してしまう。カルヴァンは、遠回りではあるけれども、とりあえずジュネーヴに向かうことにした。するとカルヴァンは、この町の改革者であるギヨーム・ファレルの強い要請に説得されて、社会改革の実践に携わることになる。

ジュネーヴという都市は、一五三六年にサヴォイア公国から独立し、どの国にも属さない独立した都市国家（ジュネーヴ共和国）になったばかりであった。ところが当時の経済は遅れ、教育環境は整っていなかった。そこでカルヴァンらは、改革に取り掛かった。教会を国家から自立させるための規則を市議会に提出したり、選ばれた信徒たちを育成するための教育プログラムを提案したりしたのである。ところがこうした改革案は、ジュネーヴの中小商人層に受け入れられなかった。ファレルとカルヴァンは、結局、一五三八年に追放されてしまうことになる。

ジャン・カルヴァン

挫折を味わったカルヴァンは、ストラスブールに向かった。かれはこの土地で改革運動に参加することになる。その一方で、結婚もした（妻のイドレットは、寡婦で二人の子持ちだったが、カルヴァンを支えた。しかし結婚から約九年後に病死してしまう）。

一方のジュネーヴでは、ファレルとカルヴァンに反対した勢力が、外交上の大失策（すなわち、都市国家そのものをベルンに明け渡すという陰謀の暴露）によって力を失うことになった。それでジュネーヴの市民たちは、この二人をもう一度召喚することにした。三年後の一五四一年、三二歳になったカルヴァンは、ジュネーヴに戻って社会改革を続ける決意をする。かれはまず、教会規則と憲法の両方の作成に携わり、ジュネーヴ教会を安定させることに成功した。さらに、カルヴァンは教育改革に着手した。一五五九年、カルヴァンは、建物ができあがる前に、新しい二つの教育施設を開校している。一つは「コレージュ（私立の学寮制の学校、高校と大学のレベルに相当）」であり、生徒たちはここで、古典の教養（とくにラテン語）をしっかり身につけることができた。もう一つは、法学や神学や医学などの専門課程を学ぶ「公学校（スコラ・プブリカ）」であり、こちらにはヨーロッパの各地から学生たちが集まった。カルヴァンの学校は、ジュネーヴが国際都市として発展することに貢献したのである。

カルヴァンが学校を開いた一五五九年は、かれが主著『キリスト教綱要』の最後の版を完成させた年でもあった。その五年後の一五六四年に、カルヴァンは五四歳の短い生涯を閉じることになる。

カルヴァンという人物は、論理的な思考力において、とくにすぐれているわけではなかったようである。かれはしかし、聖書をすべて暗記するという「ずばぬけた記憶力」と、自分の主張を上手に表現する「表現の流暢さ」を身につけていた。さらにかれは、無料の学校を設立したり、教理問答や説教や教会訓練の仕組みを体系化したりするなど、人々を教化する力をもっていた。こうした「聖書に基づく教育的感化力」こそ、カルヴァンの偉大な美質であったといえるだろう。[2]

４－３　二重予定説の心理的インパクト

カルヴァン派たちの苦悩とプライド

以上、カルヴァンという人物について簡単に紹介した。では次に、カルヴァンの二重予定説がもつ歴史上のインパクトについて、ウェーバーの『プロ倫』が描く内容をみてみよう。

カルヴァンの「二重予定説」は、当時の人々に対して、どんな影響を与えたのだろうか。「二重予定説」とは、神は誰を救い、誰を救わないのかについて、いずれもすでに決めているという説であった。しかし、もし神が、あらかじめ誰を救済して誰を救済しないのかを決めているのだとすれば、私たちは現世において徳を積んでも、ムダにならないだろうか。どんなにがんばっても、どんなに懇願しても、あるいはどんなに多額の寄付をしても、神に救われないかもしれない。反対に、がんばらない人が救われるかもしれない。これは納得できることだろうか。

もしこの「二重予定説」が本当なら、私たちは、やる気がなくなってしまうのではないだろうか。現代人であれば、二重予定説を信じれば信じるほど、すべてがムダなことにみえてくるように思われる。しかしウェーバーによれば、一六〜一七世紀の西欧人たちにとっては、そうではなかった。

私たちにとって決定的な問題は、そういうわけで、まず次の点にある。この世界における生活のあらゆる利害関心よりも、来世のほうがもっと重要であるばかりでなく、多くの点でもっと保障されたもののように感じられた時代において、人々はこの［二重予定説の］教理を、どのように忍耐強く受けとめたのだろうか。信仰をもった人には、おそらく次のような疑問がただちに生じて、他のすべての関心を背後に押しやってしまったにちがいない。私は選ばれているのだろうか？　私はこの選びを、いかにして確かなものにすることができるのだろうか？　――カルヴァン自身にとっては、こうした事柄は問題にならなかった。かれは自分が「［神の］道具」であって、神の恩寵を受けていると感じていた。……（中略）……しかしカルヴァンの後継者たち――すでに［テオドール・］ベーズ[3]においてすら――や、さらに、日常生活を送っているさまざまな層の人びとにとっては、きわめて当然ではあるが、事情は異なっていた。かれらにとって、神の恩寵を受けていることが分かるという意味での「救いの確かさ certitudo salutis」は、絶対的に重要な意味をもつようになっていた。こうして、「［二重］予定説」の教理が保持されたところではどこでも、自分が「選ばれた人 electi」に属していることが分かるような、ある確かな表徴（メルクマール）があるかどうかについての問いが、必要不可欠なものになった。（私訳、原書一〇二～一〇四頁、大塚訳一七二～一七三頁）

はたしてこの私は、救われているのだろうか。その兆候が少しでも見えてくれれば安心して生活できるのだけれども、それがなかなか見えてこないので不安である。どうすればよいのだろうか。

一六～一七世紀のカルヴァン派の人たちは、おそらくこのような内面の苦悩をかかえたにちがいない。かれらはある意味で、プライドの高い人たちであった。かれらは、カルヴァンのようなカリスマ的な魅力はないけれども、かといって凡人でもない。かれらには、自分は凡人よりもすぐれた人であるという、自負心（プライド）があったと思われる。かれらはプライドがあるから、自分が「（神に）選ばれた人」であるという評価を欲していた。

もちろん、カルヴァンのようなカリスマ的な人は、自分は当然、神に救われていると確信していたであろう。カルヴァン本人は、二重予定説を前にして、悩む必要がなかったであろう。あるいは凡人たちもまた、悩む必要がなかったであろう。凡人にとって「二重予定説」のような高尚な教理は、自らの日常生活には関係がなかったからである。悩む必要があったのは、プロテスタンティズムの教理を理解して、しかもそれらをまともに受けとめるだけの知性と誠実さをもっていた人たちであった。

二重予定説と受験生の心理

かれらにとって、二重予定説は、過酷な教理であっただろう。イギリスでカルヴィニズムを継承したリチャード・バクスターは、二重予定説の含意を稀和化している。しかしこの教理を掲げるカルヴァン派の諸地域では、信徒たちは、次のような実践が必要であると考えた。

(1)「自分は神によってすでに選ばれているのだ」という「自己確信」をもつこと。すべての疑惑を退けること。

(2)そのような自己確信を得るためには、たえず職業労働に従事すること。そのようにすれば、「神に選ばれているかどうか」という疑念や不安は解消される。そしてなんらかの職業労働に従事できれば、それが救いの表徴（メルクマール）となる。

リチャード・バクスター

カルヴァン派の人たちは、およそこのように二重予定説の含意を受けとめた。かれらは神に救われているという確証を得るために、がんばって働いた。がんばって働けば、不安が解消され、救いの表徴が得られると考えたためである。

こうしたカルヴァン派の人たちの心理は、私たちの現代社会においては、たとえば受験勉強の際にみられる「受験生の心理」と似ているだろう。

受験生にとって、「はたして私はこの学校に受かるのだろうか」という悩みは、深刻である。受かるかどうか。そんな不安が肥大化したとき、私たちは「悩んでいる時間があるなら、もっと勉強しなければ」という具合に、気持ちを切り替えることがある。悩むよりも、むしろ「自分はこの大学に合格するのだ」という自己確信を抱いて勉強したほうが、勉強がはかどることに気づくだろう。

二重予定説への対処法は、こうした受験勉強の際の気持ちの切り替え方と似ている。どちらの場合も、「絶対にうまくいくと自己確信して、いまやらなければならないことに集中（専念）すべきだ」という具合に、心理的な駆動力を高めることが大切となる。

二重予定説には、こうした心理的駆動力を高める効果があった。「自分は神に救われているのかどうか。そんなことをいちいち悩んでもしょうがない。むしろ救われると確信して、とにかくがんばる。そうすれば救いの兆候が見えてくるはずだ」。このような仕方で、心理的な駆動力を高める作用をもっていた。

二重予定説には、受験勉強と似ている点がもう一つある。それは、「若いときにこのような考え方に導かれると、将来よいことにつながる」という経験則である。

ウェーバーによれば、ミルトン[4]やバクスターやフランクリンといった偉人たちは、みんな若いころに「二重予定説」を受け入れて育ったという。これらの偉大な人たちは、大人になってからは、カルヴィニズムから離れたり、あるいはカルヴィニズムの教義を穏和化したりしていくが、しかし若いときには、二重予定説を受け入れて、悲壮感をもって一生懸命にがんばった。これは現代風に言えば、若いときに高い目標を目指して、受験勉強に集中するような生き方に似ているだろう。どちらも陰鬱な雰囲気に堪えながら、自己確信をもって課題に専念するという経験が、将来の人生（あるいは来世における自分の魂の状態）に役に立つという経験則である。

救済と合理

むろん受験勉強に際して、次のように考える人もいるだろう。あの大学に受かるかどうか、不安なので神社でお祈りしよう、御守りを買おう、あるいは絵馬を買って祈願を書き込もう。そうすれば、不安がおさまって勉強に専念できるかもしれない、と。このように、私たち現代人も、宗教的な儀礼を通じて、不安を解消しようとすることがある。神さまに願いを込めればなんとかなる。とにかく気持ちが落ち着く。そのように思うことがある。けれどもこのような考え方は、カルヴィニズムとはまったく異なる発想である。

カルヴィニズムは「二重予定説」にもとづいて、いっさいの宗教的儀礼が魂の救済に役立たないと考えた。神に祈りを捧げるための儀式に参加しても、あるいは御守りを購入しても、それでもって私たちの魂が救済されるわけではない。もしカルヴァン派の人たちが現代の受験勉強に挑戦するとしたら、御守りは買わないであろう。絵馬も買わないであろう。そのような儀礼を排して、ひたすら受験勉強に専念しなければ、神さまに救われているという感覚を得ることができない、と主張するであろう。

このように、宗教的な儀礼にはいっさい頼らずに、日常生活を徹底的に合理化して生きることが魂の救済につながるとみなす態度を、ウェーバーは「脱呪術化（脱魔術化、呪術からの解放）Entzauberung」と呼んでいる。[5] ここで「脱呪術化」とは、「脱宗教化」と同じではない。脱呪術化には、「宗教を徹底的に合理化して、魂の救済のために最も合理的な行為をする」という意味がある。「脱呪術化」とは、救済の徹底的な合理化である。

現代人の感覚からすれば、この「脱呪術化」の方法、すなわち、魂を救済する合理的な方法など、存在しないようにみえる。本当に魂が救済されるのかどうか。確かめようがないからである。けれども一六世紀以降のカルヴァン派の人たちは、魂の救済を信じつつ、生活全般を合理化していった。ウェーバーはそこに、「脱呪術化」の完成形態があるとみた。

ウェーバーによれば、完全に脱呪術化した人は、次のような特徴をもっている。①偶像崇拝をしない、②感情的な要素を否定する、③援助や友情などの行為を排する、④懺悔によって自分の罪悪感を免除したりしない、⑤周囲の誰も自分の魂を救済してくれる人はいないと感じる（内面的に孤独になる）、⑥その結果として日常生活では悲壮な個人主義者になる、⑦愛郷心よりも自分の魂を救うことが大切と思う、⑧自分の魂を救うために生活全般を合理化していく、⑨一時的感情に左右されずに、持続的情熱をもって生活する、などの特徴である。

こうした特徴をもった個人は、最も合理的な近代人であるとはいえ、一七世紀後半のイギリスや一八世紀のフランスで勃興した啓蒙思想の担い手とは異なっていた。啓蒙思想の担い手たちは、何でも理性の光に照らして解明していくという、実験と改良の精神をもっていた。彼らは前向きで、人間精神の発展を信じることができた。これに対してカルヴァン派の人たちは、陰鬱であった。たえず自分の魂の救済を気にして、悲観的ではあるけれども勇壮な態度でもって、自分の人生を切り拓こうとした。啓蒙人たちは幸福であったが、カルヴァン派の人たちは悲壮であった。とはいえ、カルヴァン派の人たちは、生活全般を合理化していくための「心理的駆動力」をもっていた。その駆動力は、カルヴァンのいう「二重予定説」の教理によって与えられた、というのがウェーバーの理解である。

4－4　二つの間奏：カルヴァン派による近代化の特徴

以上に述べたように、カルヴァン派は独自の「脱呪術化」という方法によって、近代化を導いてきた。脱呪術化とは、魂の救済を信じつつ、生活全般を合理化していく試みである。しかしウェーバーは、このカルヴァン派に特有の近代化過程について、あまり説明していない。そこで以下に、二つのテーマを取り上げて補いたいと思う。一つは脱呪術化と音楽の関係である。[6] もう一つは、啓蒙思想とカルヴァン派の対決の一例、すなわち、デカルトとヴォエティウスの論争（というか誹謗中傷合戦）である。

脱呪術化と音楽

「脱呪術化」とは、魂の救済という目的のために、日常生活を徹底的に合理化することである。けれどもこの「魂の救済」という目的を捨てるなら、日常生活をどれほど合理化しても、それは「脱呪術化」とは呼べない。ウェーバーによれば、宗教というのは、人生に究極の意味を与えるものである。その宗教が失われてしまえば、人間は意味喪失や意味の断片化に陥ってしまうだろう。真に「意味のある」人生とは、宗教に支えられているものでなければならない。そうでなければ、人生の意味は、はかないものであろう。

ウェーバーによれば、西洋の歴史においては、プロテスタンティズムの倫理（とりわけカルヴィニズム）において「脱呪術化」の完成形態をみた。しかしプロテスタンティズムの宗教が衰退すると、近代世界はしだいに意味を失っていくことになる。

いずれにせよこの「脱呪術化」は、日常生活の合理化だけでなく、教会の儀式の合理化を含んでいた。カトリックの教会では当時もいまも、七つの秘跡（サクラメント）の儀式がある。洗礼、堅信、聖体、ゆるし、病者の塗油、叙階、結婚である。これに対してプロテスタントの教会では、洗礼と聖餐だけが、魂の救済のために必要とみなされる。プロテスタントの教会では、他の儀式は、呪術的とみなされる。むろん「脱呪術化」を徹底すれば、教会の儀式において、洗礼と聖餐も必要ない、ということになるかもしれない。概念の解釈に依存するだろう。

興味深いのは、プロテスタンティズムは「脱呪術化」の過程で、賛美歌を発展させていったことである。たとえばルターは、当時のギターのような楽器（シター）の弾き手であり、自ら賛美歌を作詞したり作曲したりもしている。ルターがつくった歌「今喜べ、キリスト教会よ」は、当時、ルターの名前すら知らなかった何百という人々を、プロテスタントの信仰に導いたともいわれている。

むろん賛美歌の合唱は、人々の感情に訴えるものであるから、それは「脱呪術化」というよりも、呪術的な要素を含んでいるだろう。ウェーバーは「脱呪術化」の完成を、ルターではなく、カルヴァン派の賛美歌にみた。カルヴァン派の賛美歌のほうが、感情に訴える要素が少なかったからである。

ジョン・ウェズリー

カルヴァンは、ストラスブールに亡命中、ルター派の教会でコーラルを聞いて、感銘を受けた。そこで自身も賛美歌のための詩（『詩編』のフランス語韻文訳）を作ったり、あるいは「ジュネーヴ詩編歌集」を整えたりもしている。しかしカルヴァンは、礼拝では合唱を認めなかった。単声での斉唱だけを認めた。合唱を歌うと、人々はその音楽に心酔してしまうからである。音楽に心酔すると、こんどは神を賛美することがおろそかになる。だからカルヴァンは、単声の斉唱のみがふさわしいと考えた。こうしてつまり、礼拝音楽における「脱呪術化」とは、単声による斉唱をもって完成にいたった、ということができるかもしれない。

しかしその後のカルヴァン派は、礼拝でも賛美歌の合唱を取り入れていった。とりわけ、賛美歌の合唱を中心にして多くの信者を獲得したのは、カルヴァンの流れを継承するメソジスト派であった。創始者のジョン・ウェズリーは、多くの賛美歌をドイツ語から英語へと翻訳し、また弟のチャールズ・ウェズリーは、兄の宣教に賛同して、約六五〇〇曲もの賛美歌を作詞したと言われる。

一八世紀後半、イギリス国教会を離れて、メソジスト派に加わった人たちは、その一〇人に一人が、説教よりも音楽に魅せられたからだといわれる。メソジストになった人の多くは、当時、自分の生まれ故郷を離れて、製造業者などになるような下層中産階級の人びとだった。かれらはメソジストの教会で賛美歌を合唱することによって、疎外された共同体意識を回復しようとしたのだと考えられよう。メソジスト派の音楽は、信者たちのあいだに、強いつながりを形成していった。

ヴォエティウスvs.デカルト

もう一つ取り上げたいのは、啓蒙思想とカルヴァン派の差異をめぐるエピソードである。啓蒙思想の先駆者であるデカルトとカルヴァン派は、いずれも当時、「生活の合理化」を推奨していた。にもかかわらず、この二つの思想は、互いにいがみ合っていた。オランダのユトレヒトでは当時、デカルトとカルヴァン主義者のヴォエティウスのあいだで、論争が起きた。

フランス生まれのデカルト（一五九六～一六五〇）は、一六二八年から「孤独で隠れた生活」をするためにと言って、オランダのユトレヒトで一人暮らしをしていた。これに対してオランダ生まれのヴォエティウスは、オランダ最古の大学都市であるライデンで学んだ後に、一六三四年から、神学教授としてユトレヒトに暮らしはじめていた。

デカルトの名著『方法序説』が一六三七年に出版されると、ユトレヒトでは、デカルトの友人で大学教授のリネリがこれを称賛する一方、ヴォエティウスは、反デカルト主義のキャンペーンを企画する。一六四一年、ヴォエティウスはユトレヒト大学の学長になると、当時デカルト主義の立場に立っていたレギウス（医学・自然学教授）の講義の一部を禁止した。

これに対してデカルトは、『省察』の第二版（一六四二年）の付録で、ヴォエティウスのこうした対応を批判する。するとヴォエティウスの側は、スホーキウスの著作と称して、『驚くべき方法』（一六四三年）を出版する。これは実質的には、ヴォエティウスが書いたデカルト批判の書であった。デカルトは、この著作に対して反論するために、長文の公開書簡を刊行する（一六四三年）。すると論争は、最終的には、デカルトがヴォエティウスの名誉を棄損したかどうかをめぐって、裁判に持ち込まれることになった。

デカルトはそこで、長文の『弁明書簡』を刊行して、自己を弁護する（一六四五年）。ところがデカルトは、ライデン大学で瀆神罪（とくしんざい）で訴えられてしまった。幸いにしてデカルトは、オラニエ公の計らいで危機を免れるものの、ユトレヒトでは、デカルト哲学に関する書物がいっさい出版禁止になってしまった。もはやユトレヒトは、デカルトにとって、安全な場所ではなくなったのであった。

デカルトは、一六四九年、スウェーデンの女王クリスティーナの招きでストックホルムに移り住むものの、その翌年、肺炎をこじらせて死去してしまう。

デカルトはこのように、自ら選んで移住したオランダのユトレヒトで、カルヴァン主義者のヴォエティウスによって迫害されてしまう。デカルトの合理主義思想の影響力は遠大であったが、しかしデカルト本人は、カルヴァン派のヴォエティウスによって誹謗中傷の人格攻撃を受けたのであった。

しかしなぜ、カルヴァン派のヴォエティウスは、デカルトを誹謗中傷したのであろうか。かれはデカルトの哲学に魅了された人たちが、無神論者になるのではないかと危惧していたようである。デカルトは、「無知な者たちの魂の内に、無神論の玉座を築くことに努めている」のではないか。そのような危惧から、ヴォエティウスはデカルトのことを、「滑稽、ペテン師、愚か者、鹿より臆病、笑うべきほどに役立たず、嘘だらけ、煙売り」などと呼んで批判した。これに対してデカルトは、「ヴォエティウス宛書簡」で、次のように反撃している。


私や他のすべての愛好者たちがいつも探求している哲学は、真理の認識に他ならず、その真理は自然の光によって獲得され、人類の役に立ちうるものである。したがって、これ以上に栄えある、人間にいっそう相応しい、そしてまた現世においていっそう役立つ研究は何らありえないのである。これに対し、学院やアカデミーで教えられている通俗的な哲学といえば、いつまでも続く討論にいつも駆り立てられることから明らかなように、大部分が疑わしいある種の意見の堆積に過ぎない。そして長い経験がすでに教えているように、役に立たない。たとえば第一質料、実体的形相、隠れた性質等々から、何か自分の役に立つよう応用することなど誰も決してしていないのである。[7]

このようにデカルトは、自分の哲学の真理が「自然の光」によって獲得されるのであり、人類の役に立つものであると考えた。これに対して、ヴォエティウス側のアカデミーは、役に立たない哲学を議論しているにすぎないという。

デカルトの方法は、批判と実験の精神によって世界を合理的に解明しようとする。これに対してカルヴァン主義のヴォエティウスは、人々の信仰心を高めるという関心から、自然の光に目を向けず、デカルトの哲学を非難する。

ではたして、デカルトを先駆者とする啓蒙主義とカルヴァン主義のどちらがいっそう資本主義の発展に貢献したのだろうか。この問題に、ウェーバーは答えを出したわけではない。しかし、啓蒙的な考え方を否定しつつ生活全般を合理化するという、いわば「非合理の合理性」をもったカルヴァン主義は、オランダのユトレヒトでは当時、資本主義の発展を導くための、文化的な土壌になったといえるのかもしれない。

私たち現代人からすれば、デカルトを先駆者とする啓蒙主義のほうが、社会の近代化を強力に推し進めたようにみえる。けれどもデカルトは、オランダのユトレヒトでは居場所を失ってしまった。ユトレヒトでは、デカルトに代わって近代化を導いたのは、カルヴァン主義の陰鬱な精神であったといえるかもしれない。

以上は二つの間奏であった。カルヴァン主義は、「脱呪術化」の思想から、賛美歌を発展させていった。またカルヴァン主義は、無神論を呼び起こすデカルトの思想に対しては、まったく理解を示さずに誹謗するという、陰鬱な側面をもっていた。魂の救済を求めて生活全般を合理化する。そのためには賛美歌は必要であるが、行き過ぎた合理主義思想は必要ない。カルヴァン派の人たちは、こうした考えに導かれて、啓蒙思想とは異なる近代化を推し進めていった、といえるだろう。

4-5　四つの類型：中世の日常、修道院、ルター派、カルヴァン派

働く人が得られるもの

みてきたように、ウェーバーによれば、カルヴィニズムの禁欲生活は「脱呪術化」された生活の完成形態である。この脱呪術化された生活は、しかし歴史とともに、しだいに不完全なものへと変化していく。たとえば前節でみたように、もともと禁欲的に歌われていた賛美歌は、やがて盛大なものになった。ここではしかし、カルヴァン派の特質を、それ以前の「中世」におけるカトリックの生活（修道院および日常生活）や、同時代における「ルター派」のプロテスタンティズムとの対比で捉えておきたい。あらかじめまとめると、**表8**のようになる。

中世の修道院の生活においては、すでに生活の合理化が徹底的にすすめられていた。しかしその一方で、当時のカトリック派の日常生活においては、伝統が支配していた。これに対して一六世紀に勃

表8　中世の修道院、カトリック社会、ルター派、カルヴァン派の区別

	合理化されていない生活	生活の合理化
世俗内	ルター派：「神との合一」、天職、自然法に基づく秩序 （人間は「神の器」 →神秘的感情の培養）	カルヴァン派：二重予定説による脱呪術化の完成 （人間は「神の道具」 →禁欲的行為の奨励）
世俗内	中世の日常：カトリック社会 身分秩序	
世俗逃避		中世の修道院：脱呪術化

興したプロテスタンティズムは、日常生活の改革に乗り出していく。ところがプロテスタンティズムの内部には、「神との合一」を求めるルター派と、「徹底的な禁欲」を求めるカルヴァン派の二つがあった。ウェーバーは次のように述べている。

> ルター派の信仰が至上の宗教体験として追い求めたものは、聖なるものとの「神秘的な合一 Unio mystica」であり、それは一七世紀を通じて発展していった。改革派［カルヴァン派］の教理においては、このような用語は知られていなかったが、この「神秘的な合一」という言葉が含意するように、ルター派が求めていたのは、実質的な意味で神を感じることであった。それはすなわち、信じる者の魂のなかに、聖なるものが現実に入り込むという感覚であり、ドイツの神秘家たちの瞑想がもたらした効果と実質的に同じものである。それはまた、神のもとで静寂を得るという願いの達成に向けられた点では、受動的な性格をもっているし、その純粋に情調的な内面性によっても特徴づけられる。……（中略）……改革派［カルヴァン派］の信仰に特徴的なのは、それがパスカルのような静寂を愛する現世逃避の立場と対立するとともに、

ルター派のように純粋に内面を志向する情調的信仰とも最初から激しく対立していた点にある。聖なるものが人間の魂のなかに現実に入り込むというのは、あらゆる被造物に対して神が絶対的に超越しているという観点からすれば、ありえないことであった。……（中略）……宗教上の達人たちが自分が救われていると確信できるのは、自分を神の力の容器と感じるか、あるいは、自分を神の力の道具と感じるか、そのいずれかである。前者の場合、彼の宗教生活は神秘的な情動を育む方向に向かう傾向があるのに対して、後者の場合、禁欲的な行為に向かう傾向がある。ルターは前者のタイプにより近く、カルヴァン派は後者のタイプに属していた。（私訳、原書一〇六～一〇八頁、大塚訳一八二～一八四頁）

ルター派の人たちは、瞑想を通じて、神と一致する体験を大切にした。これに対してカルヴァン派の人たちは、行為を通じて、神のために禁欲的に働くことを目指した。世俗の世界を「神の栄光」で満たすために、富を増大させることが重要であると考えた。

むろん前節でみたように、カルヴァン本人は、「行為を通じて神の救済を得る」という考え方には反対であった。神は、あらかじめ救済する人と救済しない人を定めている。だからどんなによい行いをしても、その行いによって神に救済されるわけではない。これがカルヴァンの二重予定説の基本的な考えであった。ところがカルヴァン派の人たちは、やはり自分が救済されているのかどうか、不安になった。その不安を解消するために、一生懸命に働くことが一番だと考えるようになった。自分で自分の魂を救済しようとする人のみが、救われる（正確にいえば「救いの表徴（メルクマール）」がみえる）。カルヴァン派の人たちは当初、教会で偶像を拝んだり、あるいはお布施をしたりしても、そのような行為によって人は救われるわけではないと主張していた。けれどもやがて、自分の仕事に専念して、この社会を「神の栄光」で満たすために働く人は、救い（正確には救いの表徴）を得ることができる、と考えるようになった。これはすなわち、裏返しの行為救済論である。一生懸命働いても、救われるかどうか分からないのであるが、働けば少なくとも「救いの表徴」が得られるのだから、やはり働くという行為が推奨されることになる。「神は自ら助ける者を助ける」ということになる。

神との神秘的合一

むろんルター派の人たちも、職業労働が重要であると考えた点では、カルヴァン派の人たちと同じであった。けれどもルター派の人たちは、職業労働においても、瞑想的な要素を重視した。ドイツの神秘家タウラーは、瞑想の実践的な効果として、人々は「整頓（せいとん） Ordnung」するようになる、と考えた。そしてこの「整頓」というのは、明日の仕事を準備するだけでなく、仕事を有徳で聖なるものにするとみなされた。ルター派は、このようなタウラーの考え方を継承した。ルター派においては、瞑想と職業労働は、必ずしも矛盾していなかった。それでもルター派の人たちは、やはり聖なるものと合一することがいちばん重要だと考えた。かれらは、改革派［カルヴァン派］の人たちが「行い」を「神聖化」していると非難したのであった。

ここで少し、ルター派がタウラーの神秘主義を継承した点について、補っておきたい。[8] ウェーバーは『プロ倫』であまり論じていないけれども、ルター派とそれを継承するドイツ敬虔主義には、神秘主義的な側面がある。

ルター派はなによりも、神秘的合一を求めた。「神に自己を溶け込める」。このような神との合一あるいは融解を説いたのは、元をたどれば、一三世紀のドイツを代表するキリスト教神学者、マイスター・エックハルト（一二六〇頃〜一三二八頃）であった。ルターは、エックハルトの直接の弟子、ヨハネス・タウラーの本から、この思想の影響を受けたようである。

タウラーによれば、一人の人間は、三人の人間から成り立っている。一人は、外面的・動物的・感覚的な人間である。もう一人は、認識能力をもった人間である。第三の人は、自分自身に向かって傾く「魂の根底」、すなわち魂の最上の部分をもった人間である。これらの三人の人間が綜合されて、一人の人間の人格が形作られるのだという。

ここで「魂の根底」とは、タウラーによれば、「神の住まい」である。人は神の声を聞くために、自分の魂の根底へと深く降りていかなければならない。ところが自分の魂の根底は、究めることができない深淵をもっている。実際には、底がみえない。そこでタウラーは「魂の根底」というものが、神の存在を受容する「受動的な能力」であると考えた。人は自分の魂の根底を、いわば神に明け渡すことによって、聖霊を迎え入れることができる。このように考えた。

ルターはこのタウラーの「受動的な力」という考え方を継承して、神との神秘的合一が大切であると主張するようになる。この考え方は、中世ドイツにおける神秘主義の思想を継承したものといえるだろう。ルターによれば、聖霊を迎え入れて神と合一するためには、私たちはまず日常生活を離れ、次に、自分自身を超越しようとしなければならない。しかしどのようにして自分を超越するのか。

ルターによれば、心のなかにある罪が、神の怒りによって「内心の不安と良心の戦慄」を引き起こすとき、人は受苦を味わい、呻（うめ）きを経験する。するともはや、私たちは自分の主体的な行為によっては対処できない「躓き」を経験したことに気づく。そのような試練に直面したとき、私たちはしかし、神を引き寄せる「受動的な力」を発揮することができる。受動的な力は、神を引き寄せる。聖霊の声を聴くとき、私たちは試練から脱出して、神との神秘的合一を遂げる。自分の魂が、何者かによって引き上げられていく高揚感を経験する。それは言い換えれば、誰かに捕らえられて、引っ張られていくような経験である。その意味で、「拉致（ラプトゥス）」とか「恍惚（エクスタシー）」と呼ばれることもある。

　こうしてルターにおいては、「神との神秘的合一」は、躓きから拉致にいたるまでの、一つの精神的なドラマとして捉えられた。ところがこうしたルターの教義を中核に据えたルター派教会が領邦教会として確立すると、しだいにその霊的な営みは形骸化して、荒廃するようになった。

　そのような状況に異議を唱えたのが、ドイツ敬虔主義の創始者、シュペーナーであった。シュペーナーは、ルターのように、たんに自分の内面に神を迎え入れるだけでは、不十分だと考えた。神と合一するだけでは、救済の証しとはいえない。シュペーナーは、「魂の根底」にたどりつくことよりも、むしろ「試練」という限界的な状況において、人間が絶望し、その絶望から「新しい本来の人間」へと生まれ変わることが重要であると考えた。人間は試練を経て、心の内面を再生することができる。そのような自発性によって、信仰心に点火することが、霊的な生活の始まりであると考えた。

「よい行い」の体系化

以上は、ルター派における神秘的な要素についての説明である。こうしたルター派の特徴は、カルヴァン派の行為主義とはずいぶん異なるであろう。

カルヴァン派の人たちは、自分の内面ではなく、自分の行いを神聖化していった。その特徴は、それ以前の中世の人たちの日常生活と比較すると分かりやすい。ウェーバーは次のように描いている。

> 中世のカトリックの普通の人たちは、いわば「その日暮らし」にたとえられるような倫理的生活をしていた。かれらは、諸々の伝統的な義務に対しては、良心的に応じていた。しかしそのような義務を超えて「よい行い」をする場合、それらはたいてい、必ずしも関連性をもたなかった。それらは少なくとも、ある一つの生活体系をなすように合理化されているわけではない個々の行為が、ただ継起するにすぎなかった。かれらはたとえば、諸々の具体的な罪をつぐなうためとか、司祭が言うことに影響されてとか、自分の人生の最後のために保険をかけておくためといった、その都度の事情に応じて、よい行いをした。(私訳、原書一一三頁、大塚訳一九一頁)

このようにウェーバーによれば、中世のカトリックの平信徒たちは、ある一定の水準ではよい行いをしていたけれども、それを超えてよい行いをする場合には、体系的に実践したわけではなかった。これに対してカルヴァン派の人たちは、伝統的に求められる道徳の水準を超えて、よい行い(「卓越」や「美徳」の振る舞い)を体系化していく。

中世のカトリック教会では、信者たちは、司祭による呪術的な儀式を通じて、神の恩恵が受けられると信じた。また信徒たちは、懺悔することによって「魂」が救済されると考えた。ところがカルヴァン派の人たちは、こうした救済の可能性を絶ってしまう。教会で儀式に参加したり懺悔したりしても、救済の確信を得ることはできないと考えた。

カルヴァン派の人たちは「救済の確信」を得るために、教会の外で日常生活を体系的に合理化し、すべての行為を神の栄光のために捧げなければならなくなった。そのためには、日々の生活の反省が欠かせない。カルヴァン派の人たちは、日々の生活を反省して、「もっと合理的に、もっと体系的に、自分で自分の生活を制御していこう」という具合に、日常生活を改善していった。

むろん、生活全般を合理化する方法には、いろいろあるだろう。カルヴァン派を含む禁欲的プロテスタントの人たちの具体的な生活については後に検討したい（二一九頁以下参照）。ウェーバーはその前に、中世の一部の修道院生活においては、生活を徹底的に合理化するという意味での禁欲生活が、すでに完成の域に達していたと指摘している。

キリスト教的な禁欲生活は、原理的には、すでにベネディクトゥス[9]の規律において、無計画な現世逃避や達人的な苦行というものから抜け出ていた。それは、クリュニー修道院［最盛期は九二七～一一五六年］やシトー修道会［一二世紀から一五世紀にかけて発展］の僧侶においてはいっそう、そしてイエズス会［一六世紀から一七世紀にかけて発展］の僧侶たちにおいてはまさに、決定的なものになっていた。キリスト教的な禁欲生活は、自然の状態を克服したり、人間の非合理な衝動の力を取り去ったり、現世や自然への依存状態をなくすために、人間を計画的な意志の支配のもとに従属させ、あるいはまた、人々の行為をたえず自己制御と倫理的帰結の考慮のもとにおくという、合理的な生活スタイルを体系的に練りあげたものになった。さらにキリスト教的な禁欲生活は、修道院の僧侶たちを、客観的には、神の楽園のために奉仕する労働者として訓育し、またそうすることによって、主観的には、僧侶たちの魂の救済を確実なものにした。こうした積極的な自己統御は、聖イグナチオ［・デ・ロヨラ（一四九一～一五五六）］[10]の修練や、合理的な修道士的美徳のさまざまな最高形態の目標であったのと同様に、ピューリタニズムの実践的な生活理念においても、決定的に重要なものであった。（私訳、原書一一六～一一七頁、大塚訳二〇一頁）

このようにウェーバーによれば、一部の修道院ではすでに、合理的な生活が完成の域に達していた。ここで「合理的」というのは、感情がコントロールできているという意味である。その時々の一時的感情に身をゆだねるのではなく、内に秘めた持続的な情熱によって生活全般を体系的に制御していく、という意味である。

修道院の生活は、感情を冷静かつ持続的に保持しようとする点で、合理的なものであった。修道院の僧侶たちは、カルヴァンのいう「二重予定説」がなくても、生活全般を合理化することができた。[11]中世の修道院では、生活全般を合理化するための知恵が、すでに体系的に練り上げられていた。ウェーバーによれば、カルヴァン派の人たちは、それを世俗社会の内部に持ち込んだにすぎないのだという。

もっとも一六世紀のカトリックの人たちは、修道院の禁欲生活を日常生活に拡張しようと試みたのであるが、うまくいかなかった。修道院の外で暮らすカトリックの人たちは、免罪符を買ったり懺悔したりすることで、禁欲生活の一部が免除されると受けとめた。カトリック派のシステムには、制度上の欠陥があった。それは修道院を合理化しつつも、世俗の生活を営む人々を規律するための方法を持たなかった点である。カトリック派のなかで、禁欲的な生活を追求したいという人たちは、世俗を捨てなければならなかった。これに対してカルヴァン派においては、同様の心ある人たちは、世俗社会の内部で禁欲を実践することができた。かれらは、自分で自分の生活を制御することによって、自分たちは「選ばれた者（エリート）」であって「捨てられた者」たちではないという、独自のエリート感情を育んでいくことができた[12]。

カルヴァン派においてはこのように、日常生活全般を合理化することで、自分で自分に誇りをもつ人たち、選民意識をもつ人たちが生まれてくる。そのような選民意識は、実はカルヴァン派においては、必ずしも先鋭化していたわけではない。ウェーバーが指摘するように、カルヴァン派の人たちは、神に捨てられた人たちも、神の栄光のために律法に従うべきであり、教会に所属すべきだと考えていた。しかし一方では、志のある人たちだけで「自分たちの共同体」（信団(ゼクテ)）を作りたいと思う人も出てくる。洗礼主義の諸教派である。禁欲的プロテスタンティズムには、いくつかの類型がある。次章では、その諸類型について検討してみよう。

コラム 修道院の生活

サン・ピエール・ド・ソレム修道院

ベネディクトゥス（四八〇頃〜五四七頃）の『会則（戒律）』（五三〇年以降に執筆されたとされる）は、当時の規律の集大成で、二世紀後のローマ・カトリック教会の修道院における統一規則となった。たとえば一日の食事は、二回のときと一回のときがある。一回の食事では調理した品を二皿と、くだものか野菜、そしてパン約三〇〇グラムが支給され、この他ぶどう酒が一日二五〇ミリリットル許された。四足獣の肉は、非常に衰弱した病人にだけ与えられたという。

『会則（戒律）』を実践している現代の修道院（フランスのサン・ピエール・ド・ソレム修道院）では、**表9**のような日課になっている。[13]

当時はまだ日時計を用いていたので、日中の一時間は、夏は長く、冬は短くなった。日時計が使えない曇り空や雨の日には、時間を頭の中で計算して、聖務日課を完璧に実践するように求められた。一一世紀に教会改革を推進したペトルス・ダミアーニは、修道士たちに対して、「詩編の祈りにかかる時間を計算して、自ら生きた時計になりなさい」とすすめている。夜は「水時計」を用いたところもある。

こうした規律ある生活は、Ｍ・フーコーが指摘する近代の規律訓練システムをすでに超えていた、と考えられる。Ｇ・アガンベンによれば、「フーコーは修道院の先例があったことについて触れているが、従来はほとんど指摘されなかったことには、ほぼ十五世紀も前に、すでに修道院では、その共住生活のなかで、もっぱら道徳的かつ宗教的な目的のために、修道士たちの生活を時間的に刻むことが実現されていたのだった。その厳格さは古典古代には先例がなかっただけでなく、その非妥協的な絶対性において、おそらく近代のいかなる機関にも、テイラー・システムの工場でさえ、比肩（ひけん）するものはなかった」という。[14]

表９　ソレム修道院の日課

5:00	起床
5:30	暁課（聖務日課）
	（朝食）
7:30	讃歌
	読書、祈り、労働
10:00	三時課、ミサ
11:15	労働
13:00	六時課
	昼食
	九時課
14:00	自由時間
14:50	労働
17:00	晩課
	集会
19:30	夕食
20:30	終課
	就寝

4－6　ルター派は重商主義の精神？

ウェーバーが分析しなかったポイント

以上、「禁欲的プロテスタンティズム」の代表格であるカルヴァン派の特徴を、ルター派や中世の修道院生活などとの対比で描いてきた。次章に移る前に、ここでルター派のプロテスタンティズムと資本主義の精神の関係について、考察を加えたい。というのも、ルター派は、資本主義の精神ではなく、重商主義の精神を生み出したように思われるからである。

カルヴァン派と対比されるルター派は、禁欲的なのか、それとも非禁欲的なのか。みてきたように、ルター派は、神との合一を求める神秘主義の系譜にある。ルター派は、日常生活を合理化することには無頓着のようにみえる。けれどもウェーバーは、『プロ倫』の最初の方では、ドイツにおけるプロテスタント（その多くはルター派である）が、カトリックの人たちよりも経済的に成功していると指摘していた。いったいルター派は、神秘主義であるにもかかわらず、なぜカトリックよりも経済的に成功するのか。

ウェーバーの答えは明確ではない。ウェーバーは、ドイツ敬虔派が、教理よりも心情を重んじる点で、カルヴァン派の逸脱形態であるとみていた（本書一八一頁以下参照）。しかしウェーバーは、このような逸脱の形態が現実の政治経済に及ぼした効果については論じていないし、また、敬虔派以外のルター派についても論究していない。

『プロ倫』から引き出せるようにみえる一つの答えは、ルター派の人たちは「天職」の概念を強調して、人は一定の割り当てられた仕事に専念すべきだ（そうすれば神に召される）と主張した点にあるだろう。ルター派の天職の思想は、信者たちを勤勉な労働者に育て、それは後に「資本主義の精神」をもたらしたのではないか。素朴には、このように考えることができる。

けれども、ルター派における「天職思想」と「神秘主義」の結合は、はたして資本主義の精神をもたらしたのかどうか。ウェーバーの『プロ倫』には分析がない。

他方で、ウェーバーと同時代の学者、エルンスト・トレルチは、ドイツのルター派について興味深い観察をしている。[15] トレルチによれば、禁欲的なプロテスタントの生活には、二つの種類がある。一つは、神秘主義的な生活に向かうルター派であり、もう一つは、日常生活を方法的に合理化していく改革派（カルヴァン派）である。

ルター派は、禁欲的ではあったが、日常生活を合理化したり、規律訓練したりすることにはあまり関心をもたなかった。ルター派は、何よりもこの現世の生活から離れて、精神の無意識の働きのなかで神と合一することが大切であると考えた。ルター派のいう「禁欲」とは、現世の苦難に耐えることであり、この世の中を支配する抑圧的な権威に対して、従順になることを求めるものだった。こうしたルター派の禁欲においては、すべての希望は、あの世で祝福されることに託された。

これに対して改革派（カルヴァン派）は、禁欲というものを別様に捉えた。禁欲とは、怠惰を排して、「神の栄光」のために、この世界を変革することである。そのためには規律訓練によって、生活全般を合理化すべきであるとみなされた。むろんカルヴァン本人は、もっと柔軟な考え方をしていたようである。ところがその後の改革派の人たちは、あらゆる感情や気分を「怠惰なもの」として退けて、神や教会のために奉仕すること以外は、すべてが無意味なものとみなすようになった。改革派の人たちにとって「禁欲」とは、日常生活全般を合理化することであった。トレルチはこの改革派の禁欲（規律訓練型の禁欲）が、カトリックにおける「イエズス会」と、多くの点で重なるとも指摘している。

トレルチはさらに、興味深い考察を残している。すなわちルターは、利子をとることを禁止した教会法を、そのまま踏襲した。利子をとってお金儲けをしたい大商人たちの要求を退けて、農民や手工業者の経済生活を支持した。その後のルター派は、この考え方を緩和していくが、しかしそれでもルター派の教会は、それぞれの領邦の権力と結びついていたので、重商主義的な経済政策を支持することになった。そこにおいて労働者階級の人たちは、領邦の政治支配を受け入れて、従順な労働をすべき存在として教育されたのだという。

このトレルチの理解が正しいとすれば、ドイツにおけるルター派の禁欲倫理は、「資本主義の精神」ではなく、ウェーバーが否定するところの、「重商主義の経済倫理」に結びついたといえるだろう。重商主義とは、国家が経済に介入して、国家主導の積極的な国富政策を支持する思想である。ウェーバーはしかし、このような国家主導の権威主義的な経済運営が、自由な資本主義の発展にとって障害になると考えた。資本主義の精神は、自由な市場社会において開花する精神であって、国家に依存する精神とは区別されなければならないと考えた。

なおトレルチによれば、ドイツにおいてプロテスタント信者が多く暮らす地域のほうが経済的に発達したといっても、その理由は、宗教以外にあるという。それはすなわち、ルター派における「勤勉さ、まじめさ、倹約的な性格」や、「自覚的な個人主義、国民教育への強い情念」などの倫理である。はたしてドイツにおいて、ウェーバーが生きた時代のプロテスタントたち（ルター派）が、資本主義の精神をどの程度まで支えたのかについては、まだ検討の余地があるように思われる。

以上において私たちは、「禁欲的プロテスタンティズムの倫理」についてのウェーバーの説明を追ってきた。その説明はまだ続く。けれども、ここでいったん章を区切って、息継ぎをすることにしよう。

これまでの説明は、「禁欲的プロテスタンティズムの倫理」の心理的特徴についてであった。私たちは、二重予定説とカルヴァンの人生について説明し、そしてカルヴァン派の生活が、修道院生活やルター派の生活などと、どのように異なるのか、あるいはまた、ルター派は禁欲的プロテスタンティズムといえるのかどうか、について検討した。トレルチの議論を考慮に入れれば、ルター派は、禁欲的プロテスタンティズムとはいいがたい。むしろ重商主義の精神だといえる。次章では、「禁欲的プロテスタンティズムの倫理」を理念型として明確に定義してみよう。

第5章　禁欲的プロテスタンティズムの倫理とはなにか？
—２—

5—1　定義には二つの極がある

心理と組織

「禁欲的プロテスタンティズムの倫理」というのは、代表的には、カルヴァン派によって生み出された教義であり、またその実践である。具体例としては、カルヴァンの弟子のテオドール・ベーズ、あるいはカルヴァンに影響を受けて、スコットランドで「長老派」を組織したジョン・ノックスといった宗教家にみられる教義と実践の特徴であろう。

ウェーバーはしかし、これらの人たちの実践について論じているわけではない。ウェーバーは、イギリスのカルヴァン派に共通する「ウェストミンスター信仰告白」を取り上げて、教義の基本的な性格について論じてはいる。しかし、この信仰告白を採用した諸教派について、詳しく論じているわけではない。その意味でウェーバーのいう「禁欲的プロテスタンティズムの倫理」は、いくつかの教派から抽出された「理念型」として定義されたものといえるだろう。

ウェーバーはここから、「禁欲的プロテスタンティズム」の他の三つの具体例、すなわち「敬虔派」「メソジスト派」「洗礼主義（とりわけクエーカー派）」を検討していく。最初の二つ、すなわち「敬虔派」と「メソジスト派」は、純粋な形態からはすこし逸脱したものとして位置づけられる。最後の「洗礼主義」は、独自の意義をもった形態として位置づけられる。これら三つの具体例は、禁欲的プロテスタンティズムのいわば派生的形態といえるかもしれない。しかし「洗礼主義」については、派生的というよりも、もう一つの中心的な特徴として位置付けたほうがよいだろう。「洗礼主義」は、カルヴィニズムの性格とはまったく異なる特徴をもっている。

実はウェーバーは、「禁欲的プロテスタンティズムの倫理」の純粋な型を説明する際に、集団をいかに組織するかという「制度の問題」をカッコに入れていた。しかし具体的な事例を挙げる場合には、ウェーバーはこの制度の問題を考慮している。制度の問題を考慮に入れると、「禁欲的プロテスタンティズムの倫理」の定義は、実際には、二つの極をもっていることが分かる。

一つの極は、制度の問題をカッコに入れた「心理的内面上の定義」であり、それは「二重予定説」である。もう一つの極は、「組織形成上の定義」であり、それは以下に論じるように、「自発的組織」としての「信団（ゼクテ）」である。「禁欲的プロテスタンティズムの倫理」には、このように、二つの極がある（図2を参照）。ここで「極」というのは、第一の定義は「カルヴァン派」によって代表され、第二の定義は「洗礼主義（とりわけクエーカー派）」によって代表されるのであるが、これら二つの定義を組み合わせた場合の純粋型を代表する教派が存在しないためである。その意味でウェーバーのいう「禁欲的プロテスタンティズム」の概念は、二つに引き裂かれた内容をもつといえるだろう。

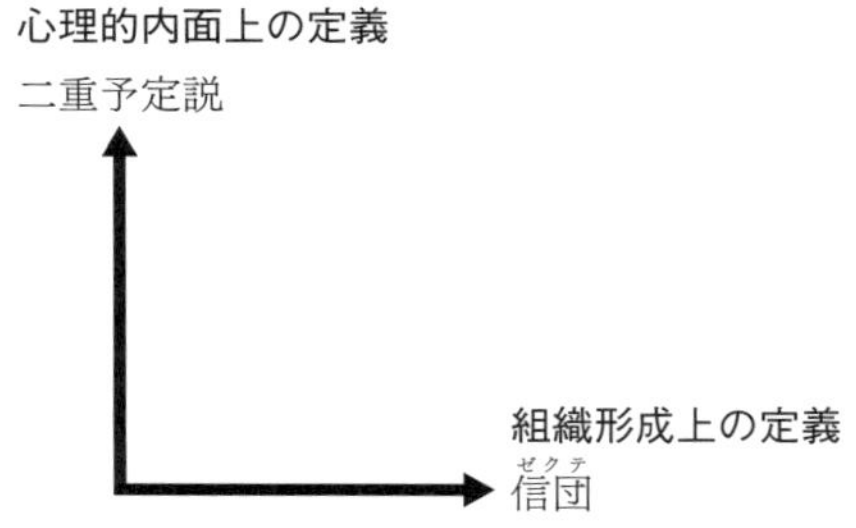

心理的内面上の定義

二重予定説

組織形成上の定義

信団（ゼクテ）

図2　「禁欲的プロテスタンティズムの倫理」の定義（二つの極がある）

心理的内面上の定義は、「二重予定説」の立場をその純粋な型としている。それ以外の教義も禁欲的プロテスタンティズムに分類されるが、それらは二次的な形態（広義の形態）とみなされる。心理的内面上の純粋な定義とは、次のようなものである。

(1)「二重予定説」を深刻に受けとめて、「内面的孤独化」に陥る。はたして自分は救われているのか、と絶望する。
(2)その不安の中で、救済の確証を得たいという衝動に駆られる。
(3)自分で考えた末に、以下のいずれかの行為をする。
(a)もし自分が牧師であれば、人々にこの教説を布教する（自分の解釈も加える）。
(b)巡礼の旅をする（後述のバニヤン『天路歴程』の主人公のように、それまでの日常生活を捨てる）。
(c)日常生活全般を合理的に体系化して、一つの職業労働に専念する（それによって救いの表徴を得る）。
(4)現世よりも来世の自分の魂に関心がある（来世志向である）。
(5)自分は（神に）選ばれているという自己確信の意識をもつ。

およそ以上の五つの特徴である。(3)には三つの種類があるが、なかでも最狭義の定義は(3)の(c)であるだろう。(a)の宣教師や、(b)の巡礼者は、世俗の職業に就いていないので、「世俗内禁欲」という特徴を満たしていないからである。これに対して(3)の(c)のように、自分の職業を中心にして、日常生活全般を合理的に体系化していくという「世俗内禁欲」の営みは、心理的内面上の定義の純粋な型といえるだろう。

組織形成上の定義が必要な理由

むろん、(3)の(c)の実践は、大変きびしいものである。現実には、だれかにアドバイスをもらって、周囲の仲間たちといっしょに実践しないと、挫折してしまうかもしれない。実際、平信徒たちの多くは、カルヴァン派の説教者たちに教えを請うたのであった。ウェーバーは、禁欲的プロテスタンティズムの特徴を描くときに、説教者バクスターの説教を多く参照している。多くの平信徒は、バクスターのようなすぐれた宣教師の説教を聞いたり読んだりして、世俗内禁欲の生活を実践したのであろう。ただ、平信徒たちが説教者たちに教えを請うのであれば、かりにかれらが「二重予定説」を聞いて内面的な孤独化に陥ったとしても、不安感はある程度まで解消されたように思われる。説教者たちの教えに従えば、自分の魂は救済されるだろうという期待がもてるからである。けれども他方で、「救済されているかどうかの不安」が解消されれば、「世俗内禁欲」を実践する心理的駆動力もまた、それだけ弱くなったかもしれない。

ウェーバーはおそらく、以上のような事情を考慮に入れていたのであろう。世俗内禁欲を徹底的に

表10 「禁欲的プロテスタンティズムの倫理」の理念型

- ・心理的内面上の定義：カルヴァン派の二重予定説（敬虔派とメソジスト派は、その不完全な派生的形態）
- ・組織形成上の定義：洗礼主義（バプティスト派、メノナイト派、クエーカー派）における「信団（ゼクテ）」形成
- ・あいまいな位置づけ：ルター派

実践するには、たんに説教者の教えに従うのでは不十分である。世俗内禁欲を徹底するためには、「禁欲的な生活をしたい」とか、「そのような生活によって神の恩寵を受けたい」という人たちが、自発的に組織を立ち上げて交流しなければならない。自発的に組織を運営して、自発的に説教者を招いて、互いに意欲を高めあっていかなければならない。そのような自発的結社を形成する企てが、「禁欲的プロテスタンティズム」の「組織形成上の定義」となる。ウェーバーは実際、そのような組織形成上の定義を「禁欲的プロテスタンティズム」のなかに持ちこんだ。その定義とはすなわち、

(6)選ばれた人たちからなる自発的な集団（信団（ゼクテ））を形成して、互いに高めあう（自律した者たちの共同体に参加する）。

というものである。以上の(1)から(6)の定義のうち、(1)から(5)までは「心理的内面上の定義」であり、(6)は「組織形成上の定義」である。[1]「心理的内面上の定義」は、さまざまな組織形態と両立するだろう。これに対して「組織形成上の定義」は、さまざまな心理と両立するだろう。「禁欲的プロテスタンティズムの倫理」の概念はこのように、二つの極によって定義されている。

心理的内面上の観点からすれば、「禁欲的プロテスタンティズムの倫理」

の理念型は、カルヴァン派である。敬虔派とメソジスト派は、そこから派生した形態、禁欲度のやや劣る形態である。これに対して組織形成上の観点からすれば、「禁欲的プロテスタンティズムの倫理」の理念型は、洗礼主義（バプティスト派、メノナイト派、クエーカー派）である。洗礼主義は、以下に説明するように、二重予定説ではなく、信団（ゼクテ）の形成という制度上の契機から、禁欲的な職業労働へと向かっていった（表10を参照）。

以上は、筆者なりに整理したウェーバーの「禁欲的プロテスタンティズムの倫理」である。この分類のうち、ルター派については前章の最後に論じたとおりである。以下では、残りの「敬虔派」「メソジスト派」および「洗礼主義」について、順番にみていくことにしよう。

5－2　敬虔派（パイエティズム）

「救いの確証」が欲しい！

ウェーバーによれば、ピューリタニズムの代表的な信徒のなかで、敬虔派に数えられないような人はいなかったという。ところが敬虔派は、ウェーバーの理論では、カルヴィニズムのなかの、ある逸脱的な形態として位置づけられている。矛盾しているように聞こえるかもしれないが、ウェーバーは「敬虔派」という概念を、自分なりの観点から一つの理念型として練りあげたといえる。

敬虔派には、独自の特徴がある。それは神学上の知識よりも、敬虔の実践が大切と考える点である。かれらは地域の教会に所属しつつも、もっと満足のいく実践をするために、自分たちだけの自主的な「集会Konventikel」（当時は「小教会ecclesiola」と呼ばれた）を運営した。

これはあらゆる種類の敬虔派に共通していたのであるが、真の回心者たちが作った「小教会」は、ますます禁欲度を高めつつも、すでにこの世において神とともにある共同体(ゲマインシャフト)の祝福を味わおうとするものであった。そうした企てには、ルター派の「神秘的合一」と内的に共通するところがあり、それは平均的な改革派「カルヴァン派」の信徒たちにふさわしい範囲を超えて、宗教の感情的側面をいっそう気遣うことも頻繁にあった。わたしたちの観点から考察すると、これは改革派の教会の基盤の上にある「敬虔派」の決定的特徴と言えるだろう。こうした敬虔さは、カルヴァン派の元来の信仰とはまったく縁のないものであり、むしろ中世における宗教意識のある形態と、内的に連関した感情的要素をもっている。それはすなわち、実践上、来世［における魂の救済］の確証を得るために禁欲的に闘うことよりも、現世において魂の救済を享受する方向に、宗教の意識を向けるものであった。（私訳、原書一三三頁、大塚訳二二五頁）

このように敬虔派の人たちは、自分たちの集会を作って、来世よりも現世での救いの確証を求めた。かれらはしばしば、ヒステリーやエクスタシー、あるいは精神的な虚脱状態などによって「救いの確証」が得られると考えた。かれらは、現世に対する不安から、修道院的な組織を生み出すこともあった。けれどもウェーバーによれば、かれらは世俗の職業労働に留まろうとするかぎり、通常の改革派［カルヴァン派］の人たち（純良な改革派の人から見れば二級扱いされるような人たち）よりも禁欲的に働いたという。

問題は、かれらが感情的な要素をますます強調するときであった。ドイツ敬虔派は、一八世紀になると、代表者のひとりであるツィンツェンドルフが[2]「集会」を廃止して、いっそうルター的な思想傾向を強めていく。ウェーバーはこのドイツ敬虔派を、禁欲的プロテスタンティズムの逸脱形態として位置づけ、次のように描いている。

カルヴァン派と比較すると、［ドイツ敬虔派における］生活の合理化の強度は、弱められるほかなかった。というのも、カルヴァン派の人たちは、永遠の未来を保証する恩恵の地位を、たえず新たに更新しようとする思考の内的衝動をもっていたのに、ドイツ敬虔派の人たちは、これを感情的なものにして、現在に移してしまったからである。さらにまた、カルヴァン派の［二重］予定説の信者たちは、たゆまずしっかり職業労働をすることによって、自己確信をつねに新しく獲得しようとしたのであるが、これに対してドイツ敬虔派の人たちは、謙遜と砕かれた心を理想としたからである。それは一部には、もっぱら内的体験によって感情的興奮を得ようとしたことの結果であり、また一部には、敬虔派の人たちがしばしば強く嫌疑をかけながらも、たいていの場合には容認していたルター派の懺悔制度［懺悔の聴聞によって、禁欲的要求を免除する効果をもった］の結果であった。これらすべてにおいて決定的なのは、生活実践を「聖化すること」によってではなく、「罪の赦しを得ること」によって魂を救済しうるとみなすルター派に特有の考え方であった。未来（来世）の祝福について確実な知識を獲得し保持しようとする計画的で合理的な願望のかわりに、ここには、いままさに（この世において）、神との和解、あるいは神とともにある共同体（ゲマインシャフト）を感覚的に得たいという欲求がある。（私訳、原書一四三〜一四四頁、大塚訳二五一〜二五二頁）

カルヴァン派の人たちは、「自分が救済されているかどうか」についての「知識」を得たいので、自分たちの職業に専念して、生活を合理化していった。これに対してドイツ敬虔派の人たちは、「自分が救済されている」という「感覚」をいま味わいたいので、自分の仕事に専念するよりも、瞑想して神と交信することを優先した。

ウェーバーは暫定的にではあるが、この二つの教派の違いが、それぞれの担い手の違いにも表れていると考えた（表11参照）。

カルヴァン派の人たちは、知識志向であり、その担い手は、市民的中産階級の企業家である。これに対してドイツ敬虔派の人たちは、感情志向であり、その担い手は、上層の有閑階級や下層の労働者である。およそこのような対比をウェーバーは描いている。

表11　カルヴァン派とドイツ敬虔派の比較

	志向	担い手
カルヴァン派	未来志向 救いの「知識」	市民的・資本主義的な企業家
ドイツ敬虔派	現在志向 救いの「感情」	有閑階級：職業に忠実な役人、雇人、家父長制的精神の雇い主 労働者、家内工場の職人たち

5−3　メソジスト派

「私は罪深い存在である」──回心から聖化へ

次に、「メソジスト派」についてみていこう。「メソジスト派」は、一八世紀のイギリスで、ジョン・ウェズリーが創始した教派である。日常生活を規律正しく過ごす方法（メソッド method）を重んじたため、メソジスト（方法派）と呼ばれるようになった。ウェズリーは、イギリス国教会の聖職者として出発した。けれども自身が大学生のときに実践した「規律ある生活」を布教するために、独立した集会を組織していく。ウェズリーは、信徒たちにも説教者の務めを任せた。やがてメソジスト派は、イギリス国教会と激しく対立するようになる。アメリカでは爆発的に信徒を増やしていった。

初期のメソジスト派は、規律ある日常生活の実践を強調した。けれどもその倫理は、カルヴァン派の「二重予定説」に基づいていたわけではなかった。ウェズリーは、「二重予定説」の代わりに、「回心」から「聖化」へ向かうプロセスが大切であると考えた。「回心」とは、自分がいかに罪深い存在であるのかを知ること、そしてその罪がイエス・キリストの自己犠牲によってすでに救われていると知ることである。メソジスト派の人たちは、まずこの「回心」から出発する。そして到達目標となるのは「聖化」である。「聖化」とは、まったく罪がないピュアな状態のことである。そのような「聖化」の境地を目指して、メソジスト派の人たちは日々の生活を規律していった。

「聖化」は、心の内面において、感情の動きを重視する。ウェーバーは次のように書いている。

なによりもメソジスト派は、感情への志向はすべて幻惑にすぎないと疑うカルヴァン派とは対照的に、自分が神の恩寵を受けているという、純粋に感情的な、聖霊の証しから直接生じてくる絶対的確信こそが、救いの確かさ certitudo salutis の唯一の疑いえない基礎であるとみなした。そして少なくとも通常は、その確信の現れは、日時が特定されうるものとみなされた。ウェズリーは、その後につづく聖化の教理を展開していくことになる。彼の教説は、カルヴァン派の正統派的解釈からは明確に逸脱していたものの、「自己確信の証しをえた」再生者は、すでに現世での生活において、「聖化」を通じて、罪がないという意味での純一性 Vollkommenheit の意識を得ることができるとされた。「聖化」は、自分自身の内に作用する恩寵の力であり、通常は他とは切り離されて、またしばしば突然生じることもあるような、「第一の「回心」につづく」第二の内なる過程である。この目的を達成することがどんなに難しくても（たいていは人生の終わりになってしまうのであるが）、それを追い求めることは絶対に不可欠である。というのもその努力は、救いの確かさ certitudo salutis を究極的に確立するからである。それはカルヴァン派の「気が失せるような」心配事に代えて、喜ばしき確実さをもたらすものであった。（私訳、原書一四六～一四七頁、大塚訳二五六～二五七頁）

このようにウェズリーは、まず自分が「罪深い存在」であることに気づいた上で、その罪ある状態からピュアな状態に移ることが、人生の目標（救済の確証を得ること）になると考えた。そのためには、生活全般を規律して、清く正しい生活を送らなければならない。もっともウェズリーによれば、清く正しい生活をすれば、だれもが神に救済されるわけではない。そのような生活は、あくまでも救いの表徴をもたらすにすぎない。大切なのは、そこにピュアな感情が加わることであるとされた。

合理化は喜び

ウェーバーによれば、メソジスト派の人たちは、(1)禁欲的な日常生活と、(2)救いの確かさを自己確信する際の感情的な高揚という、二つの要素を重視した。この二つの要素のうち、どちらを強調するのかによって、メソジスト派の実践はゆれたという。メソジスト派には二つの方向性があった。一つは規律正しい生活を送る方向である。しかし規律正しい生活をするようにと説教しても無理な場合は、感情的な要素を強調する方向へ向かった。

このメソジスト派については、次の点に注目したい。すなわち、禁欲的プロテスタンティズムの生活は、二重予定説がなくても、メソジスト派のメソッド（方法）によって、かなり厳格なものとして組織化されたということである。メソジスト派にとって、二重予定説の代わりに機能したのは、「聖化」であった。メソジスト派の人たちは、より完全な「聖化」を求めて、禁欲的な日常生活を送った。カルヴァン派の人たちは、二重予定説を前にして、「自分が神に救われているのかどうか」と心配になった。ところがメソジスト派の人たちは、そのような不安を深刻には受けとめなかった。悲壮にはならなかった。自分の罪はすでに、イエス・キリストの自己犠牲によって救われている。問題は「より完全な聖化」を目指すことである。そのような聖化を目指して、メソジスト派の人たちは、喜びをもって日常生活を合理化していった。

ウェーバーはここで、メソジスト派の人たちにとって、「より高き生活 higher life」や「第二の祝福 zweiten Segen」が、二重予定説の代用品になったと指摘している。「より高き生活」とは、イギリスのケズィックという小さな町で始まった「ホーリネス［聖なる］運動」に由来する理念で、一八五八年にウィリアム・ボードマンが著わした『より高きキリスト教徒の生活 The Higher Christian Life』に端を発するものである。このホーリネス運動は、一八三〇年代半ばのアメリカで、ウェズリーの「聖化」を継承しようとした人たちによって創始された。そしてこの運動は、その後、イギリスにも伝播していった。ホーリネス運動においては、キリスト教徒は、最初の回心の経験を超えて、神の第二の作用である「聖化」を求めなければならない。神は私たちに、もっと聖なる生活、もっと罪なき生活を求めている。そのような生活によって、神の第二の作用、すなわち聖化を感じることは、「第二の祝福」とか「第二の接触」などと呼ばれた。このような意味での「より高き生活」は、イギリスのメソジスト派においても、しだいに受け入れられていった。このようにメソジスト派は、禁欲生活を送るうえで、二重予定説の代わりになるものを見つけた点で、革新的であったといえるだろう。

なぜ禁欲は功利主義へ堕ちなかったか

以上に説明してきた「ドイツ敬虔派」と「メソジスト派」は、しかしウェーバーの理論的枠組みでは、二次的な現象とされている。というのもこれらの教派は、「天職」概念の発展に、なんら新しいものを加えなかったからである。これら二つの教派は、感情を強調する点で、禁欲的な日常生活を弱

表12　救済の証しについての整理

	救済の証し：知識の強調	救済の証し：感情の強調
大陸	カルヴァン派 ジャン・カルヴァン（1509-1564） テオドール・ド・ベーズ（1519-1605）	ドイツ敬虔派 フィリップ・ヤーコプ・シュペーナー（1635-1705）
イギリス	カルヴァン派（長老派） ジョン・ノックス（1514頃-1572） ウェストミンスター信仰告白	メソジスト派 ジョン・ウェズリー（1703-1791） （ベンジャミン・フランクリン（1706-1790）

ベンジャミン・フランクリンは、メソジスト派の父から影響を受けたとされるので、部分的にはメソジスト派を継承したともいえる。

める方向性ももっていた（表12を参照）。

ウェーバーはメソジスト派を、禁欲的プロテスタンティズムの観点から二次的な現象として位置づけているけれども、筆者はここで、メソジスト派の独自の意義を指摘したいと思う。

ウェーバーは次のような問題を立てた。プロテスタンティズムの禁欲的な生活は、なぜ、たんなる功利主義（言い換えれば快楽主義）へ堕落しなかったのか、と。ウェーバーによれば、それはカルヴァン派の人たちが「特殊恩寵説」の信奉者だったからだという。

「特殊恩寵説 Gnadenpartikularismus」というのは、宗教的な能力（カリスマ）には個人差があって、そうした能力のある人だけが神の恩寵を受けられるとみなす考え方である[3]。この「特殊恩寵説」から、次の三つのことが帰結する。第一に、カリスマ的な指導者の地位は、資格試験によっては与えられないということ。第二に、宗教上のコミュニケーションは、カリスマ的な指導者に従って自発的な集団を作って営むことがふさわしいこと。第三に、自分にはカリスマがないと感じられても、カリスマ的な能力を発現するために、人は達人倫理（生涯の大きなクライマックスをのぞいてはそれに耐えることができないような、永遠の努力目標となる倫理）を目指して英雄的な生き方を実践できること。

ウェーバーは、カルヴァン派の平信徒たちが、こうした達人倫理に導かれていたがゆえに、功利主義的な発想を退けることができたと考えた。しかし、メソジスト派の創始者であるジョン・ウェズリーは、この「特殊恩寵説」ではなく、「普遍恩寵説」の立場に立っていた。

「普遍恩寵説 Gnadenuniversalismus」というのは、すべての人は等しい倫理的能力をもっていて、だれもが神の恩寵を受けることができるとみなす考え方である。この「普遍恩寵説」からは、次の三つのことが帰結する。第一に、人々はすべて同じ倫理的能力をもっているのであるから、がんばって資格試験にパスすれば、だれもが祭司になって人々を導くことができる。第二に、祭司に求められるのは、カリスマではなく、教団を組織することである。この考え方は、教会組織の運営を正当化し、また近代における官僚制組織を形成する基盤にもなった。第三に、祭司の資格がなくても、ある程度の研修を受ければ、だれでも説教者になることができる。この考え方は、信仰ある人たちの活動を、大きな組織から分離していくことになった。

ウェズリーが創始したメソジスト派は、このような「普遍恩寵説」の観点から、禁欲的プロテスタンティズムの運動を展開していくものだったといえる。メソジスト派が誕生したのは一八世紀であり、一六〜一七世紀に興隆したカルヴァン派とは、時代背景が異なっている点にも注意したい。一八世紀を生きたウェズリーは、「資本主義の精神」の一例とされるベンジャミン・フランクリンと同世代の人物である（ウェズリーのほうが三歳年上）。ウェズリーのメソジスト派が、資本主義の精神を生んだとは言いがたい。むしろメソジスト派は、フランクリンにみられる「資本主義の精神」と並行して発展していった。禁欲的プロテスタンティズムは、一八世紀において、特殊恩寵説を基礎としない（したがってカリスマを必要としない）形態を生み出したのだといえるだろう。

コラム　メソジスト派の方法

メソジスト派は、ジョン・ウェズリーによって創始されたプロテスタントの一教派である。彼らはさまざまな「メソッド（方法）」で日常生活を組織化していった。[4]

ウェズリーは自分で日記を書き、信者たちにも日記を書くようにすすめた。その際、プライバシーを守るために暗号を使うべきだと言って、信者にしか分からない独自の暗号を開発したりもしている。他方で日記は、信者たちのあいだで読み合うことが前提だった。信者たちは互いの日記を評価して、内面の生活を高め合っていった。

信徒たちがウェズリーから教えを受ける際は、一対一の個別対応が重視された。また食事は、節制のための一〇の規則を守るように指示された。たとえば、「肉は二種類までで、それぞれ一切れにしなさい」、「食べる前に食べる量を決めなさい」、「会合ではチーズと根菜類だけにしなさい」などの規則である。さらに、「精神の脈を測る」と称して、「毎朝自分の日課を計画しているか」、「なにごとにも簡素で、すべて思い起こすことができるか」、「一時間に一回、お祈りしたか」などをチェックすることがすすめられた。

メソジスト派の人たちは、組織としてはまず「クラス会 Class Society」と呼ばれる小さな単位のグループを作る。クラス会のリーダーは、毎週メンバーの家を訪問して、説教や祈りや聖書読解などについて親身になって助言する。あるいは毎週の会合で、メンバーたちは一週間の自分の行い(たとえば聖歌を歌うことや聖書を朗読すること)について、リーダーに報告したりする。このクラス会は、ときどき審査する人を呼んで、うまく運営されているかどうかを診断してもらうという。クラス会での活動を超えて、さらに魂を鍛えたいという人たちは、クラス会の上にある「バンド会」に参加する。その上には「選抜者の会 Selected Society」がある。ただしこうした会には決まった運営方法がなく、リーダーもいないとされている。この他、堕落した人たちを救済するための「懺悔会」という会も運営される。

メソジスト派は、日常生活を方法的に合理化するために、日々の時間をどう生きるかについて、さまざまな規則を作った。「惰眠をむさぼるな」「天職に励め」「余暇時間をできるだけすべて宗教のために費やせ」「すべての日が聖なる日である」「酒を飲んだり絡(から)んだりするのはやめろ」「毎晩、自己精査せよ」「感情的になるな」などである。そしてどんな振る舞いにおいても、その目的を明確にして、行為するときには「父と子と聖霊」の名において開始しなければならないとか、あるいは、重要な行為は祈りとともに始めなければならない、などの行為規則をつくった。加えて、行為するときには、「イエス・キリストであればどう行為したか」を考えて、その行為を模倣できるかどうかを考えなければならない、とされた。すべての行為は、魂を救済するために合理化されなければならない。高次の魂を求める人たちは、上位の会合に参加して、互いに高め合うことができるようになっていた。

メソジスト派においてはこのように、「クラス会」「バンド会」「選抜者の会」「懺悔会」という「会（ソサエティ）」が活動の基盤となり、さらに地理的に大きな単位として、「巡回区（サーキット）」「地区（ディストリクト）」「連合会（コネクション）」という組織が構築される。メンバーたちを導くリーダーは、こうした制度のなかで選抜されていく。ウェズリーの貢献は、組織社会学的にみれば、信徒たちを体系的なヒエラルキーのなかに組織化したことにあるだろう。

メソジスト派は、上流階級の人たちにはほとんど影響を与えなかったが、労働者たちのあいだでは、爆発的に広がっていった。イギリスでは、一八五〇年の登録会員数は一八〇〇年の六倍になっていた。メソジスト派は、集団を組織することに長けていた。信徒たちは、規律と自制と自己犠牲と集団的な行為能力を発達させていった。これは一九世紀における大規模な産業の組織化に対応する宗教の形態であったといえるだろう。

これとは対照的に、クエーカー派は、一九世紀に衰退していった。クエーカー派は一八世紀に「静寂主義」の立場をとり、事業で破産した者や他の教派の人と結婚した人を破門した。理神論を公言する者も破門した。ところがこれでは信者が減ってしまうので、一八三〇年代には、福音主義を認め、娯楽を容認したり、他の教派の人と結婚できるように改革されていった。しかし一九世紀後半以降になると、豊かになった実業家たちは、この教派からどんどん離れていった。

これに対してメソジスト派は、一九世紀の資本主義に対応して成長した教派であった。それはしかし、「資本主義の精神」を生み出したかどうかについては、『プロ倫』においては検討されていない。メソジスト派の精神は、社会主義の精神とも親和的であった。この点に注目すると、「禁欲的プロテスタンティズムの倫理」は「社会主義の精神」を生み出した、といえなくもない。メソジスト派に注目すると、「禁欲的プロテスタンティズムの倫理」は、別様に見えてくるだろう。詳しくは本書二〇九頁以下を参照されたい。

5-4 洗礼主義の信団（バプティスト派・メノナイト派・クエーカー派）

自覚的な一度のみの洗礼

禁欲的プロテスタンティズムの最後の事例は、「洗礼主義 Täufertum」とそれを継承するいくつかの信団（ゼクテ）である。

ここで「洗礼主義」とは、自分で自発的に信仰を告白した者だけが、信仰を共有する信者たちのグループに加入できるという、組織上の特徴をもつ思想のことである。「洗礼」とは、加入の際の儀式のことである。具体例としては、一六世紀のメノー・シモンズ（メノナイト派の創始者）とその信徒、ドイツのミュンスターで絶滅された一派（一五三二〜一五三四年に、再洗礼派のベルンハルト・

ロートマン[5]が導いた統治、その後鎮圧されてしまう）、クエーカー派（その思想を代表する思想家はバークリー）、カスパー・シュヴェンクフェルト[6]、あるいはツヴィングリを創始者とする再洗礼派（ただウェーバーはこの文脈では言及していない）、などが挙げられる。

従来、カトリックの教会では、幼児洗礼が認められてきた。幼児洗礼を受ければ、人はだれでもその地域の教会に加入することができた。ところが「洗礼主義」は、こうした幼児洗礼を認めるべきではないという。というのも、信仰は強制されるものではなく、自発的にすることが大切だからである。洗礼主義の諸教派においては、幼児のときに洗礼を受けた人でも、大人になってからもう一度、自覚的に洗礼を受けなければならない。その場合は、再び洗礼を受けることになるので、「再洗礼派（アナバプテイスト）」と呼ばれることもある（「アナ」とは「再び」という意味である）。しかし理念としては、再度洗礼をするのではなく、自覚的な一度の洗礼のみを重視するのであるから、ここではこれらの教派を、ウェーバーにしたがって「洗礼主義」と呼ぶことにしよう。

洗礼主義の信徒たちは、教会という制度を、基本的には認めない。自発的に形成された信団のみが、正当な集団であると考える。そのために洗礼主義は、とりわけ一六世紀においては、政治的な迫害を受け、地下活動を余儀なくされた。一七世紀以降になると、洗礼主義の諸教派は、しだいに公の活動を展開するようになる。それでも迫害を避けるために、アメリカに渡った人たちも多い。

ウェーバーが注目するのは、洗礼主義の諸教派が、自発的な集団としての信団（ゼクテ）を形成したという点である。

> この［信団（ゼクテ）という］制度は、それ自体としては、まったくの外面的な原理によって象徴的に特徴づけられる。すなわち、自分で自分の信仰を個人的・内面的に獲得しつつ、それを公に宣言（告白）する大人たちだけが、洗礼を受けられるべきであるとする制度である。このような信仰を通じた「正当化」［信仰によって神に義とされる信仰義認説］は、あらゆる宗教論議で何度も繰り返されてきたように、初期のプロテスタンティズムの正統な教理を支配していた考え方、すなわち、キリストの功績は「法廷で裁くような仕方で」信徒に与えられるという考え方とは、根本的に異なるものであった。信仰による義認とは、キリストによる救いのはたらきを、実際に内面的に自分のものにすることにあった。しかしそれは、個人の啓示を通じて生じるのであり、個々人における聖霊のはたらきを通じて、しかもそれのみを通じて生じる。その場合、このような啓示は、だれにでも提供されるのであるから、ただそれを待ち望み、現世において罪深いことをせずに、啓示の到来に抵抗しなければよい、というわけである。こうして信仰というものを、教会の教えを知るという意味で解釈することや、あるいはまた懺悔によって神の恩寵を得るという意味で解釈することは、まったく意義を失ってしまった。その代わりに、原始キリスト教的な聖なる力をもった宗教思想の再興が、もちろん大きく形を変えてではあるけれども、生じたのであった。（私訳、原書一五三〜一五四頁、大塚訳二六四〜二六五頁）

このように、洗礼主義の諸教派は、自発的に信仰することを重んじた。自発的に信仰すれば、個人の内面に聖霊が働きかけてくれる。そして神の啓示が与えられる。そのように考えられた。ウェーバーが関心を寄せるのは、こうした洗礼主義の考え方がもたらす「自発性」の駆動力（ドライビング・フォース）である。

現代社会においても、自発的に活動するのと強制的にやらされるのでは、私たちのやる気が異なってくるであろう。強制的にやらされてうまくいく場合もあるが、自発的に活動する場合には、徹底的にやってみようという気になる。すべては自己責任に任されているとはいえ、「やる気」が生まれる。自分のエネルギーを最大限に注ぎ込んで、できるかぎりのことはしたい、と思うことがある。

現代アメリカのアーミッシュ派の人々

洗礼主義の場合も同様である。洗礼主義は、とにかく信者たちの自発性を引き出して、グループの活動にコミットメントさせるという制度上の特徴をもっている。

さらに初期の洗礼主義の人たちは、できるだけ他者とのコミュニケーションを排して、厳格な生活を送ろうとした。現世での楽しみを避けて、素朴な生活を好んだ。沈思黙考する日々の生活のなかで、神の啓示を聴くために、他者と交わらないようにした（現在でもたとえば、アーミッシュ派の人々は、他の人々とのコミュニケーションを避けて、素朴な生活を営んでいる）。

内なる光

洗礼主義の人たちは、さらに、カルヴァン派の人たちと同様に、「脱呪術化」を徹底的におしすすめた。ただしその際のける「内なる光」によって、魂の救済が得られると考えた。

「魂の救済」方法は、カルヴァン派の人たちとは異なっていた。洗礼主義の人たちは、聖霊が働きかける「内なる光」によって、魂の救済が得られると考えた。

神がこれまでに預言者や使徒に啓示したことは、神が啓示できたことや啓示したいと願った事柄のすべてではない。むしろその反対である。〔啓示の〕言葉というものは、ある書かれた文書としてではなく、信者たちの日々の生活のなかで、それを聴こうとする個々人に対して直接話しかけるような聖霊のはたらきとして存続してきた。このことはまさに、原始共同体が示しているように、真の教会の唯一のしるしである。これはすでに、〔カスパー・〕シュヴェンクフェルトがルターに反対して述べたことであり、またのちに〔ジョージ・〕フォックスが長老派の教えに反対して述べたことでもあった。こうした啓示の存続という考え方から、のちにクエーカー派によって発展することになる有名な教説、すなわち、聖霊たちが、理性と良心において内なる証言をすることが、決定的に重要であるという教説が生まれた。この考え方は、聖書の妥当性を無効にするものではなかったが、人々が聖書のみによって支配されるという状況を根本的にしりぞけ、同時にまた、教会が人々を救済できるとみなす教説のあらゆる残存物をとりのぞき、さらにクエーカー派においては、ついに洗礼や聖餐式も不用にするという、一連の発展を導くことになった。洗礼主義の諸教派の人たちは、二重予定説の信奉者たち、とりわけ厳格なカルヴァン派の人たちに加わるかたちで、救いの手段としてのあらゆるサクラメント（聖礼典）の価値を、最もラディカルに否定した。そのようにして、宗教による現世の「脱呪術化」を、その最後の帰結にいたるまで徹底的におしすすめた。［洗礼主義においては、信者たちの日々の生活のなかで］存続する啓示の「内なる光」のみが、聖書における神の啓示を真に理解させてくれるものだとされたのである。（私訳、原書一五五〜一五六頁、大塚訳二六六〜二六七頁）

重要なのは、自分の内面に語りかけてくる聖霊の言葉である。「内なる光」に導かれて、その言葉に従うという、内面における従順さが大切であるとされた。内面における従順さとは、自分の「良心」にしたがうことである。「良心」とは、自分の内面において語りかける聖霊の声である。聖霊は、自発的な信仰心をもった信者たちの内面に、啓示として語りかけてくる。そのような啓示を得るために必要なのは、何よりも自発的な信仰をもつことであり、啓示を受けるために内面を掘り下げることである。こうして洗礼主義においては、人々は自分の良心の声にしたがうかたちで「善き業」をすること、あるいは禁欲的な日常生活を送ることが、重視されていく。

ウェーバーによれば、クエーカー派の創始者であるジョージ・フォックス（一六二四〜一六九一）や、同じくクエーカー派の思想家であるロバート・バークリー（一六四八〜一六九〇）は、すでにカルヴァン派の「禁欲」思想に影響されていたので、洗礼主義の「良心」の思想は、「禁欲的な生活」を促す方向に向かったという。むろん、洗礼主義の諸教派は、カルヴァンに影響を受けたといっても、二重予定説を受け入れたわけでは必ずしもない。洗礼主義の「良心」は、それだけではさまざまな経済倫理と結びついたはずである。それでもウェーバーによれば、洗礼主義の諸教派は、もう一つの「待望」という思想によって、日常における職業労働の強化をもたらしたという。

心理的にみると、二重予定説が却下されている以上、洗礼主義の倫理がもっている独自の方法的な性格は、とりわけ聖霊のはたらきを「沈黙しながら」「待ち望む Harren」という考え方にあった。この聖霊のはたらきは、いまでもクエーカーの「会合（ミーティング）」を特徴づけており、「ロバート・」バークリーのすぐれた分析によれば、この沈黙による「待望」のねらいは、本能的なものや非合理的なものを克服すること、すなわち、「自然な」人間の情動や主観的なものを克服することにあった。人は自分の魂のなかに深い静けさを作り出し、ただそこに神のみが話しかけてくれるように、沈黙しなければならない。もっともこの「待望」は、その結果としてヒステリーの状態や預言の営みをもたらした。あるいは、もしそこに終末論的な希望がある場合には、熱狂的な千年王国説「現世において至福をもたらすために、終末が到来するまえの一〇〇〇年間、キリストが再臨するという説」をもたらしうるものであった。

このような爆発的な動きは、信心深さの感情が基本的に似ている場合には、つねに起こりうることであった。実際、ミュンスターで壊滅された洗礼主義の人たち「ロートマン派の人たち（再洗礼派の一派）。一五三二年から一五三四年にかけて、ミュンスターの市政を変革しようとしたものの鎮圧された」には、そのような動きが生じたのである。

しかし洗礼主義の影響が、通常の世俗的な職業生活に流れこむ場合には、神は被造物「すなわち人間」が静かな場合にのみ語りかけるというこの「待望」の思想は、行為について冷静に考察する方向に、また、良心について個人的に注意深く探求する方向に、人々を教育することになった。こうして、静かで、醒めていて、しかもすぐれた良心をもつという性格は、後の洗礼主義の諸々のゲマインシャフト（共同体）において、とりわけクエーカー派において、日々の実践のなかで身につけられていく。かくして、この世界を根底から脱呪術化するという企ては、もはや世俗内禁欲を内面的におしすすめる以外に道はなかったのである。（私訳、原書一五八頁、大塚訳二七八～二七九頁）

このように、洗礼主義の諸教派、とりわけクエーカー派の人たちは、「待望」の思想によって、沈思黙考することや、良心の声にしたがうという態度を身につけた。「よく考えてから行動する」という、思慮深い理性的な態度の源泉は、このような「待望」の思想から生まれた。自分の良心にしたがって、熟慮ある倫理的行為をするためには、静かな環境に身を置いて、自分の内面に語りかけてくる「聖霊の声」を聴かなければならない。すると私たちは、その声にしたがって、世俗内で禁欲的な職業労働をすることが大切であると理解する。およそこのような仕方で、洗礼主義の諸教派は、禁欲的なプロテスタンティズムの実践を導いていった。

ウェーバーはさらに、洗礼主義において重要な特徴を二つ挙げている。第一に、洗礼主義の人たちは、官職につくことを拒否した（イギリスではむしろ、官職につくことを拒否されたという面もある）。国家は人々が自発的に形成したものではない。国家は正当化できない暴力をふるう装置である。暴力装置たる国家に仕える仕事は、良心の声に反する。このようにみなされた。第二に、洗礼主義の人たちは、貴族主義的な生活を嫌った。かれらは、世俗における栄華を避け、反政治的であろうとした。こうした二つの考えから、洗礼主義の人々は、日常生活の中心を、営利を求める職業労働の方向へ向けていくことになる。

以上の議論をまとめると、洗礼主義の人たちは、次のような論理で、禁欲的な職業労働へと向かった（ここでは(6)から(9)までの番号を振るが、(1)から(5)までの特徴とは、すでに示したように、禁欲的プロテスタンティズムの心理的内面上の定義である。本書一七八頁を参照されたい）。

(6)選ばれた人たちからなる自発的な集団（信団(ゼクテ)）を形成して、互いに高めあう（自律した者たちの共同体に参加する）。

(7)救いの確証を得るためには、他者との接触をできるだけ避けて、静寂な環境のなかで自分の内面に働きかけてくる「神の啓示（聖霊の声）」に耳を傾ける必要がある。

(8)その声は「良心の声」であり、良心は、暴力装置としての国家に仕えることや、貴族主義的な生活を避けるべきことを教える。

(9)良心は、世俗社会のなかで、非政治的な職業労働に専念すべきことを教える。

信団(ゼクテ)を形成する洗礼主義の人々は、およそこのような理路によって、カルヴァン派の人たちとは別の仕方で、禁欲的な職業労働へと向かっていった。(6)から(9)までの特徴は、「禁欲的プロテスタンティズム」の組織形成上の定義である。

以上、本節では禁欲的プロテスタンティズムの諸類型について検討してきた。禁欲的プロテスタンティズムには、実にさまざまな形態があるが、理念型としては二つの極によって把握された。次節では、前節と本節で論じた「禁欲的プロテスタンティズム」についての全体をまとめよう。

コラム　日本人クエーカー、新渡戸稲造の職業論

旧五〇〇〇円札の肖像で知られる新渡戸稲造（一八六二～一九三三）は、日本人で最初のクエーカー教徒であった。

盛岡に生まれた新渡戸は、九歳のときに上京して、東京英語学校に学び、一五歳で札幌農学校（現在の北海道大学）に入学、二一歳で帝国大学（のちに東京帝国大学、東京大学）に入学するも、すぐに留学を決意して、二二歳でアメリカに渡った。ボルティモアのジョンズ・ホプキンス大学に学んだが、フィラデルフィアを訪れたときにクエーカー派の集会に参加した。そこで将来の妻となるメリー・パタースン・エルキントンと出会っている。新渡戸はこの時期にクエーカー教徒となった。

ほぼ同じ時期に、内村鑑三（一八六一～一九三〇）も、フィラデルフィアでクエーカーの集会に参加している。それでも内村は、クエーカー教徒にはならなかった。「クエーカーは戦争に反対

新渡戸稲造

するから」というのが、その理由であったようだ。

一方の新渡戸は、クエーカー教徒となって、さまざまな社会貢献をした。札幌のスラム街に学校を創立したり、台湾では、植民地を搾取すべきではなくむしろ富ませるべきとの考えから、技師として製糖改良計画を推進したりした。一九二〇年には、国際連盟の事務次長に選ばれている。

新渡戸によれば、クエーカーの人たちは、ピューリタンとは異なって「内なる光」というものを信じている。そしてこの「内なる光」は、キリスト以前の人たちにも、たとえばソクラテスや仏陀（ブッダ）にも、その種子が与えられているのだという。名著『武士道』（一九〇〇年に英語で出版）で世界的に知られる新渡戸であるが、彼はクエーカー派の観点から、西洋と東洋の文化を和解させることができると考えた。[7]

新渡戸は、著書『修養』（一九一一年、角川ソフィア文庫版は二〇一七年）のなかで、「職業の選択」について述べている。職業は、まず自分の性質と嗜好にしたがって、好きか嫌いかで決めるべきである。けれどもその職業は、はたして自分に適しているのかどうか。それは分からない。好きな職業と言っても、自分の「真の嗜好」ではなく、「出世」欲で選んでしまうこともある。だから職業を選ぶ際は、友人や先輩や両親や先生に聞いて決めたほうがいいという。

むろん、世の中には、自分の嗜好が明らかではない人もいる。その場合は、法学や文学は避けて、工業や農業の方面で職を探したほうがいい。一流であれば、学者や政治家でもいいが、二流や三流なら、そのような職業は、社会の持て余しとなってしまう。では、家庭の事情で進学が難しい場合は、どうすればいいのか。その場合は、一家の境遇を犠牲にしてまでも試験に合格するという「意志」と「見込み」があるのかどうかを、自分自身に問わなければならない。また、一家に酬(むく)いることができるかについても、問わなければならない。「お金がなくて志が立てられない」という人は、むしろ幸いである。というのもそのような人は、自分で工夫し練磨するための機会を得たからである。このように新渡戸は、職業の選択に際して、実学を重視し、高い志をもつことを説いたのであった。

5－5　まとめと考察

二つの駆動力

以上、本章では、ウェーバーのいう「禁欲的プロテスタンティズム」の諸類型について検討してきた。これらの検討から、理念型としての「禁欲的プロテスタンティズムの倫理」を、次のようにまとめることができる。

この概念には、大きく分けて、「心理的内面上の定義」と「組織形成上の定義」がある。「心理的内面上の定義」の純粋な型は、「二重予定説」である。とりわけカルヴァン派の信徒たちは、この説に導かれて、日常生活全般を方法的に合理化するという実践に向かった。これに対して「組織形成上の定義」の純粋な型は、「信団(ゼクテ)」である。洗礼主義の人たちは、既存の教会に所属するのではなく、自発的な結社組織を立ち上げて、互いに信仰を高めあった。「禁欲的プロテスタンティズムの倫理」の概念は、ウェーバーにおいては、こうした二つの面から定義されている(表13を参照)。

ウェーバーによれば、「日常生活の方法的合理化」は、「二重予定説」によって、最も強力な心理的駆動力を与えられた。だがこの理説の代わりに、メソジスト派の「聖化」という理念も、日常生活の方法的合理化をもたらした。また、二重予定説における救済の証しを「現世で経験」しようとする敬虔派も、日常生活の方法的合理化をもたらした。

他方でウェーバーは、「信団(ゼクテ)」という組織上の原理に、独自の意義を見出した。信団は、国家や教会といった、人が生まれながらにして所属させられてしまうような非自発的組織(専門用語では「アンシュタルト Anstalt」という)に対抗して作られる。メンバーたちは自発的に組織を作って自発的に活動するので、その自発性のエネルギーは、社会を変革する大きな力となる。信団は、社会の権威に対抗して作られる。信団に所属する人たちは、政治的官職に就くことを拒む(あるいは実際に排除された)ので、経済活動にそのエネルギーを向けることに適していた。加えて、クエーカー派に代表される「待望」の理念は、良心の声にしたがって誠実に生活する態度をもたらした。洗礼主義のさまざまな信団は、日常生活を方法的に合理化する方向へと向かっていった。

以上がウェーバーのいう「禁欲的プロテスタンティズムの倫理」の概念のまとめである。禁欲的プ

表13　禁欲的プロテスタンティズムの倫理：定義

	心理的内面	組織形成
日常生活の方法的合理化	二重予定説：カルヴァン派	
反権威主義（反国家・教会）		信団（ゼクテ）：洗礼主義

ロテスタンティズムの倫理は、「二重予定説」と「信団」形成の二つによって駆動力を与えられている。もっともルター派は、この二つの性格をいずれももっていなかったので、権威主義に陥る面もあった。新しい時代を切り拓く駆動力を十分に発揮できなかった。ウェーバーによれば、ドイツ人が権威主義に弱いのは、ルター派のせいだという。

たいへん嘆かわしいのだが、ドイツ人が外国の文化に「順応」しやすく、また、みずからの国民性をすばやく変えてしまう理由もまた、この国の諸々の政治的運命とならんで、ルター派の展開によるものであり、それはいまなお、私たちの生活の諸関係すべてに影響を与えている。ドイツ人は本質的に、「権威主義的に」与えられたものを受動的に受けとめるというやり方に従ってしまうので、文化を主体的に身につけることが依然として弱いのである。（私訳、原書一二七頁、大塚訳二二二頁）

このようにウェーバーは、ルター派が禁欲的なプロテスタンティズムの倫理を切り拓けなかったことを嘆いている。しかしルター派は、他方では「天職」の概念を強調して、勤勉に働くことを奨励した。すでにみたように、『プロ倫』におけるルター派の位置づけは曖昧というか、両義的である。ルター派は、権威主義に陥る一方で、勤勉に働く倫理をもたらしたとされる。このルター派の立場は、トレルチが示唆するように、「重商主義の精神」をもたらしたということを、本書では指摘した（一七二頁以下）。

合理化と設計主義の精神

本章の最後に、以下では『プロ倫』のテーマをめぐって、二つの考察を加えたい。一つはプロテスタンティズムと社会主義の関係についてであり、もう一つは自発的結社（信団）と信用の関係についてである。いずれも『プロ倫』の理解を補助することになるだろう。

ウェーバーは、「禁欲的プロテスタンティズムの倫理」の概念を、次のように一面的に定義してもよかったかもしれない。「禁欲的プロテスタンティズムの倫理」とは、宗教の力によって、日常生活を方法的に合理化していく実践運動である。その実践には「二重予定説」の教理が最も効果的である。次に「聖化」や「現世での救いの証しの経験」や「信団形成＋待望」などの教理および組織形成の原理が効果的である、と。

このような定義は、とてもすっきりしているようにみえる。これはウェーバーのいう「禁欲的プロテスタンティズムの倫理」の第一の特徴に焦点化したものである。しかしこの第一の特徴だけだと、「禁欲的プロテスタンティズムの倫理」の概念は、「資本主義の精神」と親和的ではなくなってしまう可能性がある。日常生活の方法的合理化は、F・ハイエクの言葉を借りれば、すべてを合理的かつ計画的に作り変えようとする「設計主義」の精神でもあるだろう。設計主義の精神は、しかし、社会主義（あるいは共産主義）の精神と親和的である。禁欲的プロテスタンティズムを、端的に「日常生活の方法的合理化」と定義してしまうと、それは設計主義的な社会主義の精神を排除できなくなってしまうのである。

日常生活の方法的合理化という考え方は、生活全般を合理化していくという、市民的な資本主義（これまでの叙述を参照）と親和的であるとしても、社会的な権威を否定するわけではない。それは、社会全体を合理的にデザインして管理するという、社会主義的な国家形成に対しても、同様に親和的である。歴史的にみると、社会主義国家を目指す運動は、イギリスにおいては、プロテスタンティズムのなかのメソジスト派と親和的であった。[8] 一九世紀前半のイギリスにおいて、労働者の生活を合理化することに成功したメソジスト派は、社会民主主義や社会主義の考え方を受け入れる傾向をもっていた。

ウェーバーはおそらく、「禁欲的プロテスタンティズムの倫理」に、こうした社会主義的な設計主義の含意を、認めたくなかったにちがいない。そこでウェーバーは、「禁欲的プロテスタンティズムの倫理」に、第二の特徴、すなわち「反国家・反教会の態度から帰結する営利へのエネルギー」を含めたかったのではないか。禁欲的プロテスタンティズムの倫理の定義に、「自発的結社としての信団（ゼクテ）」を据えなければ、「プロテスタンティズムの倫理」が「資本主義の精神」と親和的になる道すじを説得的に説明することができなかったであろう。

「信団（ゼクテ）」は、中央集権的な権威を否定して、分権的なシステムを求める特徴を備えている。プロテスタントたちの実践において、日常生活を方法的に合理化するという態度が、設計主義的・中央集権的な社会主義へと向かわなかったとすれば、それはなぜか。その答えは、プロテスタンティズムが信団（ゼクテ）

の形成と結びついたために、中央集権的な合理化に歯止めをかけたからだ、と考えられる。反対に、「信団」の形成が未発達だったドイツでは、イギリスやアメリカに比べて、計画経済の実践が生まれる土壌を用意したと考えられる（加えていえば、ドイツにおけるプロテスタンティズム［ルター派］は、ナチスの全体主義に加担することにもなった）。

このようにみてみると、ウェーバーの「禁欲的プロテスタンティズムの倫理」の定義は、資本主義と親和的になるように、一定の価値観点から切り取られたものであることが分かるだろう。それは意識的に、ルター派を周辺的なものとして扱っている。

ピルグリム・ファーザーズの「契約」

しかしウェーバーのように「禁欲的プロテスタンティズムの倫理」を定義すると、別の問題が生じる。「禁欲的プロテスタンティズムの倫理」の定義は、「禁欲的プロテスタンティズムの天職倫理」の定義と、断絶してしまうのである。この問題については、章を改めて検討したい。その前に、「信団」の特徴について、もう少し説明を補っておきたい。

ウェーバーは「禁欲的プロテスタンティズムの倫理」を、心理的側面（二重予定説）と制度的側面（信団形成）という、二つの観点から規定した。けれどもその制度的側面、すなわち信団の形成には、先に示した(6)から(9)の特徴（二〇二頁）以外に、別の倫理的特徴もあるのではないか。そのような疑問がわいてくるからである。

大木英夫は、イギリスにおけるロバート・ブラウン（一五五〇〜一六三三）の契約神学が、バプテイスト派の「信団」形成に、大きな影響を与えたことを強調している。ウェーバーもまた、論文「プロテスタンティズムの教派と資本主義の精神」[9]で、ブラウン主義についていろいろ言及している。

ブラウンは、ラディカルな改革者だった。かれは、時の政権者が教会改革を進めるまで改革を待つのではなく、教会をただちに改革すべきであると主張した。しかし、かれの改革案はあまりにもラディカルだった（説教者の弾劾を含んでいた）ので、結果として支持者たちの運動を、教会から分離させることになった。ブラウンによれば、信者たちの集団は、神とのあいだに自発的・意志的な契約を結ばなければならない。そして契約をたてた信者たちは、キリストの律法に服従して「生の改革（規律訓練）」を徹底しなければならない。ブラウンはこのような考え方を、カルヴァンから導き出している。[10]

ブラウンは、今日では、洗礼主義のなかの「会衆派（コングリゲーショナリスト）」（組合派、独立派、分離派とも呼ばれる）の祖であるとされる。会衆派は、すでに一六世紀において、イギリス国教会にもカルヴァン派の長老派にも反対した洗礼主義の一つの教派であった。よく知られるように、会衆派の有志たち一〇二人は、一六二〇年にイギリスからアメリカ（当時は「ニュー・イングランド」と呼ばれた）へ、メイフラワー号に乗って渡った。以降、イギリスからアメリカに移住する人たちは「ピルグリム・ファーザーズ」と呼ばれ、アメリカ合衆国の礎（いしずえ）を築いたとされる。

この「会衆派」を導いたブラウンの契約神学（「ブラウン主義」と呼ばれる）は、どこまで「禁欲的プロテスタンティズム」の倫理に貢献したのか。メイフラワー号に乗った人たちのうち、四一人は「メイフラワー契約」をたてた。その草稿を書いたウィリアム・ブラッドフォードは、しかし、その後の日記に次のように記している。

ああ神聖なる絆よ、破れないままにたもたれている間は！　それから豊かに流れる果実はなんと甘美で貴重なものだったろう。しかし一度この絆を守ろうとする心がくずれて来ると、破滅が近寄って来るものである。（中略）今やその衰微と少なからざる欠乏を見出し、それを感じ、悲痛な心でそれをなげき悲しむのは晩年のわたしの不幸の一部である。[11]

一度の契約によって、その後ずっと良心に恥じない生活を送るというのは、やはり難しいであろう。志は、途中で折れてしまうだろう。これは「信団」の形成を通じて「禁欲的プロテスタンティズムの倫理」を持続させることが、難しいことを示している。

魂の争奪戦

ウェーバーはしかし、アメリカにおいては、プロテスタンティズムの教会に所属する人たちが、良心に恥じない生活をつづけていく様子を報告している。[12]ウェーバーは、アメリカ旅行中に、あるバプティスト派の洗礼式に参加する機会があった。その式では、まず牧師が池の水につかると、約一〇人の男女がそれにつづいた。夜中に氷が張るくらい寒い日のことであったという。

信徒たちは、なぜこのような厳しい洗礼を受けるのか。ウェーバーによれば、信者がある信団に入るためには、入念な審査をパスしなければならない。その審査は、飲み屋に通い詰めていないか、カード遊びをしていないか、などといったものであった。そして品行に問題がない人だけが、洗礼を受けることができたという。

こうした厳しい審査を経て洗礼を受けた人は、周囲から信用されるようになるだろう。たとえば銀行に勤務する人であれば、周囲の顧客のお金をすべてつかむことができるだろう。またその人が遠くに引っ越すときには、所属している信団から「証明書」を発行してもらうこともできる。この証明書はいわば、ビジネスで信用を得るための「倫理資格証明書」のようなものとして機能する。この他にも信団は、信者たちにバッジを配付するなどして、信用を授けることができた。

このように信団は、ビジネスに携わる人に「信用」を与えるために、その人の倫理生活を規律する役割を担っていた。当時のアメリカには、さまざまな信団があった。それらの信団は互いに、すぐれた人々にすぐれた信用を与えるための、「魂の争奪戦」を繰り広げていた、というのがウェーバーの観察である。

信団は、たんに自発的に形成された組織であるだけでなく、その組織運営のなかに、人々の魂を鍛えて信頼社会を築いていくための、制度的・心理的な特徴をもっていた。以上はウェーバーの別の論文「プロテスタンティズムの教派と資本主義の精神」から得られる含意である。

以上、本章では、ウェーバーのいう「禁欲的プロテスタンティズムの倫理」という概念が、「二重予定説」と「信団」形成という、二つの極によって特徴づけられることを指摘した。その上で諸々の教派の特徴を検討した。最後に、二つの考察を加えた。一つは、「禁欲的プロテスタンティズムの倫理」を、もしその第一の特徴である「二重予定説（およびそこから帰結する日常生活の方法的合理化）」だけで定義すると、それは社会主義的な設計主義の精神と親和的になってしまうという点である。もう一つは、「信団（ゼクテ）」という組織には、たんに人々の自発性を喚起する要素だけでなく、社会的地位を得たい人びとの魂を鍛えて、すぐれた信頼社会を形成していく要素もある、という点である。

私たちはこれまでの考察で、「資本主義の精神」（第2章）、「天職」（第3章）、および「禁欲的プロテスタンティズムの倫理」（第4章・第5章）について、それぞれ検討してきた。ここからが『プロ倫』のクライマックスである。次章では、「禁欲的プロテスタンティズムの天職倫理」と「資本主義」の関係について、検討したい。

第6章　天職倫理と資本主義

6－1　「倫理」と「天職倫理」のあいだ――断絶説

折衷の天才・バクスター

これまでの議論において、私たちはウェーバーのいう「禁欲的プロテスタンティズムの倫理」をさまざまな面から検討してきた。「禁欲的プロテスタンティズムの倫理」は、ウェーバーの定義では、「二重予定説」と「信団」の形成という、二つの極によって特徴づけられた。ここからウェーバーは、「禁欲的プロテスタンティズムの天職倫理」と「資本主義の精神」の関係を明らかにしていく。

しかし、じつはここに、論理展開の大きな困難がある。

最初に、素朴な疑問を発してみよう。禁欲的プロテスタンティズムの「倫理」と「天職倫理」とは、どこまで似ているのだろうか、と。素朴に発想すると、禁欲的プロテスタンティズムの倫理、すなわち「日常生活の方法的合理化」と「自発的な活動」は、それがある職業に適用されると、「プロテスタンティズムの天職倫理」になるようにみえる。

誤りではないのだが、しかしウェーバーが「天職倫理」を説明する際に取り上げるリチャード・バ

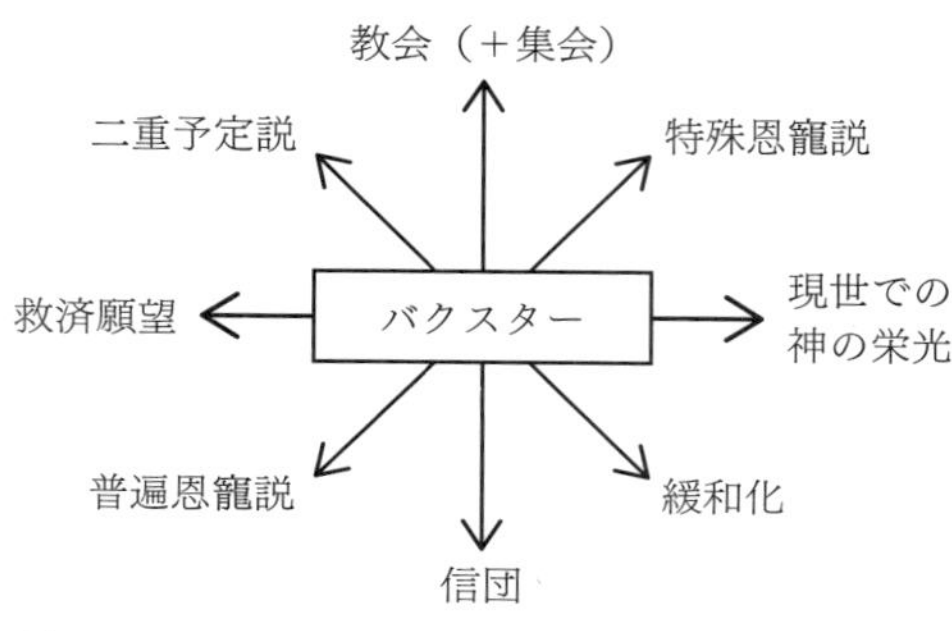

図３　バクスターの中道的な立ち位置

クスターという人は、二重予定説の立場から「日常生活の方法的合理化」を推進したわけではなかった。二重予定説については、バクスターはこれを緩和化した上で支持した。バクスターは「信団」の形成についても、中道的な立場をとった。バクスターは、長老派に属していたともいえるし、そうでないともいえる。既成の教会と自発的な信団のいずれを評価するのかについて、バクスターの立場はあいまいだった。バクスターは、ウェーバーが特徴づける「プロテスタンティズムの倫理」とは、異質なところに位置している。[1]

それだけではない。バクスターは、特殊恩寵説（選民意識）と普遍恩寵説の対立に関して、独自の中間的な教理を構築している。またバクスターは、二重予定説における「救いの確証」を強調する立場のリスクを理解して、むしろ「行為主義」による救済を重視した。バクスターはある意味で、折衷の天才だった。かれは相反する考え方を両立させるための、独創的な発想力に恵まれていた（図3を参照）[2]。しかしまさに、バクスターは折衷的であるがゆえに、かれの本は、さまざまな教派を超えて、多くの人々に読まれた。そして「プロテスタンティズムの天職倫理」を最も体系的に展開したのは、このバクスターだったのである。[3]

ウェーバーは、バクスターをイギリスにおけるカルヴァン派の代表のようにみなしたけれども、そ

禁欲的プロテスタンティズムの倫理の定義（二重予定説と信団形成の二極定義）

〜〜〜〜〜〜〜〜〜〜〜〜〜〜〜〜〜〜〜〜〜〜〜〜　**断絶**　〜〜〜〜〜〜〜〜〜〜〜〜〜〜〜〜〜〜〜〜〜〜〜〜

禁欲的プロテスタンティズムの天職倫理の定義（バクスターの教説体系）

図4　禁欲的プロテスタンティズムの「倫理」と「天職倫理」：定義の断絶

のように位置づけるのは難しいように思われる。椎名重明によれば、バクスターは、「教皇制を批判する国教主義者、クエイカーや再洗礼派に与しない穏健派、主教管区制下の（地方教会の）相対的自主性を主張する（長老派と独立派の）中間派、反律法主義を批判し、善行の必要性を説く親ルター派或いは新アルミニアン……というぐあいに」、いくつもの顔を持っていた。[4]

「禁欲的プロテスタンティズムの倫理」の担い手たちは、「二重予定説」か、あるいは「信団」の形成によって、その心理的な駆動力を与えられた。これに対してバクスターは、いったい何によって、心理的な駆動力を与えられていたのだろうか。彼の思想はあまりにも折衷的すぎて、そこにどんな行動指針があるのか、よく分からない。いずれにせよ、バクスターの天職倫理は、「二重予定説」と「信団形成」という、二つの要因をいずれも弱めたところで体系化された。そしてその天職倫理の体系は、人々の実践を鼓舞していった。これは一つの謎である。いったい「禁欲的なプロテスタンティズムの天職倫理」を駆動した心理的・制度的要因は、何だったのだろうか。

ウェーバーは、この問題に答えを与えていない。

事態はつまり、こういうことである。すなわち、『プロ倫』第二章第一節における「禁欲的プロテスタンティズムの倫理」の定義と、同じく第二章第二節における「禁欲的プロテスタンティズムの天職倫理」の定義は、論理的には結びついていない。これら二つのあいだには、断絶がある（図4を参照）。

禁欲的プロテスタンティズムの「倫理」は、二重予定説と信団形成の二つによって、その倫理的実践の駆動力を与えられた。これに対して禁欲的プロテスタンティズムの「天職倫理」は、(1)二重予定説によって心理的な駆動因を与えられれば与えられるほど強化されるわけではなく、また(2)信団形成によって組織的な駆動因を与えられれば与えられるほど強化されるわけでもない。天職倫理の強化は、ウェーバーの説明においては、「禁欲的なプロテスタンティズムのさまざまな要素によって促された」としか言いようがない。

天職倫理を促した決定的な要因は、つまり明確ではない。明確ではないので、この「天職倫理」は、資本主義の発展という下部構造に促されて、いわば資本の論理によって強化されたのではないか、と推測することもできるだろう。いずれにせよ「禁欲的プロテスタンティズムの倫理」の定義から、その「天職倫理」を導き出すことはできない。心理的駆動力という観点からすれば、この二つはまったく異なると言わざるをえない。

こうした定義上の断絶に留意したうえで、以下では「禁欲的プロテスタンティズムの天職倫理」の内容を検討していきたい。

6－2　バクスターの天職倫理

時間の無駄使いは何を損なうか

ウェーバーは、「禁欲的プロテスタンティズムの天職倫理」を検討する際に、バクスターを取り上げている。バクスターの本は、当時の人々に最も広く読まれていた。ウェーバーによれば、バクスターの天職倫理は、フランクリンの「時間は貨幣である」という倫理に近いところまで来ているという。

> さていま、バクスターの『聖徒の永遠の憩い』［一六五〇］や『キリスト者の指針』［一六七三］、あるいは他の人が書いた関連する諸著作を手にとってみると、富とその獲得についての評価については、一見して、まさに新約聖書の教えにある「エビオン派［「貧しい者」という意味のヘブライ語に由来する初期キリスト教の一派。イエスの神性を認めず、パウロを律法に背くものとして退けた］的な諸要素」が強調されていることが分かる。富は、それ自体としてはとても危険なものであり、その誘惑はたえず続く。富の追求は、神の国の圧倒的な重大さに比べれば、無意味であるだけでなく、道徳的にもいかがわしい。

カルヴァンによれば、聖職者たちの富は、その役割遂行を妨げるものではなく、むしろかれらの威信を高めるためには大いに望ましいのであって、やっかいなことにならないかぎり、その資産を有益な仕方で投資することも許された。けれどもバクスターは、財産をこの世で我がものにしようとするあらゆる願望に対して、カルヴァンよりもはるかに禁欲的であったようにみえる。ピューリタンの文献においては、貨幣と財の追求を非難するような事例は、いくらでも見つけることができる。またそのような事例は、中世後期の倫理についての事実を伝える文献の内容とは対照的であろう。

バクスターにおける禁欲の思想は、きわめて真剣なものであった。しかしその倫理上の決定的な意味と連関を把握するためには、もう少し立ち入った検討が必要である。実際、道徳的にとがめるべきは、その所有のうえに憩う(いこ)こと、すなわち、財を享受した結果として、無駄や色欲がもたらされることであり、とりわけ「聖なる」生活の追求を乱してしまうことにあるとされた。財産が疑いの目をもって見られるのは、ただそれが、こうした休憩をもたらす危険をともなっているからである。「聖徒の永遠の憩い」は、来世にある。それゆえに人は、この世において、自分の恩寵の地位を確かなものにするために、「日中のあいだは、自分を「この世に」送りこんだ神の業(わざ)を引き受けなければならない」。明白に啓示された神の意志によれば、怠惰や享楽ではなく、ただ行為のみが、神の栄光を増すことに資するのである。

それゆえ時間を無駄にすることは、原理的に言って、あらゆる罪のなかで第一の、最も重いものである。人生の時間は、自分の召命の「証しを得る」ためには、あまりにも短くて貴重である。時間のロス、たとえば、社交、「無駄なおしゃべり」、贅沢、あるいは健康のために必要な六時間(あるいは最大で八時間)以上の睡眠は、道徳的にとがめられなければならない。

時間についてのこうした道徳観は、フランクリンのいう「時間は貨幣である」という命題にまではいたらないけれども、精神的な意味においては、すでにこの命題に達している。時間がかぎりなく貴重なのは、神の栄光に仕えるための機会がそれだけ失われてしまうからである。それゆえ何もせずに観想することも、それが天職労働を犠牲にしてなされる場合には無価値であり、まさに非難すべきものとなりうる。（私訳、原書一六五〜一六八頁、大塚訳二九二〜二九三頁）

フランクリンは、時間の無駄使いが経済的な損失だと考えた。これに対してバクスターは、時間の無駄使いが神の栄光を高める奉仕活動にとっての損失だと考えた。

フランクリン流の「経済的合理主義」は、「もしあなたが経済的に豊かになりたければ」という仮定のもとで、「時間の無駄使いは損失だ」と教える。反対に言えば、「もし経済的に豊かになりたくない」のであれば、時間の浪費は、無駄というわけではない。むろんフランクリンは、たんなる経済的合理主義者ではない。資本主義の精神を重んじる人であって、その精神は、やはりどんな状況であっても、「時間の無駄使いは損失だ」と教えるだろう。そしてその教えは、バクスターの天職倫理とほぼ同じ内容といっていいであろう。バクスターは、私たちが時間の無駄使いをしてはならないと教える。なぜなら時間の無駄使いは、神の栄光を高めるという目的に反しているからである。この「神の栄光」という目的を、「公共の福祉」という目的に置き換えたものが、「資本主義の精神」といえるだろう。

「公共の福祉」論

時間を重んじなければならないという倫理は、まずもって「禁欲的プロテスタンティズムの天職倫理」によって駆動力を与えられた。資本主義の精神は、宗教上の天職倫理を修正した形態である。バクスターの教説は、その代表例であったと考えられる。

けれどもウェーバーによれば、バクスターは同時に、功利主義的な立場への転換点にも立っていた。というのもバクスターは、神の栄光のために奉仕する職業労働が、同時に、「公共の福祉」（あるいは「多数者の福祉」）にも資すると考えたからである。ある職業を通じて勤勉に働くことは、その勤勉さという倫理性を通じて、神の栄光を高めることができるが、同時にそのような労働の成果は、社会全体として、公共の福祉を高めることができる。バクスターはおよそこのように考えた。

おそらく現代人は、ある職業を通じて勤勉に働くべきかどうかは、その人個人の嗜好（テイスト）の問題であると考えるだろう。また現代人は、社会全体の公共的な福祉を高めるべきかについても、嗜好（テイスト）の問題だと考えるだろう。しかしバクスターは、人は神の栄光のために、社会全体の公共の福祉を増大させるように働くべきだと考えた。バクスターの天職倫理は、たんなる経済的合理主義では正当化することのできない「公共の福祉」論を、倫理的な観点から正当化するのに役立った。これは個人ベースの功利主義ではなく、社会統治上の功利主義（社会全体を公共の価値の観点から合理的に変革する立場）に先駆けるものと言えるだろう。バクスターは、社会的な慈善事業の必要性を認める点で、（統治上の）功利主義への転換点に立っていた。

とすれば、「禁欲的プロテスタンティズムの天職倫理」と「資本主義の精神」は、ほぼ同じものである、ということになる。違いは、「資本主義の精神」においては、「神の栄光」という宗教的な意味合いが失われているという点である。

祈っているヒマがあったら働け

ちなみにバクスターは、「性的禁欲」についても、これを天職倫理から説明している。バクスターによれば、労働は、性的禁欲のための手段になるという。

性的禁欲は、ピューリタニズムにおいては、修道士の禁欲と程度の差こそあれ、根本的な原理においては異なるものではない。しかもピューリタニズムの性的禁欲は、結婚生活に対する訓戒にもおよび、修道士のそれよりもはるかに広汎な影響をもつことになった。というのも、結婚生活において性的交渉が許されるのは、「産めよ、殖(ふ)やせよ」という訓戒にしたがって、神の栄光を増すための手段として、神が望む場合だけにかぎられるからである。宗教的な懐疑に打ち克ち、自分自身に対して実直に課した苦難に打ち克ち、そしてあらゆる性的な誘惑にも打ち克つために、「自分の天職労働を一生懸命にこなせ」という教えが、節食やベジタリアン食や冷水浴とともに説かれたのである。（私訳、原書一六九～一七一頁、大塚訳三〇〇～三〇一頁）

このようにピューリタニズムにおいては、性的禁欲は「天職倫理」の観点から説かれた。またこれに付随して、結婚前の処女性が重視された。さらに、愛欲よりも外面的な配慮（たとえばたくさん子どもを産み育てられそうかについての合理的判断）で結びつく結婚のほうがよいとされた。相手が好きだから結婚するというのではなく、「産めよ、殖やせよ」の観点から、ふさわしい相手をみつけて結婚したほうがいい、というわけである。ウェーバーによれば、こうした性的禁欲は、結果として夫婦の関係を倫理的なものにし、結婚した婦人の地位を向上させたのだという。

むろん労働は、たんに性的禁欲の手段として奨励されたのではない。労働は、「禁欲的プロテスタンティズムの天職倫理」においては、自己目的とされた。中世を代表するキリスト教神学者、トマス・アクィナスは、人はもし働かなくても生きていけるだけの財産があるのなら、働く必要はないと考えた。また修道院の生活においては、祈ったり聖歌を合唱したりすることがそれ自体として生産的な活動とみなされた。けれども「禁欲的プロテスタンティズムの天職倫理」においては、いずれの考え方も否定される。財産があっても、働かなければならない。祈っているヒマがあったら、働かなければならない。こうして世俗社会における労働だけが、神の栄光を増すための活動とみなされた。

しかもその場合、「禁欲的プロテスタンティズムの天職倫理」においては、世俗社会のなかで「確定した仕事」に就き、規律正しく働くことが奨励された。臨時の日雇い労働や、不規則な労働では、無駄な時間を過ごしやすいからである。バクスターによれば、神はすべての人に「天職」を用意している。人はそれを悟って定職に就き、一生懸命に働かなければならない。その場合の「天職」とは、なによりもまず、規律正しい持続的な仕事であり、神に喜ばれる仕事であるとされた。

現代人であれば、「天職」というのは「自分の本性に合った仕事」であり、「やりがいのある仕事」であり、「人生を通じて専念することができる仕事」であると考えるであろう。けれどもバクスターの教説においては、「天職」にもランクがあった。最も価値のある天職は、道徳的・公共的な観点からすばらしいと評価されるもの、たとえば、為政者、牧師、教会教師、学校教師、医者、法律家、農民の仕事といったものである。その次に価値のある天職は、生産する財が、社会全体に重要な貢献をするものである。最もランクの低い天職は、たんに私的な収益性の高いものであろう。このようにバクスターにおいては、天職のランクにしたがって、よりランクの高い職業を選ぶことが推奨された。ただ実際問題として、道徳的にすばらしいとされる職業に就くことは、なかなか難しい。多くの人たちは次善として、自分のおかれた状況を考えて、できるだけ収益性のある仕事に就こうとしたであろう。バクスターによれば、神のために働いて豊かになることは、たんに「よいこと」であるだけでなく、道徳的な義務でもある。それは神の命令でもある。ところがこれに対して、豊かさを享受して贅沢することは「罪」である。あるいは、働けるのに働かず、貧しい生活を送ることも「罪」である。このように「禁欲的プロテスタンティズムの天職倫理」においては、たんに自分に合った仕事に専念するだけではなく、ランクの高い仕事に就くことや、規則正しい仕事を通じて豊かになることが道徳的な義務とされた。これはカトリックのように、経済的豊かさの追求を条件つきで許容する態度とは、まったく異なる考え方であった。

以上をまとめると、「禁欲的プロテスタンティズムの天職倫理」は、次のような特徴をもっている。

(1)神の栄光のために、時間を無駄にしないで働け（豊かになっても怠けるな）。
(2)時間を無駄にしない労働は、性的禁欲の手段となる。
(3)時間を無駄にしない労働は、定職の規則正しい労働である。
(4)神に喜ばれる仕事にはランクがある。①道徳的・公共的に評価の高い職、②社会全体への寄与度、③収益性、の順番である。

(5)ビジネスの分野では、収益性の高い仕事をして豊かになることは道徳的義務である。

このようにみると、禁欲的プロテスタンティズムにおける「天職」の概念は、私たちの社会で用いられる「天職」の用語法とは異なることが分かるであろう。自分に合った仕事であっても、神（あるいは社会の多くの人々）に喜ばれなければ、天職とはいえない。また、規則正しく働かなければ、天職とはいえない。

6-3　天職倫理をかかげる社会

収益獲得マシン

さて、以上のような「天職倫理」をかかげる禁欲的プロテスタンティズムは、当時の社会にどんなインパクトをもたらしたのだろうか。ウェーバーは、「禁欲的プロテスタンティズムの天職倫理」が当時の社会にもたらした「制度」や「文化的態度」について考察している。その考察の多くは断片的なものであるが、整理すると次のようになるだろう。

(1)余暇は、労働のための「休養」として用いられるべきだ、とみなされるようになった。余暇において、労働意欲をそぐような衝動的・享楽的快楽は、制約された。娯楽としてのスポーツ（競走や格闘技やフットボールなど)、貴族的な遊戯、勝負事、踊り、酒場などは排斥された。
(2)ルネサンスの教養(学問)が重視された。
(3)文学や感覚的な芸術は、排斥された。小説を読むことは、時間の無駄使いとされた。クリスマスの祝祭、劇場、エロス的なもの、裸体なども排斥された。
(4)無駄話、無くてもいい余計なもの(superfluity)、むなしい見栄、などの言葉を使って、非合理的なものは排斥された。
(5)装飾品や衣装についてはとりわけ禁欲的になり、生活様式の画一化をもたらした。
(6)芸術の不朽の作品に対しては、見る目が養われた。
(7)人格の内面化は、のちの文学に影響を与えた。
(8)宗教的に評価できる造形芸術は肯定されたが、音楽においてはみるべきものが出なかった。
(9)「空想(ファンシー)」の遊びは否定され、技術上の発明などの「構想力(イマジネーション)」が称揚された。
(10)余暇のすごし方として、友人の訪問、歴史書の輪読、数学および物理学の実験、園芸、経済関係その他の世俗的な事柄に関する討論などが奨励された。

以上の特徴をみると、禁欲的プロテスタンティズムの生活というのは、いわゆる「まじめ人間」の生活であることが分かる。むろん、まじめ人間の生活にも芸術的な要素がある。造形芸術や芸術上の不朽の名作は、肯定された。しかしウェーバーは、次のように指摘している。

ここでピューリタニズムが多方面にもたらした影響について議論することはできないが、純粋に審美的あるいはスポーツ的な楽しみのために文化財を享受する際には、ピューリタンにはそれを正当化するための、一つの特有な制約事項があった。それは、何もコストをかけてはならないということである。人は、神の恩寵によって神から委託を受けた財の管理人にすぎない。聖書で語られるたとえ話に出てくる使用人（サーバント）のように、人間は、一ペニー［聖書での通貨単位はデナリ］にいたるまで、委託された貨幣の説明をすることができなければならない。その一部を神の栄誉のためにではなく、自分自身の享楽のために支出するというのは、いかがわしいことである。おそらく現在でも、このように考える人がいるのは明らかであろう。人は、自分に委託された財産に義務を負っており、使用人として、あるいは「収益獲得マシン」として、仕える者［神］に服している。このような義務の考えは、冷酷な重さをもって人生に迫ってくる。

もしこの禁欲的な生活態度が試練に耐えうるならば、人は財産が大きくなればなるほど、神の栄光のためにその財産を保持することや、また労働を通じてその財産をたえず増大しつづけることへの責任感が、いっそう重く感じられるだろう。こうした生活様式にみられる諸要素は、近代資本主義の精神の多くの要素と同様に、それぞれの起源を中世にまでさかのぼることもできよう。しかし体系的な仕方で倫理的基盤を築いたのは、禁欲的プロテスタンティズムである。それが資本主義の発展に対してもたらした重要さは明らかであろう。（私訳、原書一八九〜一九〇頁、大塚訳三三九頁）

倫理というのは不思議なもので、個々の倫理的訓戒は、さまざまな時代に見つけることができるのだけれども、しかしいくつかの倫理的訓戒を体系化する人が現れると、人々はその体系的なビジョンに影響されて、生活パタンを変化させていく。「無駄使いをしてはならない」とか「無駄使いをしたら神さまに叱られる」といった倫理的訓戒は、おそらくいろいろな時代のいろいろな社会に存在したであろう。しかし禁欲的プロテスタンティズムは、「天職倫理」を体系化することによって、財産が増えてもそれを消費せずに、ひたすら財産を増やすべきだとする新しい心理的駆動力を生み出した。

> もちろん、低賃金で働く以外にチャンスを与えられない人々が忠実に労働することは、神に最も喜ばれる、という考え方は、キリスト教のあらゆる信仰の、禁欲に関する文献全体に浸透している。この点ではプロテスタンティズムの禁欲は、なにも革新的なものをもたらさなかった。けれどもプロテスタンティズムの禁欲は、この考え方を最も強力におし進めただけでなく、この規範を効果的にもたらすための、その効果のためだけに、究極的に重要なものをもたらした。すなわちプロテスタンティズムの禁欲は、この労働を天職とみなし、自分が神に救済されていると確信するための、最もすぐれた手段——実際、しばしば唯一の手段——とみなすことで生じるような、心理的駆動力を生み出したのである。（私訳、原書二〇〇頁、大塚訳三五九～三六〇頁）

このように「禁欲的プロテスタンティズムの天職倫理」は、とにかく仕事に専念するという心理的駆動力を生み出した。しかしみてきたように、この心理的な駆動力が、禁欲的プロテスタンティズムの倫理に関するウェーバーの定義の、どの特徴にも根ざしていないというのは、奇妙なことである。

いずれにせよ、プロテスタントの人たちは、こうした天職倫理にしたがって、ひたすら働いて、無駄使いをしない生き方を確立していく。しかし素朴な疑問がわいてくる。こうしたプロテスタントたちのその後の人生は、どのようになったのだろうか。

新保守主義の源流

天職倫理にしたがって働き、大きな財産を築いたとしよう。するとそのプロテスタントの人たちは、そろそろ死を迎えるときに、自分の財産を子孫に相続させてよいのだろうか。財産を相続させると、子孫たちは働かず、倫理的に堕落するのではないか。それを避けるためには、プロテスタントの人たちは、自分が築いた財産を、どのように処分すべきなのだろうか。

ウェーバーは、財産の蓄積がもたらす二つの異なる心理を指摘している。

一つは、「寄付財団」や「世襲財産［継承した人は自由に処分できない］」や「信託財産［委託者が定めた目的に従って受託者が運用する］」などを創設して、自分の死後にもその財産を失わないように、他者に管理させたいという心理である。ウェーバーによれば、このような心理は結局のところ、自己中心的な動機であり、虚栄にすぎないと指摘する。

財産の蓄積を動機づけるもう一つの心理は、市民的なものである。すなわち、利益を求めつつ、それを消費せずに、財産を蓄積していく態度である。この態度はおそらく、子孫に財産を残さないことを理想とするであろう。財産を残せば、子孫を怠けさせてしまうかもしれないからである。ウェーバーは別の箇所で、慈善事業に巨額の寄付をする製造業者の事例を紹介しているが、禁欲的プロテスタンティズムの場合、稼いだ富は、自己中心的ではない仕方で、慈善事業に寄付することが望ましいとみなされる。

このようにウェーバーは、自己中心的な財産管理法と、そうではない慈善事業の二つを区別している。ウェーバーはこれ以上のことを論じていないが、バクスターに即していえば、富裕になった人は、その財産を貧しい人のために、読み書きの学校や職業訓練施設を設立するという、慈善事業に寄付することが望ましいのではないか。[6]

こうした慈善事業への寄付は、最近の言葉で言い換えれば、「フィランソロフィー［人類愛に基づいて人々のウェルビイング（福祉）を改善する活動］」にもとづいて財産を処分することである。バクスター流の「禁欲的プロテスタンティズムの天職倫理」は、フィランソロフィーを一つの理念としていたと解釈できる。現代の政治思想に照らせば、これは福祉の事業を民間の自発的な善意や委託事業に任せる「新保守主義」の考え方の一部であろう。[7]

けれどもウェーバーは、禁欲的プロテスタンティズムにみられるこうした思想的な特徴をいわばカッコに入れて、「禁欲的プロテスタンティズムの天職倫理」と「資本主義の精神」の関係を問題にしていく。ウェーバーは、禁欲的プロテスタンティズムの担い手として、市民的な中間層に注目した。中間層に注目したので、ウェーバーは、財産を残すことのできた一部の事業家の倫理については、大きく取り上げる必要がないと考えたのかもしれない。

いずれにせよ、もし私たちがプロテスタンティズムと資本主義の関係全般に関心をもつならば、

「禁欲的プロテスタンティズムの天職倫理」は、一方では資本主義の営利を徹底しつつも、他方では人々の自発的な善意（慈善事業）を期待するという点で、「新保守主義」の源流とみることもできるだろう。[8] ウェーバーはしかし、『プロ倫』ではこうした問題には関わらず、これまでに論じてきた「禁欲的プロテスタンティズムの天職倫理」の社会的帰結を、次のようにまとめている。

これまで論じてきたことをまとめれば、プロテスタンティズムの世俗内禁欲は、所有した物を無邪気に享受することに対して全力で反対したのであり、消費を、とりわけぜいたくな消費を抑制したのであった。他方で、その心理上の効果としては、伝統主義的な倫理の制約を破って、財の獲得を解き放つことになった。すなわち、利潤の追求を合法化するだけでなく、それが（これまで述べてきた意味で）神の意志にかなうとみなすことによって、利潤追求に対する伝統主義の桎梏を破壊したのである。

ピューリタンたちだけでなく、クエーカー派の偉大な護教論者であるバークリーが明確に証言しているように、色欲や物への執着に対する戦いは、合理的な獲得に対する戦いではなく、「獲得したものを」非合理的な仕方で用いることに対する戦いである。この非合理的な用い方とは、とりわけ、被造物の物神化として非難されるべき贅沢の顕示的な「みかけ上の」形態を重んじることであり、それは封建的な感覚にとても近いものであった。それは、神が個人および全体の生の諸目的のために意図された、合理的で功利主義的な用い方とはまったく異なっていた。プロテスタンティズムの禁欲は、所有者に対して苦行を課そうとしたのではなく、その所有物を必要か

つ実践的に有用なものごとに用いるように求めたのである。（私訳、原書一九〇～一九一頁、大塚訳三四二頁）

このようにウェーバーは、「禁欲的プロテスタンティズムの天職倫理」が利潤の追求を肯定したこと、そしてまた、その用い方については実践的でなければならないとしたことを指摘している。

成功と信仰のジレンマ

歴史を振り返ると、ピューリタニズムの神学者たちは、一七世紀の中ごろまでは、営利を認めない態度をとっていた。勤勉によって得るべき富は、自分とその家族を養う程度、あるいは社会的地位を維持する程度であるべきだとされた。ところが一六六〇年の王政復古以降になると、状況が変わってくる。富裕になることは、神の栄光を増すためによいことであるとされ、と同時に、豊かさの危険が説かれるようになった。梅津順一によれば、王政復古以降は、牧師の手による指導書であっても、神の召命については触れない職業生活マニュアル（あるいは職業のなかに宗教的教訓を見出すもの）が多く出版されるようになったという。[9]

一七世紀の前半までは、市場経済が未発達で、相手をだましたほうが儲かるような状況もしばしばあったかもしれない。ところが一七世紀後半になると、市場経済の発展とともに、誠実に働いて誠実な価格で売ったほうが、儲かるようになる。誠実な商売は、最初は儲からなかったかもしれないが、時代状況が変化して、しだいに儲かるようになる。すると禁欲的なプロテスタントの人たちは、経済上の信用を獲得していったと考えられよう。プロテスタンティズムの神学者たちもまた、こうした経済社会状況の変化に対応して、信者たちが富裕になることを肯定していったのであろう。実際、神学者たちは、当時の商工業者たちの徳目（勤勉、穏健、謹厳、節倹、時間厳守など）を、宗教的に権威づけていった。[10]

やがて一八世紀のイギリスに産業革命が訪れると、「プロテスタンティズムの天職倫理」は、産業革命のよき担い手たちを育てたといえる。プロテスタントの人たちは、勤勉に働いて節約すれば、将来の生活が豊かになることを理解して、いっそうプロテスタンティズムの宗教を信仰したであろう。しかし一八世紀の後半になると、豊かになった多くの中産階級の人々は、資本主義の社会を受け入れる一方で、信仰心を失っていく。

むろん他方で、労働者階級の人びとは違っていた。ウェズリーによって創始されたメソジスト派は、一九世紀の前半以降、労働者たちのあいだで爆発的に浸透していく。一八世紀後半から一九世紀前半にかけて生じたことは、中産階級においてはプロテスタンティズムの信仰が廃れていく一方、労働者階級においてはその信仰が興隆していく、という逆転現象であった。

禁欲的なプロテスタントの人たちは、「天職倫理」を受け入れることによって、経済的に成功する。しかし経済的に成功すると、今度はその信仰心を失っていった。勤勉に働いて節約すれば、やがて財産が莫大な量になる。すると今度は、築いた財産をどのように処分すべきか、という問題に直面する。消費の誘惑に負けそうになる。プロテスタントの人たちはジレンマを抱えたであろう。はたしてこのまま消費せずに勤勉に働き続けるべきなのか、それとも消費して人生を謳歌すべきなのか、と。

ウェーバーは『プロ倫』の最後のほうで、このジレンマに言及したウェズリーの手紙を引用している。ただウェーバーによる引用文は、どうも最後の部分を捨象したために、ウェズリーがかかえたジレンマの問題がみえなくなっている。岸田紀の研究にしたがって、ウェーバーの引用によるウェズリーの文章を、少し補って引用してみよう。

富が増加したところではどこでも（例外はまれである）、宗教の本質、すなわちキリストが有していた精神が、同じ割合で減っていったのではないだろうか。事物の本性上、真の宗教のどんな復興であっても、それを長く続けることはいかにして可能なのか、私には分からない。というのも宗教は、必然的に、勤労と倹約の両方をもたらさなければならないのであるが、これらは、富をもたらさざるを得ない。しかし富が増加するにつれて、高慢や、怒りや、あらゆる領域での世俗に対する愛も、増大するであろう。

するとと、心の宗教であるメソジスト派は、いまは生い茂った月桂樹のように栄えているけれども、いかにしてこの状態を持続することができるのだろうか。というのも、メソジスト派は、どこにおいても勤勉で倹約な人に育っており、その結果として、かれらの財産は増している。その財の増加の程度に応じて、かれらは、高慢、怒り、肉の欲望、目の欲望、暮らしに対する自慢を増大させている。すると、宗教の形態はそのままであっても、その精神は、どんどん消え失せていく。

このように、純粋な宗教が継続的に衰退していく事態を、防ぐ方法はないのであろうか。私たちは、人々が勤勉で倹約であることを、禁ずるべきではない。すなわち、私たちはすべてのキリスト者に、できるかぎり稼いで、できるかぎり節約することを強く勧めなければならない。それは結果として富裕になることである！（私はもう一度尋ねるが）私たちの貨幣が私たちを残酷な地獄に沈めないために、私たちはどんな方法をとることができるのだろうか。そこには、ある一つの方法がある。それ以外の方法は、この天下にはない。できるかぎり稼いで、できるかぎり節約した人びとが、それと同じくらいできるかぎり施すならば、かれらは、稼げば稼ぐほど恩寵が増し、それだけ天国に宝を積み上げるであろう。（私訳、岸田紀著『ジョン・ウェズリ研究』ミネルヴァ書房、一九七七年、二〇～二一頁の和訳、および二九～三一頁掲載の原文を参照）

ウェーバーは、このウェズリーの一文を、イギリスの経済史家アシュリーからの手紙で知ったとしている。しかしウェーバーは、どうも誤って引用しただけでなく（「私たちは、すべてのキリスト者に、できるかぎり稼ぎ、できるかぎり節約すること、すなわち、結果として富裕になることを勧めなければならない」としている）、最後の部分（「（私はもう一度尋ねるが）……」以下）を引用していない。けれども以上の引用文から分かるように、ウェズリーにとって重要なのは、たんに富裕になることではなく、稼いだお金を、その稼ぎに応じて他者に贈与することであった。余計に稼いだお金を、社会的弱者に与える。そのような施しを実践する社会が、ウェズリーのメソジスト派にとっての理想であった。このように施しを強調する点で、ウェズリー（およびメソジスト派）の天職倫理は、新保守主義（政府ではなく人々が自発的に弱者を救済する倫理社会）の立場であるとみなすこともできよう。むろん、このような施しを実践することは難しい。結果として多くのメソジストたちは、信仰心を失っていくことになる。

6-4　新保守主義とは？

保守主義とはまるで異なる思想

ここで新保守主義の思想について、簡単に説明しよう。新保守主義とは、一九六〇年代後半のアメリカで、当時隆盛していたリベラル文化やカウンター・カルチャー（対抗文化）に対抗して形成された思想である。初期の担い手は、主としてアメリカの社会学者たちであった。ダニエル・ベル、ロバート・ニスベット、シーモア・リプセット、ピーター・バーカーなどが代表的である。かれらは、アメリカの新しい中産階級の担い手たちがニヒリズム（虚無主義）に陥っていると考え、その克服には次のような政策が有効だと考えた。①極端な市民的不服従には反対する。②死刑を支持し、犯罪者への罰則強化や検閲の強化を求める。③ベトナム戦争は悲劇的であったが国家犯罪ではないとみなして、国家の正当性を疑わない。④反共政策による国家的統一を促進する。⑤白人至上主義を捨て、キング牧師の見解を支持する。⑥快楽主義や欲望主義を否定して、望ましい公共哲学を示す。⑦「アメリカ文化」に対する世界的な嫌悪感情を取り除くために国際協調主義の立場をとる、などの政策である。

新保守主義は、じつは保守主義とはまるで異なる思想である。新保守主義は「将来の政体に希望をもった左派」と「移民の右派」から出発しており、「郷土に対する愛着の感情を基礎として自由を求める」ような保守ではない。新保守主義は、自由と両立しないような土着文化を容認せず、自由の理念がそれぞれの郷土を越えて、全世界に広がるべきだと考える。また、アメリカの保守主義は「福祉国家」に反対するのに対して、新保守主義は中規模の福祉国家が必要だと考える。その理念はアメリカにおける最大の労働組合（AFL-CIO：米国労働総同盟産業別会議）の幹部にも支持されてきた。

現代の新保守主義は、福祉国家を支持すると同時に、道徳的な価値の再興を求める点で、新自由主義とは異なる。新保守主義は、第一に、「低俗な欲望をいかに道徳化するか」という関心から、ポルノグラフィーの禁止を求める。第二に、「国家への依存体質をいかに克服できるか」という関心から、①福祉受給者を依存状態から脱却させるために、地域コミュニティを通じた就労支援を行なう（「新しいパターナリズム」と呼ばれる）、②福祉サービスを各種の中間集団を通じて提供する、③貧困者が富を蓄積できるようにする、④各種の宗教団体の力を借りて、アルコール依存の脱却や職業リハビリテーションを試みる（宗教的サービスを選択可能にする「チャリタブル・チョイス」を導入する）、などの政策を支持する。第三に、公共的な場面で「高次の道徳性（卓越性）」を示すことに関心があり、国際政治においては、独裁政権を民主化すべきであるというトロツキズムの立場をとる。

思想史の中の新保守主義

こうした考え方の多くを思想史の研究から体系的に展開したのが、G・ヒンメルファーブであった。彼女はとりわけ、一八世紀から一九世紀にかけてのイギリス史およびイギリス思想史を研究して、新保守主義の思想的源流を豊かに描いた。たとえばメソジスト派や福音主義者たちは、炭坑－工場労働者の労働時間制限、衛生と健康状態の改革、住居法、公教育、孤児院や学校や病院の創設、刑法の制定、都市の快適さの追求（図書館や公園や公衆浴場など）といった政策や運動をすすめた。このような精神と実践は、一九世紀末になると、さまざまな慈善事業団体へと引き継がれていく。その歴史のなかにみられるように、中間集団による道徳的社会の建設運動が、新保守主義の特徴である。[11]

ヒンメルファーブによれば、メソジスト派の創始者ウェズリーもまた、新保守主義者である。ウェズリーは、富裕者からの募金に力をいれて、貧困者への書物の購入、十分な食料、きちんとした服装、生活必需品の援助などを求めた。ウェズリーはまた、貧困者の医療費に配慮して、自分で健康を増進し病気を治癒するための家庭医学の書『根源的治療法』（一七四四）を著している。イギリス、アイルランド、アメリカで多くの版を重ね、アメリカでは一九世紀の開拓者の家庭で、聖書とならんで最も読まれた本になった。ウェズリーはさらに、働ける貧困者には「無利子で返済できるお金」を貸して、仕事探しを支援した。

ウェズリーは、お金についての説教を三回行っている。そのなかで次のような三原則を守るようにと説いた。①できるかぎり利得せよ、②できるかぎり貯蓄せよ、③できるかぎり与えよ、である。この最後の点で、ウェズリーは他のプロテスタントの人たちとは異なる考え方をもっていた。プロテスタントの人たちは一般に、働けるのに働かない人は天職義務に違反している、だから怠惰な貧困者を助けるべきではない、と考える。

たとえば『ロビンソン・クルーソー』（一七一九年）の著者で非国教派のプロテスタントであったダ

ニエル・デフォーは、『施しは慈善にあらず』（一七〇四年）のなかで、貧困者には施すべきでないと主張した。施しは貧困者を怠惰にしてしまうからである。しかしウェズリーは、このデフォーの主張を嘆いた。世の中には働きたくても働けない多くの貧困者がいる。かれらに施さなければ、メソジストの信徒たちは、霊的に成長することができないだろうし、むしろ衰退するだろう、と。

このようにウェズリーは、貧しい人たちをできるだけ勤勉な人間にして豊かにすることが、信者たちの課題であると主張した。[12] 貧困問題に対するこうしたきめの細かな対応は、こんにちの観点から解釈すれば、「新保守主義」の思想に支えられているとみなすことができるだろう。

6-5 「プロ倫」テーゼを定式化する

何が人々を駆動したか

以上の議論において、私たちはまず、「禁欲的プロテスタンティズムの倫理」と「禁欲的プロテスタンティズムの天職倫理」が、実は定義において断絶していると指摘した。そして「禁欲的プロテスタンティズムの天職倫理」の特徴を整理したうえで、そこにはウェーバーがあまり関心を払わなかった特徴があると指摘した。それは稼いだお金を寄付するべきだという倫理的要請であり、これは現代の政治思想の文脈では、「新保守主義」の主張と重なる。以上の議論をまとめると、図5のようになるだろう。

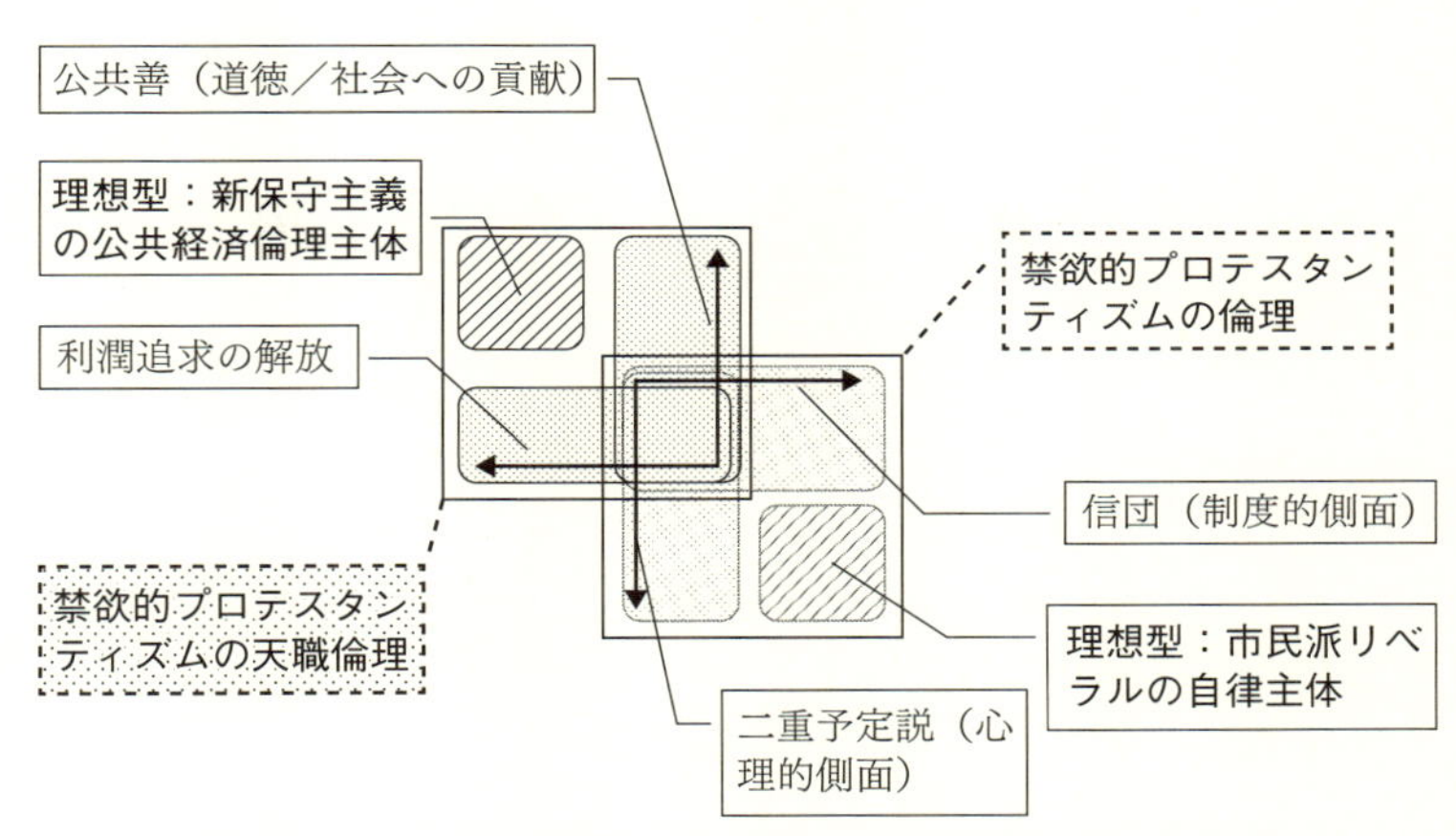

図5　禁欲的プロテスタンティズムの「倫理」と「天職倫理」の関係

　前章で指摘したように、ウェーバーのいう「禁欲的プロテスタンティズムの倫理」は、心理的内面上の特徴と組織形成上の特徴という、二つの極（駆動因）によって定義された。心理的側面は「二重予定説」による「日常生活の方法的合理化」をもたらした。そして制度的側面は「信団（ゼクテ）」形成による自発的な態度をもたらした。さらにその自発性は、「政府や教会に対する反権威主義」の態度をもたらした。

　これら二つの極は、理念としては、それぞれ異なる方向性をもっている。歴史の現実に照らしてみると、一方には「二重予定説」によって駆動された人たちがいる。他方には「信団」の形成によって駆動された人たちがいる。ところがこれら二つの特徴を同時に兼ね備えた人たちは、あまりいないかもしれない。

　もし二つの特徴をあわせもった人たちがいるとすれば、その人は現在の表現では、「市民派リベラルの自律主体」と呼ぶことができるだろう。政府や教会といった権威から独立して、自分たちで自発的に形成したグループを拠点にしつつ、日常生活全般を徹底的に合理化していくような人たちである。市民派リベラルの自律主体は、国家にも市場にも依存しない第三の領域で、自ら進んで新しい社会を切り拓いていく。ウェーバーのいう「禁欲的プロテスタンティズムの倫理」は、二つの方向性を統合したところに、このような主体像を想定しているといえよう。[13]

ところが問題は、「二重予定説」と「信団」形成は、いずれも「禁欲的プロテスタンティズムの天職倫理」を駆動する要因ではない、という点にある。「禁欲的プロテスタンティズムの天職倫理」は、バクスターによって体系的に描かれたが、バクスター本人は、二重予定説や信団形成について、折衷的な立場をとった。バクスターにとって、これら二つの要因は、とくに重要というわけではなかった。ではいったい、「禁欲的プロテスタンティズムの天職倫理」は、何によって駆動されたのか。

おそらく多様な要因によって人々を動機づけた、ということなのであろう。いずれにせよ、バクスターの教説に代表される「禁欲的プロテスタンティズムの天職倫理」は、新たに二つの特徴を帯びることになった。一つは、道徳および社会的貢献に資する職業のほうが、神に好まれるということ。もう一つは、経済領域においては、収益性の高い仕事のほうが、神に好まれるということ、である。しこの二つの特徴を兼ね備えた生き方があるとすれば、それは経済的にある程度まで成功しつつ、獲得した富によって、自発的な慈善事業をすることではないだろうか。このような生き方は、現在の表現で言えば「新保守主義」の理想的な人生といえる。新保守主義は、一方では市場経済のもとで「勤勉」に働くことを奨励しつつ、他方では政府に頼らずに、あるいは政府の委託を受けて、慈善事業やボランティアをすることを奨励する。

大きな断絶と著しい類似

ウェーバーの理論装置（概念定義）においては、「禁欲的プロテスタンティズムの倫理」は「市民派リベラルの自律主体」を理想とする方向性をもっている。他方で、「禁欲的プロテスタンティズムの天職倫理」は「新保守主義の公共経済倫理主体」を理想とする方向性をもっている。この二つの主体モデルは、「日常生活の方法的合理化」という点では一致するけれども、その他の点についてはまったく異なる。いったい、禁欲的プロテスタンティズムの倫理は、いかにしてその天職倫理を生み出したのか。ウェーバーにおいては、解明されていない。

おそらくバクスターに代表される「禁欲的プロテスタンティズムの天職倫理」は、「禁欲的プロテスタンティズムの倫理」だけでなく、さまざまな要因によって形成されたのであろう。たとえば、一七世紀中ごろの時代状況の変化（とりわけ経済統制の撤廃）や、プロテスタンティズムの大衆的浸透と中間層の台頭、などの影響を受けたであろう。とくに、プロテスタンティズムの指導者たちが、日常生活の方法的合理化を経済生活に当てはめる際に、当初は商業活動を抑制する倫理を説く立場から、やがて経済活動における利潤獲得を容認し、さらには収益性の高い仕事に就くことを奨励するにいたるまでには、さまざまな要因が絡んでいただろう。いずれにせよ、ウェーバーの理論装置においては、「禁欲的プロテスタンティズムの倫理」と「禁欲的プロテスタンティズムの天職倫理」のあいだに断絶がある。しかもその断絶は、思想的にみると、大きな断絶である。

ところが他方で、「禁欲的プロテスタンティズムの天職倫理」と「資本主義の精神」の関係をみると、そこには類似性がある。これら二つの理念は、ほぼ同じといってよいかもしれない（図6を参照）。

「禁欲的プロテスタンティズムの天職倫理」は、利潤を追求することを解放し、できるだけ収益性のある仕事に就くことが、神に喜ばれるとした。また「神の栄光」のために、貧しい人々のために慈善事業を行うことが、神に喜ばれるとした。このように「禁欲的プロテスタンティズムの天職倫理」は、「利潤の追求」と「公共善の追求」という、二つの特徴から成り立っている。

これに対して「資本主義の精神」は、この「禁欲的プロテスタンティズムの天職倫理」に、次の二つの点で修正を加えたものだと言えるだろう。

一つは、たんに利潤を追求して貯蓄するのではなく、獲得した利潤を投資しなければならないという「投資義務」である。これは「資本蓄積」に関するいっそう合理的な思考を前提としている。ただウェーバーも指摘するように、一七世紀のオランダにおいては、すでに巨大な富をもったプロテスタントたちが、簡素な生活に甘んじながらも、並外れた資本蓄積熱をもっていた。禁欲的プロテスタンティズムの天職倫理には、こうした資本蓄積義務は含まれていないが、プロテスタントの人たちは、しだいに資本蓄積をするようになったと考えられる。実際の生活に即していえば、「禁欲的プロテスタンティズムの天職倫理」と「資本主義の精神」のあいだには、ほとんど差がないであろう。[14]

「資本主義の精神」が付け加えたもう一つの特徴は、社会統治上の功利主義である。すなわち、社会全体の公共の福祉を最大化することが望ましいとする功利主義の考え方である。「禁欲的プロテスタンティズムの天職倫理」は、神の栄光のために、社会をよくするための慈善事業が大切であると考えた。これに対して資本主義の精神は、「ウェルフェア（福祉／厚生）」の総量に関するいっそう科学的

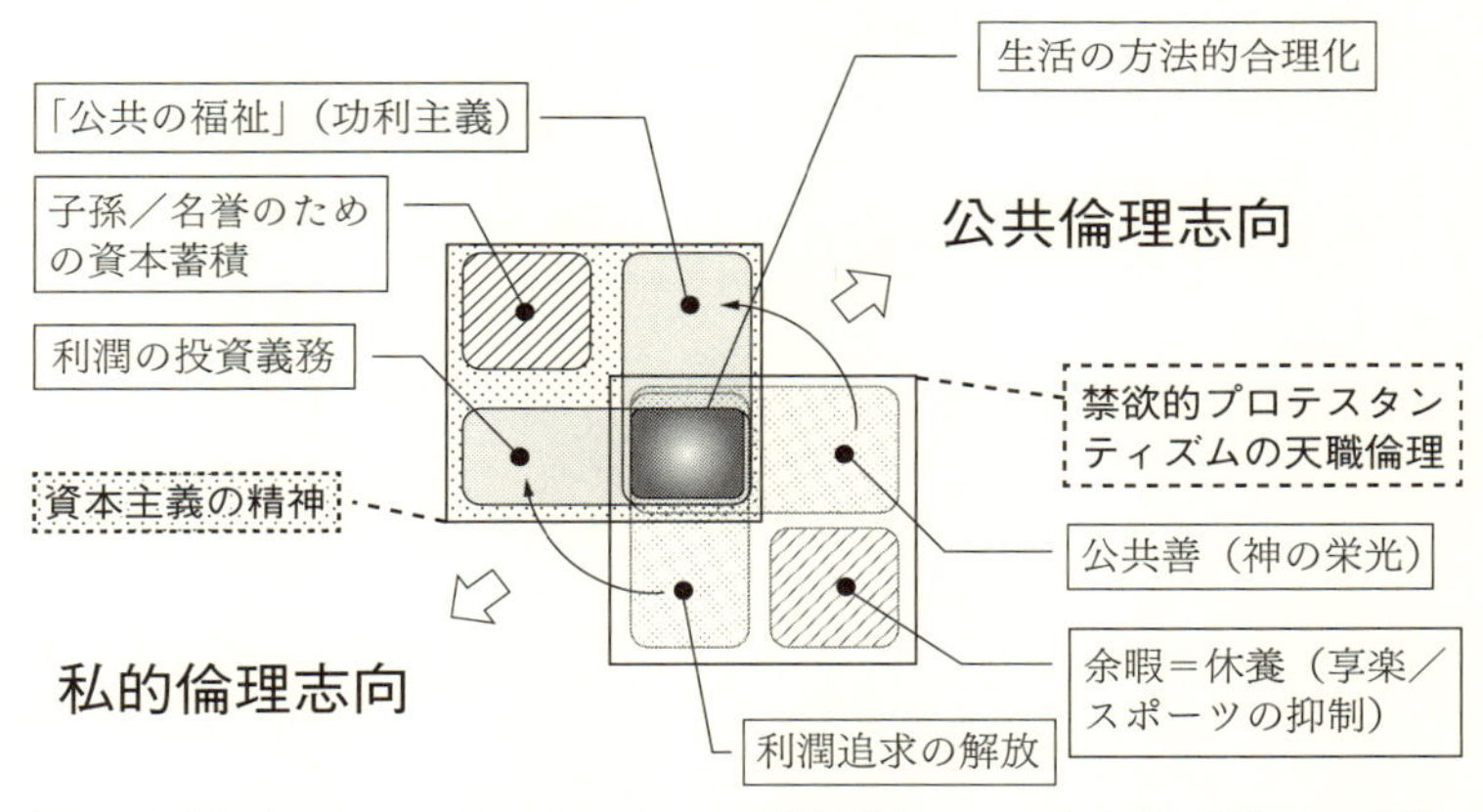

図６　「禁欲的プロテスタンティズムの天職倫理」と「資本主義の精神」の関係

な考え方を示した。公共の福祉に照らして、慈善事業のあり方をいっそう合理的に洗練していった。[15]

ここで「資本主義の精神」をめぐって、本書の第2章で検討した議論を思い起こしていただきたい。そこで私たちは、ウェーバーのいう「資本主義の精神」が、狭義と広義の意味をもつと指摘した。「狭義の資本主義の精神」とは、子や孫の幸せや自身の社会的繁栄・勢力を気にせず、仕事における熟達と有能さの発揮を究極の価値としながら、勤労を倫理的な義務と感じて、ひたすら貨幣獲得を求めるようなエートスである。これに対して「広義の資本主義の精神」とは、子や孫の幸せや自身および社会の繁栄・勢力を気にしつつ、仕事における熟達と有能さの発揮を究極の価値としながら、勤労を倫理的な義務と感じて、ひたすら貨幣獲得を求めるようなエートスである。この「広義の資本主義の精神」は、『プロ倫』の論理構造においては「幹」ではなく「枝」にあたる議論である。『プロ倫』の全体構造のなかではやや見えにくいが、このように定式化してみると、そこにはひたすら働いて社会の繁栄のために尽くすという、「新保守主義」の要素があることが分かる。

　では、子孫の幸福を願って働くという場合に、はたして自分の子孫に財産を継承させるべきなのか、それとも、社会全体の孫世代のために、財産をある慈善団体に寄付すべきなのか。前節の議論をうけてここで考えてみると、もし自分の子孫に財産を相続させるのであれば、それは保守主義的な考え方になるが、これでは子孫を怠惰にしてしまうかもしれない。自分の子孫たちの「勤労エートス」を維持しながら、公共の福祉の増大（社会統治上の功利主義）を目標にするためには、自分が築いた財産は、これを慈善団体に寄付したほうがいいかもしれない。社会統治上の功利主義を受け入れる「資本主義の精神」の立場は、おそらくこのように推論するであろう。そしてこの考え方、すなわち、自分の子孫に財産を残すのではなく、社会全体の福祉のために財産を活用する（慈善団体に寄付する）というのは、新保守主義的な発想である。ウェーバーのいう「資本主義の精神」には、広義にはこのように新保守主義の要素がある。そしてそれは、「禁欲的プロテスタンティズムの天職倫理」の特徴である「神の栄光たる公共善」を継承して、公共の福祉を最大にするものであろう。

　むろん、「禁欲的プロテスタンティズムの天職倫理」と「資本主義の精神」のあいだには、違いもある。「禁欲的プロテスタンティズムの天職倫理」においては、余暇のすごし方が特定されていた。生活全般を合理化するために、余暇においても享楽的なことやスポーツは禁止された。これに対して「資本主義の精神」には、余暇のすごし方についての規定がない。

　いずれにせよ、「禁欲的プロテスタンティズムの天職倫理」と「資本主義の精神」は、類似している。いずれも、公共的な利益を追求すると同時に、私的な利益を追求するからである。違いは、「公共善」を「公共の福祉」へと解釈し直し、得た利潤をたんに貯蓄するのではなく投資するように仕向ける点である。「資本主義の精神」は、「禁欲的プロテスタンティズムの天職倫理」を、定義上すこし変更した形態であり、その中身はほぼ同じといってよいだろう。

「意図せざる結果」か？

ウェーバーの「プロ倫」テーゼは、一般に、「禁欲的プロテスタンティズムの倫理がその意図せざる結果として資本主義の精神を生み出した」という具合に紹介される。『プロ倫』岩波文庫版の大塚久雄訳の表紙には、次のように紹介されている。『プロ倫』は、「営利の追求を敵視するピューリタニズムの経済倫理が実は近代資本主義の生誕に大きく貢献したのだという歴史の逆説を究明した画期的な論考」である、と。けれどもこの紹介は間違っているか、あるいは不正確であろう。ピューリタニズムの経済倫理（天職倫理）は、営利の追求を敵視していない。ピューリタニズムの経済倫理は、内容上は、資本主義の精神とほぼ同じである。私たちの検討では、「プロ倫」テーゼは次のように定式化できる。

(1)「禁欲的プロテスタンティズムの倫理」は、「市民的リベラル」を志向している。これに対して「禁欲的プロテスタンティズムの天職倫理」は、「新保守主義」を志向している。両者のあいだには、その思想理念において、断絶がある。

(2)「資本主義の精神」は、「禁欲的プロテスタンティズムの天職倫理」と類似している（ほぼ同じである）。前者は後者を、公共倫理と私的倫理の二つの側面において、経済的合理主義の方向に修正したものである。そしていずれも新保守主義への志向がある。

(3)ただし、「禁欲的プロテスタンティズムの倫理」と「禁欲的プロテスタンティズムの天職倫理」と「資本主義の精神」の三つは、いずれも「日常生活の方法的合理化」という点では、特徴を共有している。

この(2)については、ウェーバーの次の文章を補っておきたい。

天職の理念にもとづく合理的な生活スタイルは、現代の資本主義の精神、いやそれだけでなく、現代の文化を構成している要素の一つである。これはキリスト教の禁欲精神から生まれたのであり、この論文はこのことを証明しようとしてきた。ここで、この論文の最初のほうで引用したフランクリンの文章を読み直してみよう。すると「資本主義の精神」という態度の本質的な諸要素は、私たちがピューリタンの職業的禁欲の内容とみなしたものと同じであり、ただフランクリンにおいては、その宗教的な基礎づけがすでに死滅していることが分かるであろう。(私訳、原書二〇二～二〇三頁、大塚訳三六三～三六四頁)

ここでウェーバーは、「資本主義の精神」がピューリタニズムの職業倫理(すなわち「禁欲的プロテスタンティズムの天職倫理」)と同じである、と述べている。これはつまり、資本主義の精神は、禁欲的なプロテスタンティズムの天職倫理の「意図せざる結果」として生まれたのではなく、その

「宗教的な基礎づけが死滅した結果」として生まれた、ということである。もちろん禁欲的なプロテスタントの人たちは、資本主義の精神を意図して生み出したのではない。しかし通常、「意図せざる結果」という言葉には、意図せざる「異質」な結果、という意味がある。禁欲的プロテスタントの人たちが生み出したのは、しかし意図したものと異質な結果ではない。同質的な結果を生み出したのであり、ただ意図における宗教の要素が消失しただけである。この意味で、「意図せざる結果」という言葉を用いることは、不正確であるだろう。

ウェーバーは『プロ倫』の最初のほうで、次のように問題を立てた。すなわち、プロテスタンティズムにおける「禁欲的な信仰の生活」と、「資本主義的な営利の生活」は、親和的関係にあるのではないか、と。その答えはここにある。すなわち、禁欲的プロテスタンティズムにおける「倫理」と「天職倫理」のあいだには、定義において断絶があり、「天職倫理」に注目するなら、その内容は「資本主義の精神」とほぼ同じである、ということである。

これが「プロ倫」テーゼのタネ明かしである。「親和関係」とは、(a)「日常生活の方法的合理化」の観点からみれば、「禁欲的プロテスタンティズムの倫理」と「禁欲的プロテスタンティズムの天職倫理」と「資本主義の精神」の三つはすべて親和的である。(b)利潤や公共的関心という観点からみれば、「禁欲的プロテスタンティズムの天職倫理」と「資本主義の精神」は同じであり、その意味で親和的である。[16]

以上の議論を補うために、もう一つ引用したい。ウェーバーは『プロ倫』の最初のほうで、次のようなことを述べていた。

それゆえ、初期のプロテスタンティズムの倫理と資本主義の精神の発達のあいだの諸関係を探究する際に、私たちはまず、カルヴァンとカルヴィニズムが生み出したものを扱い、つづいてその他の「ピューリタン」の諸信団(ゼクテ)が生み出したものを扱うが、けれどもその際、私たちは、こうした宗教共同体(ゲマインシャフト)の創始者や代表者たちの一人が、私たちのいう「資本主義の精神」の興隆を、何らかの意味で自分のライフワークの目的としていたと想定しているわけではない。そのように理解されてはならない。彼らのうち誰かが、世俗的な財の追求をそれ自体目的としたとか、あるいはそこに何らかの倫理的価値を認めたなどと、私たちは信じることができない。とにかく私たちは、次の点を明確にしておかなければならない。すなわち、改革の指導者たち――私たちの研究の観点からすれば、そのなかにメノー Menno、ジョージ・フォックス George Fox、ウェズリー Wesley といった人たちも含めなければならない――の誰一人として、倫理的な改革綱領など、中心的な課題とはみなしていなかった。かれらは「倫理的文化」のための団体の創始者ではなかったし、人道主義的な社会改革運動や文化的理想の代表者でもなかった。かれらの生涯と行ないの中心は、魂の救済であり、ただそれだけであった。かれらの倫理的な目標とその教説の実践的な影響は、すべてこの魂の救済に根ざしており、それらは純粋に宗教的な動機から帰結したものにすぎなかった。それゆえ私たちは、次の点をあらかじめ理解しておかなければならない。すなわち、宗教改革がもたらした文化的な影響は、その多くが――私たちの特定の観点からすればそのほとんどが――、改革者たちの事業の予期せざる結果であり、ほとんどの場合は、その意図せざる結果であって、しばしばかれら自身が描いたものとははるかに異なる、正反対のものであったということである。（私訳、原書八一〜八二頁、大塚訳一三三〜一三四頁）

ウェーバーはこの文章で、プロテスタンティズムの倫理が、資本主義の精神を「意図せざる結果」として生み出したと説明している。たしかに初期の改革指導者たちは、資本主義の精神を生み出すことを意図していなかっただろう。自分たちの説教が、信仰心を失ってまで世界を合理化していくような態度を生み出すとは、思いもよらなかったであろう。

しかし重要なのは、かれらはまた、バクスターのような説教者が登場することも予期していなかった点である。バクスターは、倫理的な指導者であった。バクスターの天職倫理は、それまでのプロテスタンティズムの倫理とは、定義において断絶している。バクスターの天職倫理は、資本主義の精神とほぼ同じ内容の経済倫理を生み出した。それゆえ、「意図せざる結果」の説明は、一方における「禁欲的プロテスタンティズムの倫理」と「禁欲的プロテスタンティズムの天職倫理」のあいだの「断絶」と、他方における「禁欲的プロテスタンティズムの天職倫理」と「資本主義の精神」の「同等性（類似性）」という、二つの内容に分解して説明することができる。これが私たちの「プロ倫」テーゼの解釈である。[17]

6―6 梃子と幼少期と育成

資本主義の精神を爆発的に生み出す

ウェーバーは、「禁欲的プロテスタンティズムの天職倫理」を、バクスター（一六一五～一六九一）の教説に即して特徴づけた。むろんバクスター以前にも、「禁欲的プロテスタンティズムの天職倫理」を説いた人はいただろう。しかしバクスターに即してこの概念を定義すると、それはすでに、「禁欲的プロテスタンティズムの倫理」とは異質であり、むしろ「資本主義の精神」と親和的なものになっていた。歴史的にみると、「禁欲的プロテスタンティズムの天職倫理」は、次のウェーバーの言葉を借りれば、いわば「梃子（てこ）の原理」でもって、資本主義の精神を爆発的に生み出していく。

民間経済における富の生産という面では、禁欲［を実践する人］は、不誠実な行いだけでなく、純粋に衝動的な貪欲（どんよく）とも闘った。この場合の貪欲とは、豊かになることそれ自体を目的として追求することであり、それは「強欲」や「拝金主義（マモニズム）」などと呼ばれて退けられた。所有は、それ自体が誘惑をもたらすとみなされたのである。しかしこの禁欲の実践は、「善いことをつねに欲しつつも、悪いことをつねに作り出す」力となった。この場合の「悪」とは、禁欲の実践者にとっての「悪」という意味であり、それはすなわち、所有とそれが誘惑するものである。禁欲の実践者は、旧約聖書に依拠しつつ、「善き業」の倫理的な評価を十分に類推して、富を目的として追求することが、とがめるべき不埒（ふらち）な行為の極致であるとみなした。しかしその一方で、職業労働の果実として富を得ることは、神の恩寵であるとみなした。さらにもっと重要なことは、次の点である。すなわち、世俗の職業労働を、たゆまず不断に体系立ててすることは、禁欲のための最高の手段であり、また同時に、再生した人間とその信仰の確かさを最も確実かつ明白に証明するものである。およそこのように、世俗の職業労働を宗教的に評価することは、私たちがここで資本主義の「精神」と呼んできたあの人生観を広めるために、考えられるかぎり強力な梃子として作用したのであった。営利の営みを解き放つとともに、その一方で消費を切り詰めるように仕向けるならば、その外的な帰結は明らかであろう。それはすなわち、禁欲による強制貯蓄を通じた資本形成である。（私訳、原書一九一～一九二頁、大塚訳三四四～三四五頁）

このように、「禁欲的プロテスタンティズムの天職倫理」は、一方では営利活動を解放しつつ、他方では節約を奨励することで、資本の形成に対して有利に作用し、資本主義の発展を駆動した。「禁欲的プロテスタンティズムの天職倫理」は、倫理的な側面から、資本の本源的な蓄積を促したといえる。ウェーバーはさらに、次のように指摘している。

ピューリタンの人生観は、その力がおよぶかぎり、どのような状況でも、市民的な、経済的に合理的な生活スタイルに向かう傾向に対して、有利に作用した――これは、ピューリタンの人生観が、資本形成に対してたんに有利であったことよりも、ずっと重要であろう――だけでなく、そのような生活スタイルの、本質的かつ比類のない一貫した担い役となった。ピューリタニズムの人生観は、現代の「経済人」の幼少期を見守ったのであった。むろん、こうしたピューリタンの生活の理想は、ピューリタン自身もよく知っていたように、富の「誘惑」があまりにも強い場合には、うまくいかなかった。（私訳、原書一九五頁、大塚訳三五〇〜三五一頁）

ピューリタンの人たちは、自分の日常生活をできるだけ合理的に計画するという美徳を生み出した。そしてこの生活スタイルは、経済人（ホモ・エコノミクス）の幼少期を見守った。経済人の生き方は、たんに啓蒙された理性によって成り立つわけではない。実際に、生活実践を合理化するためには、厳しい規律訓練を受けなければ、うまくいくものではない。ピューリタンの人たちは、その規律訓練を自ら望んで実践した。ピューリタニズムは、怠惰に流されない「経済人」の幼少期の生き方、すなわち、規律訓練を重んじて実践する生活を担当したのだといえる。ここで幼少期とは、経済人が歴史的に誕生した十八〜十九世紀の時期を指しているだろう。

ロビンソン・クルーソーに託されたもの

アダム・スミス以降の近代資本主義は、「勤勉に働くことが報われる」という倫理的な想定のもとに、爆発的に発展してきた。しかし「勤勉さ」が失われれば、近代の資本主義社会は、たんなるマネー・ゲームの世界になってしまうだろう。西欧近代の資本主義社会において、勤勉さの倫理的基礎を与えたのは、ウェーバーによれば「禁欲的プロテスタンティズムの天職倫理」であった。興味深い一節を引用してみよう。

こうした諸々の力強い宗教運動が経済の発展にもたらした意義は、ウェズリーがここで言うように、それがなによりも禁欲を社会的に育むという効果にあった。そのような運動が経済に全面的な影響をおよぼしたのは、通常は、宗教に対するピュアな熱意がその絶頂を過ぎ去ったあとだった。それはすなわち、神の国をやみくもに求める衝動がしだいに冷静な職業上の美徳へと解消しはじめ、それによって宗教の根元が徐々に失われて、この世界を功利主義的に肯定する考え方が現れてきたときであった。ダウデン（アイルランドの著述家、一八四三〜一九一三）にしたがえば、それは人々の想像力において、虚栄の市を通って天の国へ急ぐバニヤンの「巡礼者」［『天路歴程』（「正編」は一六七八年、「続編」は一六八四年）で描かれる］の内面的に孤独な探求に代わって、孤立した経済人であると同時に空き時間には布教活動をするような、「ロビンソン・クルーソー」が現れたときであった。

ここからさらに、「現世と来世という二つの世界のよいところをいずれも享受する to make the best of both worlds」という原則が広まっていくと、これもダウデンがすでに指摘するところだが、最終的には、「やわらかい枕」［「良心はやわらかな枕（とがめられることがなく、また過ちを告白するなら、心地よく眠ることができる）」］というドイツのことわざが実にうまく表現しているように、良心というのはたんに、心地よい市民的生活を送るための一つの手段となってしまった。

宗教が生命力にあふれていた一七世紀が、その次に現れる功利主義の時代に残したものは、とりわけ、貨幣を獲得する際に、もっぱら法的な意味において恐ろしいほどの正しさを実践する良心であった。これはパリサイ的な［律法を重んじるユダヤ人主流派の］正しさであると確信をもって言おう。［「商人である人間は」］神を喜ばすことがめったにないDeo placere vix potest」という言葉は、跡形もなく消えてしまった。ある特殊な、市民的な職業エートスが生まれたのである。市民的な企業家は、もし形式的な正しさから逸脱せずに、倫理的な点でとがめるところがなく、財産の使い方で評判を下げることがなければ、神の十分な恩寵を受け、神によって祝福されているという意識を明確にいだくことができた。かれはそのような意識をもって営利を追求できただけでなく、そのような仕方で営利を追求すべきであるとされたのである。（私訳、原書一九七〜一九八頁、大塚訳三五五〜三五六頁）

ここでウェーバーは、禁欲的プロテスタンティズムの意義を、ベストセラーになった二つの読み物に即して説明している。バニヤンの『天路歴程』は、人びとが宗教に対するピュアな熱意をもっている時代に書かれた小説である。プロテスタントの人たちのあいだでは聖書の次によく読まれた。これに対して、デフォーの『ロビンソン・クルーソー』は、宗教に対する人びとの熱意が冷めはじめた時代を背景に書かれている。プロテスタントの世界を超えていまなお読みつがれている名著である。この二冊の出版の後に、イギリスは最初の産業革命を経験した。そして産業革命は、経済利益への人々の関心をかきたて、信仰心をしだいに失わせていった。

バニヤンの『天路歴程』は、経済活動に対して否定的な内容である。物語では、空しいものばかり売っている「虚栄の市」が描かれている。主人公がその市で「真理を買いたい」と言うのだが、すると市場全体が混乱して大変な事態になってしまう。主人公は、次のような問題を投げかけられる。かりに信心深くなることによって、商売が好転し、金持ちの妻をもらうとか、上等のお客が多く来店するのであれば、そのために信心深くなるのはよいことではないか、と。しかし主人公は、それは偽善的だと言ってしりぞける。大切なのは、あくまでも信仰心であり、現世での経済的な成功のために宗教を売ってはならない（来世での救済のほうが大切）というのである。[18]

これに対して『ロビンソン・クルーソー』の主人公クルーソーは、流れついた孤島で、禁欲的なプロテスタンティズムの生活、すなわち、独立自営農民としての規律ある生活をする。クルーソーは、ピューリタン牧師バクスターの精神に倣（なら）って、暦を作り、日にちと時間を計算する。また、日記をつけて日々の生活のバランスシート（よい点と悪い点の総計）をつける。すると孤島での生活にも利益があることがわかり、神に感謝する。クルーソーはさらに、『聖書』を読んで「内なる喜び」を体験し、信仰心に導かれて生活全般を合理化していく。作者のデフォーが主人公のクルーソーに託したのは、当時のイギリス社会でしだいに風化していく運命

『ロビンソン・クルーソー』聖書を読むクルーソー挿画（1871〜78、Cassell, Petter & Galpin）

にあった「禁欲的プロテスタンティズムの天職倫理」であった。この天職倫理に、新たな息を吹き込むことであった。

しかしこの主人公のクルーソーから信仰心を取りのぞいてみると、その生き方は、いわゆる「孤立した経済人」となる。すべてを合理的に計算して、規律正しく労働する生き方になる。ウェーバーによれば、禁欲的なプロテスタンティズムの天職倫理がその次の時代に残したのは、良心であった。それは「パリサイ的」なものであったという。ここで「パリサイ」とは、パリサイ人、すなわち律法を重んじるようになったユダヤ人の主流派のことである。ウェーバーは、プロテスタンティズムの天職倫理がのちの資本主義に与えた影響を、ユダヤ教の経済倫理の観点から説明している。「禁欲的プロテスタンティズムの天職倫理」が後の時代に残したものは、たんに法を守って利益を得るという一般的な経済生活ではなく、営利を追求することが義務となるような職業エートス（すなわち「資本主義の精神」）であったという。

ここでウェーバーは、「資本主義の精神」をユダヤ教にひきつけて説明しているが、しかし「ユダヤ教の経済倫理」と「禁欲的プロテスタンティズムの天職倫理」は、同じものではない。第一に、ユダヤ教は投機的で「冒険商人」的な資本主義を志向するのに対して、禁欲的プロテスタンティズムは合理的で市民的な経営や労働の組織化を志向する。第二に、ユダヤ教はたんに律法を志向するのに対して、禁欲的プロテスタンティズムはもっと積極的に行為へと動機づけられている。第三に、ユダヤ教は国家権力と結びついた資本主義を志向するのに対して、禁欲的プロテスタンティズムは国家権力を批判し、政治と結びついた商人を倫理的に信用しない。およそ以上のような違いがある。

現在の資本主義は、ユダヤ教の経済倫理から生まれたとか、ユダヤ教の経済倫理によって駆動されている、とみる人もいるだろう。ゾンバルトは『ユダヤ人と経済生活』において、そのような議論を展開している。しかしゾンバルトは後に、自分の見解を修正して、ユダヤ教の経済倫理の多くの特徴が、トマス（・アクィナス）主義のなかにも含まれているとしている。[19] ユダヤ教の経済倫理については、それがカトリックやプロテスタントの経済倫理とどの程度違うのかについては、慎重な検討が必要であろう。

以上をまとめると、「禁欲的プロテスタンティズムの天職倫理」は、①貪欲を抑えて規律ある生活を重んじ、②営利を追求すべきとする市民的な職業エートスを生み出し、③冒険商人的な活動を否定した。ウェーバーによれば、禁欲的プロテスタンティズムの天職倫理は、およそこのような仕方で資本主義の発展に貢献した。けれどもここで注意すべきは、これら三つの特徴は、いずれも「資本主義の精神」にも当てはまるということである。前節でみたように、「禁欲的プロテスタンティズムの天職倫理」と「資本主義の精神」は、「ほぼ同じもの」である。資本主義の精神は、禁欲的プロテスタンティズムの天職倫理から、宗教的な意味合いを除いたものとして理解することができる。繰り返せば、「資本主義の精神」は「禁欲的プロテスタンティズムの天職倫理」の意図せざる異質な結果ではない、ということである。

第7章　現代社会で生きる術を考える

7－1　ウェーバーの答え

答えなかったことと描いたこと

前章では、ウェーバーの「プロ倫」テーゼを三つの要素に分けて定式化した。「禁欲的プロテスタンティズムの倫理」と「禁欲的プロテスタンティズムの天職倫理」のあいだには、断絶がある。これに対して「禁欲的プロテスタンティズムの天職倫理」と「資本主義の精神」は、ほぼ同じ内容である。そして、それらの三つは、いずれも「日常生活の方法的合理化」という特徴を共有している。以上が本書で解読した「プロ倫」テーゼの骨格である。

しかしそれにしても、ウェーバーは、当初発した問題の一つ、すなわち、「プロテスタンティズムの倫理が、資本主義の発展にとって、どこまで重要な原因だったのか」という問題に、答えたわけではない。ウェーバーはまた、次のような問題に答えたわけでもない。

(1)プロテスタンティズムにはいろいろな教派があるけれども、どの教派が資本主義の発展を最も促進したのか。どの教派が最も経済的に成功したのか。

(2)カトリックの教義や実践は、資本主義の発展にどの程度貢献したのか。

(3)資本主義の発展を促した要素は、宗教以外にも政治制度、経済制度、企業家精神、科学技術、教育など、さまざまな要因がある。そうした諸要因のなかで、プロテスタンティズムの倫理が果たした役割は、どの程度のものだったのか。

(4)「資本主義の精神」は、近代資本主義の発展にどの程度貢献したのか。精神的なものがなくても、資本主義制度のもとで、貪欲や法や経済制度の変革、あるいは科学技術の発展と企業家によるその応用などがあれば、資本主義は発展したのではないか。

こうした問いは、探究されていない。だから読者は、『プロ倫』を読んでも、より広い視野に立った歴史理解にはいたらないかもしれない。ウェーバーは、プロテスタンティズムが資本主義の発展に影響を与えているという、当時議論されていた一般的な意見を前提とした。その上で「禁欲的プロテスタンティズムの倫理」と「資本主義の精神」という概念をそれぞれ練り上げ、息を吹き込んだ。それはあたかも抽象絵画を描くような手法である。概念を練り上げて、その概念間の関係を探究するという、高度に抽象的な方法である。思想史の手法といってもよいかもしれない。ウェーバーには、理念型を用いて歴史を理解するという関心があった。概念を独特の仕方で練り上げることによって、歴史のなかから深い含意（インプリケーション）を引き出すという関心があった。

こうした研究手法によって、ウェーバーが明らかにしたのは、「禁欲的プロテスタンティズムの倫理」と「資本主義の精神」の関係が、逆説的に見える一方で親和的にも見えるという、その矛盾についてであった。私たちは本書で、この「プロ倫」テーゼを定式化した（本書二四〇頁以下参照）。この「プロ倫」テーゼは、さらに、現在の資本主義システムが、いかにして精神的に擁護可能なのかという問題に、示唆を与えてくれるだろう。『プロ倫』の最後に論じられるのは、まさにこの問題である。

7-2「最後の人間」

ウェーバーの問いかけ

ウェーバーは『プロ倫』の最後のほうで、ニーチェが論じる「最後の人間」を意識して、次のように書いている。

ピューリタンは職業人であろうと欲した。だが私たちは職業人でなければならない。禁欲は、修道院の小さな部屋から出て職業生活へと移され、それが世俗社会の道徳を支配するようになると、機械仕掛けのマシーンによる生産の技術的・経済的な要件と結びついて、近代の経済秩序のパワフルな世界（コスモス）を生み出すことに貢献したのであった。その世界は今日では、実際に経済に関わる仕事をしている人たちだけでなく、この世界を駆動しているエンジンのなかに生まれ落ちたすべての人たちの生活スタイルを、圧倒的な力で規定しているし、おそらく［このエンジンに必要な］化石燃料の最後の樽が燃え尽きるまで、規定しつづけるであろう。[1]

バクスターによれば、外的な財への関心事は、ちょうど「いつでも脱ぐことができる薄い外套（オーバーコート）」のように、徳のある人たちの肩にかけられていなければならないものである。しかし［歴史の］運命は、この外套を、鉄のようにかたい網（ネット）［檻、枠、住まい、殻 Gehäuse］のようなものにしてしまった。禁欲の運動が世界を改造しはじめ、この世俗社会に対して衝撃を与えるようになると、この世俗における外的な財は歴史上かつてないほど増え、ついには人びとにたいして逃れることができないほど大きな力をふるうようになった。もはや最終的なのかどうかは誰にも分からないけれども、今日、禁欲の精神は、この網から抜け出てしまった。とにかく、この勝利した資本主義は、それがある機械仕掛けで動く基盤をもって以来、禁欲によってサポートされる必要はなくなった。禁欲の陽気な後継者である啓蒙主義は、かつてはバラ色の雰囲気をもっていたけれども、いまや消え失せてしまったようである。

今日では「天職を探してそれを受け入れるべきである」という考え方が、かつては宗教の信仰であったものの亡霊として、私たちの生活のなかに行き渡っている。「職務を遂行すること」が、私たちの文化において最高の精神的価値と直接結びつかない場合は、あるいはそれが主観的にはたんなる経済的な強制にしか感じられない場合は、誰もその意味を解釈しようとしない。アメリカ合衆国のように、営利の追求がまったく自由に解放されて、その宗教的・倫理的な意味が問われないところでは、営利の追求は、純粋に競争の情熱と結びついている。それはスポーツ競技の性格をもつこともまれではない。

将来、この網のなかには、どんな人が住むのか、そしてこの途方もない発展が終わるとき、まったく新しい預言者たちが現れるのか、あるいは、昔の考え方や理想が力強く復活をとげるのか、それともそのどちらでもないとすれば、ある種の驚くほど過剰で引きつったプライド意識によって飾られた、機械仕掛けの石のようなものになってしまうのか、それはまだ誰にも分からない。しかし、もし最後のようなことが起きれば、この文明の発展の果てにやってくる「最後の人たち」には、次の言葉があてはまるだろう。すなわち、「精神のない専門人、心（ハート）のない享楽人。このような無の人たちは、しかし、自分たちはかつて誰も到達したことのないような、人間性（ヒューマニティ）の最高のレベルに登りつめたのだとうぬぼれるであろう」。（私訳、原書二〇三～二〇四頁、大塚訳三六四～三六六頁）

ピューリタン（プロテスタント）の人たちは、救済を求めて「職業人」になろうとした。そこには職業労働を通じて、神に召されたい（魂を救済されたい）という関心があった。けれども現代を生きる私たちは、とにかく生計を立てるために「職業人」になるのであって、魂の救済にはほとんど関心がないだろう。プロテスタントの人たちのように、魂の救済を求めて積極的に職業人になる場合と、私たちのように、とりあえず職業人になるという場合とでは、仕事に対する心理的駆動力は、まったく異なるであろう。魂の救済を求めて職業人になる人は、みずからの精神性を高めていく。ウェーバーは、その強靭な活動力が、資本主義の発展をもたらすエンジン（駆動力）になった、とみている。しかし、後続する者として生まれてきた私たちは、とくに高い精神性を示さなくても、ある程度がんばれば、この世界のなかで生きていけるようになった。しかも、むかしの人たちの生活に比べれば、かなり快適に生きていける。では、現代の資本主義社会のなかで快適な生活を送る人生は、「よい人生」といえるのだろうか。いや、それはつまらない人生ではないのか。ちっぽけな人生ではないのか。ウェーバーは最後に、私たちにこのように問いかけてくる。

以上の文章でウェーバーは、しばしば「鉄の檻 ein stahlhartes Gehäuse」と訳される有名な修飾表現（メタファー）を用いている。筆者はこの「鉄の檻」を「鉄のようにかたい網（ネット）」と訳した。いまの資本主義システムが「鉄の檻」だと表現しても、なかなかそのようには感じられないかもしれないからである。むしろ現代の資本主義システムは、鉄のようにかたい網と表現したほうがよいのではないか。原語の「ゲホイゼ Gehäuse」は、枠（外枠）、住まい、殻、ケース（箱）、カプセルなどと訳すこともできる。ウェーバーはこの「ゲホイゼ」という言葉に、次のような多層的で物語的な意味を託しているように思われる。[2]

第一段階：人々は、何かを目標にして、自発的に実践する（例：魂の救済を求めて禁欲的に働く）。

第二段階：その結果、当初は意図しなかった社会的ネットワークが形成されていく（例：貨幣経済のネットワークが自生的に形成されていく）。

第三段階：人々がその自発的な生活を続けていくためには、このネットワークに保護されながらも、それがもたらす生活のパタン化に耐える必要がある（貨幣経済に依存しながらも、日々の生活を続ける必要がある）。

第四段階：ところが人々が当初めざしていた目標（魂の救済）は、意味を失ってしまう。するとネットワークは、生命を失って形骸化する一方で、このネットワークから逃れることは難しくなる。ネットワークは、化石化した機械のようになる。それでも人は、そのなかで暮らしたほうが居心地よいと感じる。

第五段階：人々は、この化石化したネットワークの中で、家畜のように手なずけられ、型にはめられ、精神性を発揮できなくなってしまう。

ウェーバーが「ゲホイゼ」という言葉に託したのは、おそらくこのようなネットワークの生成と形骸化の物語であるだろう。システムは、最初は精神性のある人たちによって、自発的な実践のなかから生み出される。システムは自発的な営みを通じてもたらされるので、最初は精神性を帯びている。ところがやがて、システムのなかで暮らす人たちから、精神性が抜け出ていく。最後にそこで暮らす人は、精神性のない人たちである。「精神性のない人たち」にとって、このシステムは居心地がよいかもしれない。けれども他方で、「精神性のある人たち」にとっては、このシステムは「鉄のようにかたい網（ネット）」のように感じられる。この網（ネット）のなかで生きていても、精神性を発揮できないと感じられる。ウェーバーにとって、現代の資本主義は、まさにこうした「ゲホイゼ」であると把握された。

　では「網（ネット）のなかに生まれた私たち」は、どのようにして精神性を発揮することができるのだろうか。ウェーバーは先の引用文で、三つの方向性を挙げていた。それらの方向性を具体的に解釈してみると、次のようになるだろう。

(1)新しい預言者が現れるかもしれないので、その人が現れたら、その人に従ってこの社会を変革していく（ただしうまくいかない可能性が高い。預言者が死んだらなおさらである）。
(2)初期のプロテスタンティズムの生活に立ちもどってみる。禁欲的に働きながらも、稼いだお金を使わずに、慈善団体に寄付する。質素で勤勉な生活を続ける。
(3)つまらない人間と思われるかもしれないが、この資本主義社会のなかで、それなりの地位と職を得て、安定した収入を得ながら、そこそこ楽しい生活をする。

以上の三つのなかで、どの生き方が望ましいだろうか。ウェーバーは答えを与えているわけではない。答えは読者にまかされている。けれどもウェーバーは、以上の三つの答えのほかに、別のテキストのなかで次のような理想を提起してもいる。

(4)一定の職と地位を得つつも、その役職に求められる仕事量をはるかに超えた実践によって（「官職カリスマ」となって）、この資本主義社会を変革していく。
(5)やがて没落していく資本主義社会の現実に耐えながらも、以前の騎士階級の人たちが示したような、高貴な精神性を示す。

(4)について、ウェーバーには一つのビジョンがあった。[3]そのビジョンとは、人民投票制によって選出されたカリスマ的指導者（たとえば大統領）と、それを支える「精密なマシーン」としての行政幹部（「官職カリスマ」とも呼ばれる）によって運営される、事務処理能力に長けた近代国家である。ウェーバーによれば、合理的で合法的な社会といえども、実際には多様な「威信」への信仰によって支えられる必要がある。合法的な支配は、いかに合法的といえども、それに慣れ親しむと行為は慣習的なものとなり、伝統的な支配に陥ってしまう。その伝統が打破されるところでは、社会はいつでも不安定になりうる。社会が不安定にならないためには、近代社会は、カリスマの自己刷新力を制度的に取り入れる必要がある、というのがウェーバーの考えであった。

(5)は、山之内靖が読み解くウェーバーの理想である。[4]ウェーバーはニーチェと同様に、一九世紀以降の現代社会は、すでに近代の黄昏(たそがれ)期に到達していると考えた。近代の資本主義を推進してきたプロテスタンティズムの倫理は、もはや歴史を動かす駆動力をもっていない。資本主義はこれから、衰退せざるを得ない。そこで私たちは、そのような歴史の運命を直視して耐えるという、高貴な精神をもたなければならない。このような観点から、山之内はウェーバーの理想が、騎士精神にあると解釈した。

ウェーバーはこのほかにも、愛国主義者として国を導く政治の理想や、醒めた目で社会を分析する学者の理想についても語っている。[5]ウェーバーには、生き方についてのいくつかの理想があった。けれどもその一方で、ウェーバーは現実を悲観した。現代の資本主義社会のもとでは、おそらくハッピーでつまらない人間があふれるだろう。資本主義のシステムは、最初は精神性のある人たちによってエンジンを与えられたけれども、最後は無の人たちで終わるだろう、と。

ニーチェと共有する「自由な精神」への思い

最後は無の人たちで終わる。このように述べるウェーバーが念頭においているのは、ニーチェの『ツァラトゥストラはこう語った』（一八八三年から一八九二年にかけて四分冊で刊行）に出てくる「最後の人たち」であった。

ニーチェはこの本のなかで、歴史の最後に現れる「最後の人たち」を、およそ次のように描いている。最後の人たちはもはや、自分を超えたところに、あこがれの矢を放たなくなるだろう。星を産まなくなるだろう。最後の人間は、小さな人間である。蚤（のみ）のように絶滅不能で、長生きをする。かれらは隣人を愛しているし、働いてもいる。働くのは楽しいとすら感じている。ただ、働きすぎないで、からだを壊さないようにと用心してもいる。かれらは貧乏や金持ちではなく、ふつうの生活者である。かれらは群れをなしていて、平等がいいと思っている。口げんかをすることもあるけれど、すぐに仲直りをする。楽しみは、昼にも夜にもある。けれども健康に気をつけている。幸福であると感じてもいる。「わたしたちが幸せをつくりだしたのです」と言って、まばたきをしたりもする。およそこのような人たちが、ニーチェによれば「最後の人たち」なのだという。[6]

フリードリヒ・ニーチェ

この「最後の人たち」は、いわば福祉国家システムのなかで権力に飼いならされ、また資本主義のシステムにも飼いならされ、自分に見合った生活を送りながら、「幸福だ」と感じている平凡な市民たちのことであろう。笑いごとではない。それはわたしたちのことである。

ニーチェは、こうした福祉国家的な（あるいは社会民主的な）発想のもとで幸せを感じている人間が、大嫌いだった。真に軽蔑していた。そしてウェーバーも、同じように発想したにちがいない。資本主義あるいは福祉国家のシステムのなかで、人びとの精神が飼いならされていく。人間たちは、システムの担い手にはなるが、なにも精神性を発揮しないで、小さな存在になっていく。小さな人間であるくせに、自分がいちばん幸せだとか、歴史を登りつめたとか言っている。ニーチェはそういうつまらない人間を否定して、「超人（スーパーマン）」を尊敬して生きるスタイルを愛した。

けれどもニーチェは、わたしたちに「超人になれ」と言ったのではない。人間の偉いところは、何か目的を目指してがんばるのではなく、超人のための架け橋となって生きることにあるという。この地上は、いずれ超人のものになるだろう。だから人間は、その超人のために、いろいろ発明したり準備したりして、精神性を示す必要がある。人間は、高い徳を目指して、その徳のために生きなければならない。そのためには同時に、自分が没落することを望まなければならない。あふれんばかりの魂をもった人間は、自分のことを忘れて、どんなものでも受け入れるだろう。自分の没落を受け入れて、超人のための架け橋となるだろう。ニーチェによれば、そのような人間こそ、「自由な精神」と「自由な心」をもっているのだという。超人はやがて来る。そのことを人々に知らせて自らの精神性を示し、また自身の没落を受け入れる。そういう生き方が、ニーチェの理想であった。[7]

はたしてウェーバーが、このニーチェの理想を受け入れたのかどうか、それは分からない。けれども、「精神のない専門人」と「心のない享楽人」を克服して、「自由な精神」と「自由な心」を回復させるという関心を、ニーチェとともに共有していた。ウェーバーの社会学体系において、ニーチェの理想に近い生き方は、騎士階級の人びとであろう。高貴で、自分の運命の矛盾に耐える力をもった人たちであろう。しかし騎士たちは、超人を迎えるための架け橋となる性質をもっているわけではない。

ウェーバーのメッセージは、おそらく次のように解釈することができるだろう。私たちは、資本主義を前提とした福祉国家の社会に生きているけれども、「このシステムが一番よいシステムだ」と言って安楽に暮らすわけにはいかない。もっとよいシステム、もっとよい生き方があるはずである。それはいろいろな方向に求めることができる。ただ気をつけなければならないのは、どんなにいい生き方、どんなにいい社会をイメージできたとしても、それを実践すれば、その意図せざる結果として、やがて「鉄のようにかたい網（ネット）」が形成されてしまう。精神は次世代に継承されず、その網から抜け出てしまう。けれども理想はどんなものであれ、このような化石化を覚悟のうえで追求すべきなのだ、と。ウェーバーは、このようなことを伝えたかったのではないだろうか。

7－3　新しいリベラルに向けて

ウェーバーのメッセージへの応え方

しかしそんなことを『プロ倫』の最後で言われても、読者にとっては、おせっかいにみえるかもしれない。実際、ウェーバー自身も、このようなことを言えば価値判断や信仰判断の領域に踏み込むことになるといって、これ以上は何も述べていない。

ただ私たちの「プロ倫」読解は、現代の規範理論を射程に入れて、価値判断の問題を扱ってきた。そしてウェーバーの「プロ倫」テーゼが、新保守主義の観点から再構成できることを示してきた。この新保守主義の観点から、ウェーバーの最後のメッセージを解釈すると、どうなるだろうか。

それは先の(2)のように、プロテスタンティズムの倫理を一部回復するような方向で、この資本主義社会を変革する希望につながるだろう。そのビジョンは、一方では勤労道徳を復活させつつ、他方では稼いだお金をNPOに寄付する、あるいは相続税の高率化によって人々の財産を政府が広く再分配するという、そんな仕組みを確立することであるかもしれない。勤労道徳を復活させるためには、自分が築いた資産を自分の子孫に残すことによって、子孫を怠惰にさせてはならない。自分が築いた資産はむしろ、社会的に必要な人々に配分されなければならない。公共の福祉の観点からみて、私たちの社会全体の孫世代が、有効に使ってくれるように配慮しないといけない。そのためには慈善団体や政府を通じて、自分が築いた資産を再配分してもらうことが望ましいだろう。そのような方向に社会を変革することは、私たちの社会に「新しい資本主義の精神」を取り戻すと同時に、心ある事業を促すことになる。およそこのように発想するのが新保守主義である。

むろん、これが『プロ倫』の最後の部分に対する最善の応答というわけではない。ウェーバーの価値観点はもっと複雑であり、ウェーバーは別の答えも用意していたかもしれない。ただこのように応答してみると、現代において『プロ倫』を読むことの意義が一つみえてくるだろう。はたして富裕化した市民的中間層の人たちは、「無の人たち」からなる社会を超えて、いかなる倫理社会を築いていくべきなのか。こうした関心から、『プロ倫』を読む意義がみえてくる。先の(2)は、そのままでは実現できないが、社会のさまざまな局面で、改革の新たなヒントを与えるかもしれない。

禁欲的なプロテスタントにとって、大切なことは、貨幣欲にはとらわれずに、勤勉に働いて、自分の魂を救済することである。けれどもこの倫理は、プロテスタントたちだけに当てはまるのではない。宗教的な背景をもたない私たち現代人にも、多かれ少なかれ当てはまるだろう。私たちは自分の魂を救済することには関心がなくても、それでも勤勉に働いて、最後は善い人生だったといえるような人生を送りたいと思っているのではないか。私たちにとって「善い人生」とは何か。それは勤勉に働いて消費を慎むという、日々の生活のエートスのなかにあるのではないか。だとすれば、それは禁欲的なプロテスタンティズムの倫理を一部回復させるような関心と一致するだろう。

そしてまた、孫たちの世代にもそのようなエートスを継承してもらいたいと望むなら、それは新保守主義の理念にいたるであろう。勤勉に働いて消費を慎む。そして築いた財産を寄付する、あるいは高率の相続税を通じて政府に徴収してもらい、社会全体の福祉水準を上げていく。あるいは私たちの共通の孫世代のために有効活用してもらう。私はこのような「新保守主義」の考え方が、「プロ倫」テーゼの一部に組み込まれていると論じてきた。

けれども、この新保守主義的な発想は、これを「孫世代の人的資本に対する投資志向」という観点から捉えなおしてみると、それは「新しいリベラル」の思想と言えるかもしれない。ここで、孫の世代に財産を残す際に、次のような三つの選択肢を考えてみよう。

(1)築いた資産を、自分の孫たちだけに残す。
(2)築いた資産を、社会全体の孫世代に分配する（慈善団体に寄付したり、高率の相続税の支払いに賛成したりする）。
(3)築いた資産を、民間や政府を通じて、孫世代の人々の人的資本形成のために、投資してもらう（言い換えれば「社会投資」をする）。

これらのなかで、(1)は保守主義、(2)は新保守主義、そして(3)は新しいリベラルの立場（投資志向の北欧型リベラル）であるといえるだろう。ここで「新しいリベラル」というのは、とりわけ一九九〇年代以降の北欧諸国で、政府主導による社会的投資が重視されるようになった福祉国家の理念を指している。

新保守主義は、たんに自分の孫たちに財産を残すのではなく、公共の福祉の観点から、社会全体の孫世代のために財産を残すことが重要であると発想する。けれども孫世代のための財産を残す理由は、たんに孫世代に楽をさせたいからというのではなく、孫世代にはもっとすぐれた人的資本を形成してほしい（自らの潜在能力をもっと高めてほしい）、そして社会のいっそうの繁栄と福祉を担ってほしいと思うからではないだろうか。このように発想してみると、その考え方は、「新しいリベラル」の思想と重なってくる。新しいリベラルとは、社会的投資国家を支持する思想である。人々の潜在能力を高めて、ウェルビイング（福祉）の水準を高める企てである。

現代における「保守」と「リベラル」は、いずれも孫世代になにかを託したいと考える点では、共通している。おそらく対立点は、いったい孫世代に対して、資産をそのまま残したいのか、それとも孫世代の人々には人的資本を形成してもらいたいのか、という点にあるだろう。新しい世代の人々には、人的資本を形成してもらう。そして新しい資本主義の精神を担ってもらう。このように発想するのが「新しいリベラル」である。

本書は「新保守主義」の観点から『プロ倫』を解読してきた。そしてそこには、「新しいリベラル」の視点も含まれている。残すべき資産を「人的資本」の観点から捉える。それが新しいリベラルの立場である。むろん、「新しいリベラル」の観点からすれば、プロテスタンティズムの歴史は、ウェーバーの『プロ倫』とは別の観点から検討する必要があるかもしれない。はたしてプロテスタンティズムの倫理は、人的資本の形成において、どのような貢献をしてきたのか、という問題に即して、歴史を語り直す必要があるかもしれない。この問題について、本書では補論８－２で取り上げたいと思う。いずれにせよ、「新しいリベラル」は、新保守主義の発想を継承している。それは築いた資産を孫世代に託すという発想から、孫世代の人的資本形成を配慮する方向に向かうものである。対立点があるとすれば、新保守主義者は寄付を通じて、慈善家としての「善き生」を得ようとするのに対して、新しいリベラルは、自分の善き生よりも、孫世代の人たちの善き生を配慮する、という点にあるだろう。

補論

8―1　ルターの「ベルーフ」論をめぐって

ここでルターの「ベルーフ（天職）」論について補いたい。本書の第3章でふれたように、ウェーバーは、ルターが一五三三年に刊行した聖書（『旧約聖書』）のドイツ語翻訳において、「ベルーフ」という訳語を用いたことに注目した（「シラの書」）。しかしルターは、別の箇所で「ベルーフ」と訳してもよさそうな箇所を、そのように訳していない。なぜなのか。ウェーバーはその鍵となる部分を、ルターによる『新約聖書』の翻訳に見出すことができるという。ルターによる『新約聖書』の最初の翻訳は一五二二年である。次に大きく改訂されたのは一五二六年である。そしてルターが生前最後に修正を加えた版は一五四六年に刊行されている。ウェーバーは、その後の普及版（ルター派の人たちによって改訂された『ルター聖書』）をとりあげて、そのなかの「コリント人への第一の手紙」第七章の第一七節から三一節までのいくつかの節に注目している。

しかしルターは、各人はいま自分が置かれた状況にとどまれ、という『新約聖書』の文脈における」終末論的な方向性をもつ勧告においては、クレーシス κλῆσις を「ベルーフ」と翻訳したが、のちに『旧約聖書』（外典）の「シラの書」を翻訳するさいに、伝統主義的で反貨殖的な方向性をもつ勧告、すなわち、各人は自分が従事している仕事にとどまれ、という勧告においても、その勧告の内容がすでに類似しているため、「ポノス（πόνος）」を「ベルーフ」と訳している（これは決定的であり、また特徴的でもある。すでに述べたように、「コリント人への第一の手紙」第七章一七節における「クレーシス κλῆσις」は、決して一定の領域に限定される「ベルーフ」を指しているわけではない）。（私訳、原書六八頁、大塚訳一〇六頁）

1540年に刊行された『ルター聖書』挿画のうちの一つ

このようにウェーバーは、ルターがまず『新約聖書』の翻訳で「ベルーフ」という訳語を用い、のちに『旧約聖書』の翻訳でも「ベルーフ」を用いた、と言っている。新約聖書の世界観は、終末論であり、現世においてはどんな仕事に就いていても同等という発想から、「とにかくいまの仕事にとどまってがんばれ」というアドバイスがなされる。これに対して旧約聖書の世界観は、伝統主義的であり、そこでは「もうかる仕事を探すよりも、いまの身分にとどまって、自分に与えられた仕事をがんばれ」というアドバイスがなされる。いずれにしても、自分がいま置かれた状況にとどまることが重要だというアドバイスである。こうした内容上の類似性から、おそらくルターは『新約聖書』の訳語で用いた「ベルーフ」を、『旧約聖書』でも用いた、というのがウェーバーの推測である。

しかし、ルターの『新約聖書』の「コリント人への第一の手紙」第七章のすべての節を確認すると、一五二二年版、一五二六年版、一五四六年版のいずれにも「ベルーフ」という訳語が用いられていない。「ベルーフ」という訳語が用いられるのは、ルターの死後に刊行された普及版の『ルター聖書』においてである。ウェーバーは、実際にはルターが訳した聖書を確認しなかったのではないか。ルターの翻訳過程をめぐるウェーバーの説明（ルターは『新約聖書』の訳語で用いた「ベルーフ」を、その内容上の類似性にもとづいて、『旧約聖書』でも用いた、という説明）は成り立たないのではないか。

この点を指摘したのは、沢崎堅造「職業の意義と問題　特にマックス・ウェーバーについて」[1]であり、また羽入辰郎『マックス・ヴェーバーの犯罪』[2]であった。

この指摘に対して折原浩は、「各自が現在の状態にとどまれという、終末観を動機とする勧告」を、『コリントI』第七章に特定して指す解釈は誤りであるとする。たとえば、『エフェソ』のいくつかの章を参照すると、そこで用いられるクレーシスは、ルターによってベルーフと訳されている。ウェーバーは「終末論的」と呼んでいるが、折原によれば、終末論と言ってもそれは現世の身分的差等を覆すものではないので、「現在の状況にとどまれ」という勧告は、『旧約聖書』における伝統主義的な文脈と内容上類似している。ルターは、この「各自は現在の状態にとどまれ」というメッセージを、聖職者の身分から世俗の身分へと拡張したのではないか、と折原は解釈している。[3]

これは一つの独創的な解釈であるだろう。素朴に読めば、ウェーバーはここで『コリントⅠ』第七章を指しているようにみえるが、折原の解釈も整合的に成立する。ただ、折原のように解釈する場合の問題点は、ではルターはなぜ「コリント人への第一の手紙」第七章で「ベルーフ」という訳語を用いなかったのか、である。折原は次のように指摘している。「なるほど、ここには、一種の「不整合」があり、問題が残されているように見える。ルターは、「突破口」となる『コリントⅠ』七章一七～三一節中のklēsisを真っ先にBerufと訳してもよかったはずであるが、じっさいにはそうしなかった」。この問題は、「「不整合」として正面から問題とし、その理由の探索がなされてもよいであろう」と。[4]

この点について、ルターには次のような事情があったのではないか。ルターは当時、世俗における身分社会を擁護する立場に立っていた。他方でルターは、どんな仕事でも神に仕える点では平等であると考えた。この考えは革新的であった。どんな仕事に就いても、身分を超えて、平等に神に仕えることができるからである。この後者だけを強調すれば、身分社会は崩壊してしまう。だからルターは、たんに「ベルーフ」だけを強調するわけにはいかなかった。ところがルターは一五三三年に『旧約聖書』の「シラの書」を翻訳する際に、身分制を支持しつつ、身分によってあてがわれた職務を天職に結びつけることのできるテキストに遭遇した。ルターはその箇所で、一方では「ディアテーケー」を「神の言葉に従い」と訳して身分社会を支持しつつ、「ポノス」を「職業」と訳してこれを「天職」とみなすことにした。こうしてルターは、身分社会の擁護と天職の奨励の二つを、同時に表現することができた。これに対して『新約聖書』の「コリント人への第一の手紙」第七章では、身分社会を擁護しつつ職業＝天職をすすめることができるような文脈がなかった。だからルターは、この文脈では「ベルーフ」という訳語を充てなかった。むしろ身分という意味での「ruf」という訳語を充てる必要があった。ルターは同様に、『旧約聖書』の翻訳に際しても、ベルーフと訳することができる文脈で、そのようには訳さなかった。その理由はおそらく、そのように訳すと、その文脈では「身分社会にとどまれ」というメッセージが消えてしまうからではないか。

ルターは、身分社会を否定してまで「職業＝天職」の意義を主張したわけではない。ただ後のルター派の人たちは、しだいに身分社会を擁護する必要がなくなり、さまざまな文脈で「ベルーフ」という訳語を用いたのではないか。

大村眞澄によれば、K・ホルは論文「Berufという言葉の歴史」（一九二四年）で、ルターが「ベルーフ Beruf（beruff）」という言葉を用いた経緯を詳細に明らかにしている。[5] ホルによると、ルターが最初にベルーフという概念を用いたのは、「聖ヨハネの日の説教」（一五二二年）であった。そこでは「コリント人への第一の手紙」第七章第二〇節への言及とともに、神からの「召命」が、世俗的な労働のうちに実現されると指摘されている。ホルに従えば、「ベルーフ」という概念の由来は、ルターの「聖ヨハネの日の説教」にさかのぼることができる。大村は、「ルターはruffとberuffを区別せず、両者をあまり意識せずに使っていた」と指摘しているが、しかし、「聖ヨハネの日の説教」でルターが「ベルーフ」の概念を用いることができたのは、そこでは身分社会における「従順」を強調する文脈で、「コリント人への第一の手紙」第七章第二〇節への言及が位置づけられているからかもしれない。

8-2 「プロ倫」テーゼは正しいのか?――実証的検証

禁欲的プロテスタンティズムの倫理は、近代の資本主義を発展させるための駆動因となったのかどうか。「プロ倫」テーゼをめぐって、最近、歴史統計データを使った実証的な分析がいくつか報告されている。ウェーバーがいうように、禁欲的プロテスタンティズムの倫理は資本主義の発展に貢献した、という見解もあれば、それは実証できないとみなす見解もある。どちらが正しいのだろうか。ここでは「プロ倫」テーゼをめぐる最近の研究を検討してみたい。

テーゼの否定1:「富」の観点からみた場合

ウェーバーの「プロ倫」テーゼが誤りであると指摘するのは、J・ドラクロワとN・フランソワである[6]。彼らはまず、「プロ倫」テーゼの一般的な解釈というものを、およそ次のように定式化している。宗教改革は、「プロテスタンティズムの倫理」と呼ばれる諸々の新しい態度を育てた。そしてその新しい態度は、人々の行動に影響を与えた。この新しい態度と行動は、経済発展を助け、産業革命に貢献した。これが彼らによる「プロ倫」テーゼの定式化である。これは、本書で定式化したプロ倫テーゼとは、まったく異なるものである。しかし一般的な解釈としては端的に表現できているだろう。以下に取り上げる実証分析はすべて、基本的にこの定式化に基づいて「プロ倫」テーゼを検証するものである[7]。

J・ドラクロワとN・フランソワは、はたして産業革命が、プロテスタントが支配的な国で最初に発展したのかどうかという問題について、一九世紀のヨーロッパ諸国を対象に、実証的な分析をしている。アイルランドを除けば、各国におけるキリスト教の諸宗派の割合は、比較的安定していた。そこでかれらは、各国におけるプロテスタント派の割合と経済発展の諸指標の関係を調べてみた。すると次のような分析結果が得られた。

(1)一八九〇年における「一人当たりの富 wealth」を調べてみると、それはプロテスタンティズムと相関していない。(2)一九世紀末における「一人当たりの貯蓄額」は、プロテスタンティズムと相関している。(3)一九〇〇年と一九五五年の幼児死亡率（一歳未満）の低さは、いずれもプロテスタンティズムと相関している（ただし一八五〇年のデータにおいては相関していない）。(4)鉄道網の発達は、プロテスタンティズムと負の相関を示している（プロテスタント派の割合が多い国では、一九世紀において、鉄道網の発達が比較的遅れた）。

以上の結果において、最も興味深いと思われるのは、(1)と(2)であろう。すなわち、プロテスタント派の割合が多い国家というのは、少なくとも一九世紀末の段階では、「一人当たりの富」については、他国より有利であるわけではないけれども、「一人当たりの貯蓄額」は他の国の人々よりも多い、ということである。言い換えれば、プロテスタントの人たちは、たくさん貯蓄するのだけれども、それで経済的に豊かになったわけではない（他の人たちも同様に豊かになった）、ということである。[8] これはすなわち、「プロ倫」テーゼの否定である。

しかし以上の分析結果は、主として一九世紀末の時点を取り上げたものである。ウェーバーが対象にしている、一六世紀から二〇世紀初頭にかけての歴史全体のプロセスを検討したものではない。また、「一人当たりの富」は、資産や天然資源などを含むため、必ずしも諸個人の経済的な成功を意味するわけではない。近代以前にすぐれた都市国家を築いた諸国は、富の蓄積においてすでに有利だったかもしれない。天然資源の豊富な国もまた、有利であろう。こうした諸々の要因を取り除いて、勤労と宗教の関係を調べるためには、一九世紀末の段階での「就労者一人当たりの所得額」を指標にしたほうがよいかもしれない。

テーゼの否定2：超長期でみた場合

次に取り上げるD・カントーニの分析[9]は、実証分析の歴史的範囲を、一四世紀から一九〇〇年までという、非常に長い期間で設定している。ただし地域はドイツ語圏（二七二の諸都市）に絞っている。むろん一四世紀には、まだ宗教改革は起きていない。しかし一六世紀における宗教改革では、ドイツの各都市はそれぞれプロテスタント派かカトリック派のいずれかを選び、各都市における多数派の宗派は、その後も比較的安定して持続した。だから一六世紀にプロテスタント派になった諸都市が、一四世紀から一九〇〇年までの期間に、他の諸都市よりも経済的に発展したのかどうかを調べることは、一つの興味深い分析であるだろう。

カントーニは分析を通じて、次のような発見をした。(1)プロテスタント派の都市もカトリック派の都市も、その平均的な人口のサイズは、期間を通じて大きくなる一方、任意の時点をとってみれば、どちらも同じようなサイズであった。(2)都市の規模は、それ自体が経済発展と相関している。それゆえ、プロテスタント派とカトリック派の諸都市の平均サイズが、どの期間においても類似しているということは、経済発展において、プロテスタント派がとくに有利だったわけではないことを示している。(3)ウェーバーの「プロ倫」テーゼを狭く解釈すれば、プロテスタントのなかでも、ルター派ではなく改革派（カルヴァン派）の影響を受けた都市に住む人々のほうが、経済的に豊かになった可能性が高いはずである。しかしこの仮説は実証されない。ドイツで改革派を採用した二一の都市（プファルツ地方、ヘッセン、ブレーメンなど）[10]は、ルター派と比較して、とくに発展の差が出たわけではない。(4)一六世紀の宗教改革において、諸都市の領主たちは、経済成長を見込めるからという理由でプロテスタント派を採用したのかと言えば、そうではない。プロテスタンティズムはむしろ、経済成長があまり見込めない諸都市（経済的中心を担う諸都市から離れた周辺地域）で採用された。(5)プロテスタンティズムを採用するかどうかは、ルターが拠点としていたヴィッテンベルクと地理的に近いかどうかに左右された。(6)これに対して、カルヴァンやツヴィングリが拠点としていたスイスのジュネーヴやチューリッヒからの地理的な距離は、プロテスタンティズムの採用と関係なかった。(7)一七〜一八世紀における出生率については、カトリックは平均で一一人、プロテスタントは平均で約九人という違いがある。しかしこの違いは、幼児死亡率その他の差によって相殺されたのであろう。それぞれの宗派の諸都市の人口成長率には、ほとんど影響を与えていない。

およそ以上のような結果が得られた。このカントーニの分析もまた、ウェーバーの「プロ倫」テーゼを否定するものである。この分析のなかで、ルター派とカルヴァン派の諸都市のあいだでは、都市発展に差がないという点は、一つの興味深い分析結果であろう。また、宗教改革を支持した都市が、経済発展の見込みとは関係なく、たんにヴィッテンベルクからの地理的な距離に相関しているという分析結果も興味深い（図7参照）。

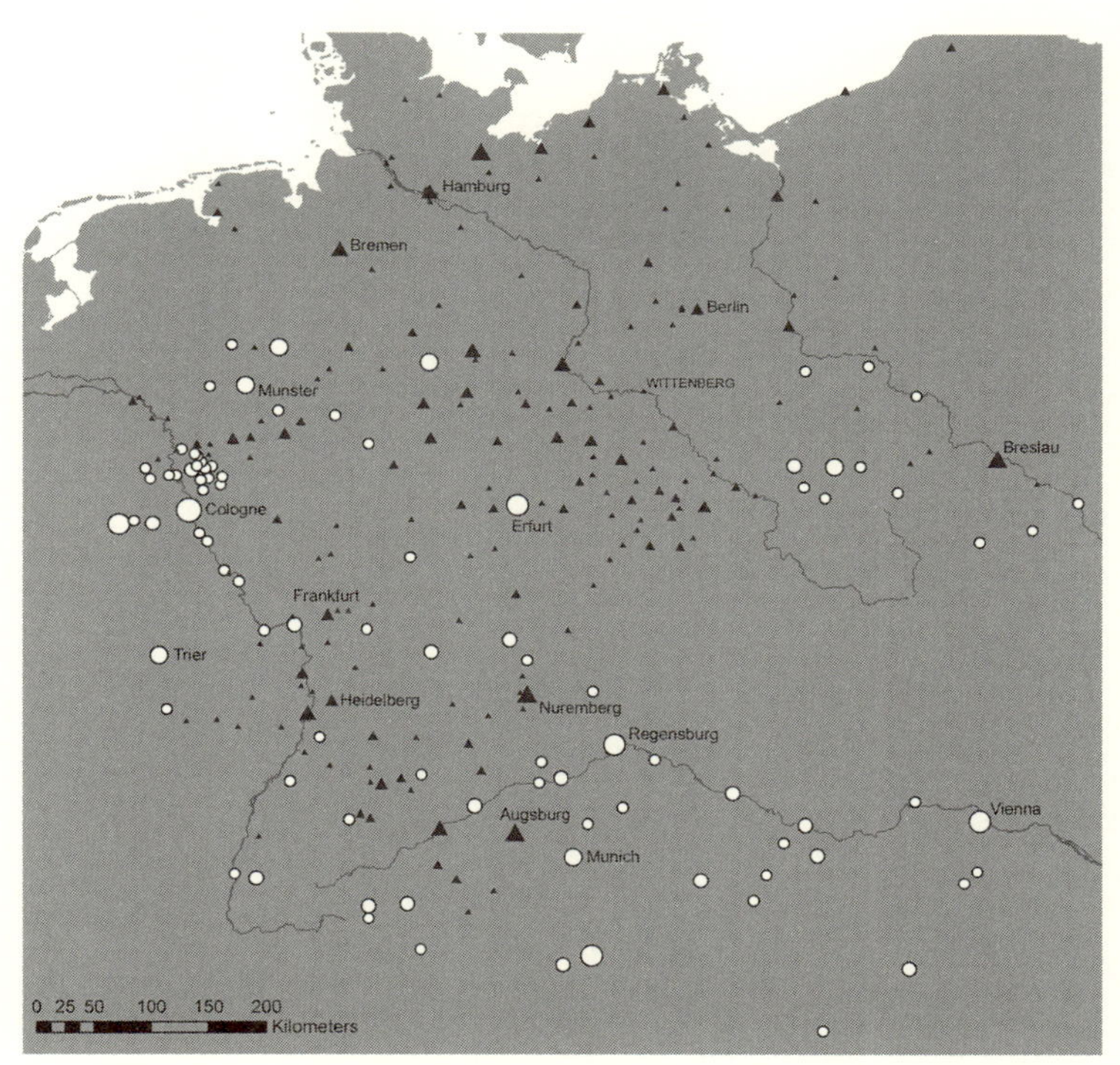

図7　プロテスタントの都市（▲）とカトリックの都市（○）の分布　印の大きさは、1500年と1875年（あるいは1900年）の時点を比較した際の、各都市における人口増加の割合を表している。注9に挙げた文献を参照。

しかしカントーニの分析は、一四世紀から一九世紀までの長い範囲を対象としているため、利用できる経済指標に制約がある。先の(2)について、カントーニの分析が用いている経済指標は、あまりよいとは言えない。彼が説明できたことは、次のような事柄である。すなわち、都市のサイズが大きくなれば、「生徒一人当たりの先生の数が多くなる」「住民一人当たりの火災保険額が高くなる」

「住民一人当たりの事業税 business tax が高くなる」「石でできた家の割合が多くなる」「板葺き屋根の家の割合が多くなる」、以上の事柄である。だがこうした帰結は、一人当たりの所得額とは、あまり関係がないようにみえる。都市の人口が増えれば、火災の危険が増すであろう。すると石造りの家にする必要性が生じてくるだろう。しかしこのような対応によって、人々の暮らしが経済的に豊かになったのかどうかは、別の視点からの検証が必要である。

またカントーニは、都市の人口のサイズに焦点を当てているが、一六世紀以降、プロテスタント派の都市の数がカトリック派の都市の数よりも相対的に増えたことについては、考察の対象外にしている。プロテスタント派の都市の平均的なサイズが、カトリック派のそれとほぼ同じであるといっても、それはプロテスタント派においては、都市の規模が大きくなる一方で、小さな都市の数が増えたからではないか。そのような可能性を考慮に入れるべきであったように思われる。

以上の考察から、カントーニの分析は、これを慎重に受けとめる必要があるだろう。

テーゼの修正1：外部に開かれた態度

「プロ倫」テーゼを一部修正したうえで、これを支持する分析結果もある。U・ブラムとL・ダドレー[11]は、R・C・アレンが作成した中世から第一次世界大戦にいたるまでの「実質賃金」のデータを用いて、次のような観察をしている。

宗教改革が起きた一六世紀前半（一五〇〇〜一五四九年）、ロンドンにおける実質賃金は、パリにおける実質賃金よりも高かった。それから二五〇年後、ロンドンにおける実質賃金は少し上昇したのに対して、パリにおける実質賃金は二〇%も下落した。これはどういうことか。一六世紀前半においては、ロンドンにおける識字率は、パリにおける識字率よりも高かった。しかしその後、パリを含むフランス北部における識字率は上昇し、一八世紀後半にはロンドンに追いついた（男性の識字率はいずれも六〇%に達した）。ところがこの識字率の上昇（「人的資本」の形成）は、パリにおける実質賃金の上昇をもたらさなかった。このようなデータ比較から、人的資本論よりも、ウェーバーの「プロ倫」テーゼのほうが、経済発展を説明する可能性がある。[12]

ただし分析を進めるに際して、統計データ上の問題がある。「実質賃金」に関するアレンのデータは、あまりあてにならない。データが不完全である。この難点を克服するために、U・ブラムとL・ダドレーが注目したのは、都市人口の増加率であった。ヨーロッパでは、およそ一〇の都市に、実質賃金に関する長期のデータがある。そこでかれらはこれらの都市の実質賃金の成長率と人口の成長率の関係を調べてみた。すると実質賃金と人口のあいだには、正の相関関係があることが分かった。ここからかれらは、それぞれの都市の人口成長率は、さまざまな都市における実質賃金の上昇率の代替指標になる、という仮説を立てた。

そしてU・ブラムとL・ダドレーは、ヨーロッパ全体のプロテスタントの都市とカトリックの都市を対象に、一五〇〇年から一七五〇年にかけての人口増加率を調べた。するとプロテスタント派の地域では、都市の数が二倍以上になり、各都市の人口は五倍に膨れ上がったのに対して、カトリック派の地域では、一万人以上が暮らす都市の数は約五〇%程度増えたにすぎず、各都市の人口は二倍にも増えなかったという。これはつまり、人的資本（識字率）ではなく、プロテスタンティズムという宗教実践が、経済発展を導いたことを示している。

この他、U・ブラムとL・ダドレーは、プロテスタント派のすべての都市が一様に経済発展を導いたのではなく、大西洋に近いプロテスタント派の都市ほど発展したことを示している。おそらく地上での輸送よりも、船で運ぶコストのほうが安く、流通上、優位な位置にあったのであろう。ところがカトリック派の諸都市は、大西洋に近い都市でも、それほど発展していない。また、情報の流通という観点からみて、それぞれの都市の発展が、印刷の中心地(プロテスタント派であればロンドン、カトリック派であればミラノ)からの距離によって、どれだけ発展を左右されるかという分析をしてみると、プロテスタント派の諸都市の場合、ロンドンに近いほど発展していることが分かった。ところがカトリック派の諸都市の場合、経済の発展はミラノからの距離に依存していないことが分かった。

こうした分析結果から、U・ブラムとL・ダドレーは、プロテスタント派の諸都市の経済が発展したのは、プロテスタントの人たちが人的資本をよりいっそう形成したからというよりも、流通や情報という外部とのつながりを、カトリック派の人たちよりもうまく利用できたからではないか、と推測している。一言で言えば、プロテスタント派の人たちは外部の人や情報を受け入れやすく、外部の人と協力してネットワークを築くことに長けていたので、カトリック派の人たちよりも経済を発展させることができた、というわけである。

この結論は、ウェーバーのいう「禁欲的プロテスタンティズムの倫理(および天職倫理)」による説明とは異なるものである。いずれにせよ、U・ブラムとL・ダドレーは、プロテスタント派の諸都市のほうが、カトリック派の諸都市よりも発展したと結論づけている。これは、ウェーバーの「プロ倫」

テーゼを修正するものであろう。勤勉に働くエートスよりも、モノや情報の流れに敏感な態度（外部に開かれた態度）が、プロテスタント派の諸都市の経済発展を導いたと主張するものだからである。

むろん、かれらの分析手法には、二つの欠点がある。一つは、流通の指標として、大西洋からの距離を取り上げるのみで、地中海からの距離を考慮していない点である。もう一つは、印刷の中心地として、カトリック圏においてはミラノを取り上げるのみで、パリを取り上げていない点である。これらの難点を考慮した場合、分析の結果は変わってくるかもしれない。その意味でU・ブラムとL・ダドレーの分析は、まだ一面的な結果を導いたに過ぎないように思われる。

テーゼの修正2：人的資本

このU・ブラムとL・ダドレーの結論とは反対に、プロテスタンティズムの倫理と経済発展の関係を、「人的資本」の観点から説明できると主張するのが、S・O・ベッカーとL・ウェスマンである。[13]

かれらはドイツの文脈で研究を進めた。かれらはまず、一九世紀後半のドイツにおいては、カトリックの人たちよりもプロテスタントの人たちのほうが、経済的に豊かであったことを明らかにしている。第一に、一八七七年における所得税の一人当たりの徴税額を調べると、プロテスタント系の地方のほうが、カトリック系の地方よりも、一％の有意水準で正の相関を示している。第二に、一八八二年における産業構造のデータから、プロテスタント系の地方のほうが、製造業やサービス業で働く労働者の割合が多いことが分かる。第三に、ドイツでは現在でも、プロテスタントの人たちのほうがカトリックの人たちよりも高い所得を得ている（平均で六・九％高い）。

では、このようにプロテスタントの人たちが経済的に発展している理由は、どこに求められるであろうか。S・O・ベッカーとL・ウェスマンは、一八七一年にプロイセン王国全体ではじめて行われた「識字率の国勢調査」に注目した。すると、プロテスタント派の割合が多い地域では、そうでない地域よりも識字率が高いことが分かった。ルターには独自の教育論があり、それがプロテスタンティズムにおける教育効果をもたらしたのではないか、というのがかれらの推測である。ちなみに宗教改革以前の一五〇〇年前後のドイツでは、識字率は一%程度であったという。

プロテスタント派の諸都市は、ドイツでは、ルターの拠点であったヴィッテンベルクを中心に広がっている。それらの都市は、ルター以前の時代には、とくに経済的に豊かであるというわけではなかった。けれどもS・O・ベッカーとL・ウェスマンは、(1)一五一七年以前に学校があった都市、大学があった都市、そしてハンザ同盟[14]への参加があった都市では、一八七一年における識字率が相対的に高い(プロテスタント諸都市と相関している)、(2)一八八六年の教育に関する国勢調査では、小学校の先生(男性)の給料は、プロテスタント派の諸都市のほうがカトリック派の諸都市よりも高い、ところが、(3)所得の差は、そこに識字率の差が与える影響を差し引いてみると、プロテスタント派の優位を説明しない(つまり、識字率の差が、プロテスタント派とカトリック派の違いを決定している)、といった分析結果を報告している。

以上の分析は、次のことを示しているだろう。すなわち、一九世紀後半のドイツにおいて、プロテスタント派のほうがカトリック派よりも所得が高い理由は、識字率の差によって説明できる。それゆえ、ルターの影響は、彼が天職倫理を奨励したことよりも、教育を奨励したことに帰すことができる。

ウェーバーは、『プロ倫』ではルター派の位置づけが曖昧であった。ルター派は、禁欲的プロテスタンティズムの一部ともいえるし、そうではないともいえる。しかしS・O・ベッカーとL・ウェスマンによれば、ルターはその「教育思想」を通じてドイツにおける資本主義の発展を導いたのであり、このことは、プロテスタンティズムの倫理が資本主義の発展を導いたとする「プロ倫」テーゼを、修正して支持するものだという。

この分析は、現存するデータを用いて検討するかぎり、一つの説得力ある結論であるかもしれない。しかしルターは、本当に教育思想を通じて経済に影響を与えたのか。これを実証するためには、ルターの時代における実質賃金、労働時間、産業構造、あるいは労働についての意識調査などに関するデータが必要であるだろう。いったい、勤労エートスが原因となって識字率が上昇したのか、それともその反対なのか。残念ながらデータ不足のため、このような実証分析をすすめることは難しい。

以上、「プロ倫」テーゼを検証するさまざまな研究を紹介してきた。このテーゼを否定する分析には、取り上げる指標に難点があった。反対にこのテーゼを修正しながら支持する分析は、プロテスタンティズムの勤労エートスが資本主義の発展を導いたのではなく、プロテスタント派の人たちの他の特徴（外部に開かれた態度や識字率）が、資本主義の発展を導いたのだと主張するが、これらの研究にも難点があった。それゆえ、ウェーバーの「プロ倫」テーゼ（その一般的解釈）は、まだ反証されたわけではない。以上の検討から得られる結論は、「ルターがプロテスタンティズムを生み出し、そのプロテスタンティズムが勤労エートスを生み出し、そして資本主義を発展させた」という因果関係は、まだ十分な仕方では反証も確証もされていないといえる。

表14　バーデン地方における二次的学校（義務教育に属さない学校）に通う生徒たちの信仰別割合１：オッフェンバッハの分析

	プロテスタント派	カトリック派	ユダヤ教
高等学校	43	46	9.5
自然科学系高等学校	69	31	9
実業高等学校	52	41	7
実業学校	49	40	11
高等小学校	51	37	12
平均	48	42	10

（単位：%）

テーゼの修正３：オッフェンバッハの統計分析をめぐる解釈

最後に取り上げたいのは、やや別の視角からの統計分析である。それは、ウェーバーが『プロ倫』で参照しているオッフェンバッハの統計データを検証した、G・ベッカーの研究である。[15] この研究もまた、プロテスタンティズムにおける勤労エートスが資本主義の発展を導いたという「プロ倫」テーゼの一般的解釈を疑っている。

ウェーバーは『プロ倫』の第一章で、オッフェンバッハによる統計データを参照している（表14参照）[16]。ウェーバーはしかし、オッフェンバッハが誤って計算した数値をそのまま継承して記しているので、誤った分析に導かれている。表14で、自然科学系高等学校におけるプロテスタント派の割合は六九％になっているが、これではプロテスタント派とカトリック派とユダヤ教の人々の割合を合計すると、一〇〇％を超えてしまう。あきらかに計算間違えである。ウェーバーはこの点に気づかなかったようである。

オッフェンバッハの統計分析には、計算の誤りがあった。ベッカーの再計算によると、自然科学系高等学校におけるプロテスタント派の割合は、五二％にすぎないという。これに対してカトリック派の割合は三六％、ユダヤ教の割合は一三％になるという（表15を参照）。この

表15　バーデン地方における二次的学校（義務教育に属さない学校）の生徒たちの信仰別割合２：再計算されたオッフェンバッハの分析

	プロテスタント派（52,632人）		カトリック派（46,103人）		ユダヤ教（11,100人）		総数
	R	O	R	O	R	O	
高等学校	44	43	47	46	9	9.5	48,414
自然科学系高等学校	52	69	36	31	13	9	12,119
実業高等学校	52	52	40	41	8	7	3,770
実業学校	50	49	39	40	11	11	23,812
高等小学校	50	51	39	37	11	12	21,726
この信仰に属する人たちが、二次的学校に通う生徒たち全体に占める割合	48	48	42	42	10	10	109,841
この信仰に属する人たちが、バーデン地方の総人口（1895）に占める割合	37	37	61.6	61.3	1.5	1.5	

R：ベッカーが再計算した値、O：オッフェンバッハが出した値（ともに％）
総数：その他の信仰をもつ人（276人）は分析の対象外とされている。
自然科学系高等学校における各信仰の割合の合計（再計算における）が101％になるのは、四捨五入操作の影響による。
（Statistisches Jahrbuch für das Grossherzogthum Baden, Vol.18-27.）

ように再計算してみると、自然科学系の高等学校に通うプロテスタント派の人たちは、けっして多いわけではないことが分かる。これら五つの学校に占めるプロテスタント派の割合の平均が四八％であるとすれば、この五二％という数値は、それほど突出しているわけではない。プロテスタント派の人たちは、とくに自然科学系の高等学校を選好したわけではないようである。自然科学系の高等学校に通った生徒は、プロテスタント派においては、これら五つの学校を選んだ人たちのなかの一一・九％であり、またカトリック派においては、これら五つの学校を選んだ人たちのなかの九・四％であった（**表16**を参照）。この割合の差は、それほど大きいとは言えない。プロテスタント派もカトリック派も、ほぼ同じような割

表16　バーデン地方における義務教育に属さない学校に通う生徒たちの、同じ信仰内における割合

	プロテスタント派	カトリック派	ユダヤ教	総数
高等学校	**40.9**	**49.0**	**38.8**	48,414
近代的学校全体	**59.1**	**51.0**	**61.2**	61,427
自然科学系高等学校	11.9	9.4	13.9	12,119
実業高等学校	3.7	3.3	2.7	3,770
実業学校	22.8	20.0	23.1	23,812
高等小学校	20.7	18.3	21.5	21,726
計	100.0	100.0	100.0	109,841

（単位：％）

合で、自然科学系の高等学校に進学したと言えるだろう。

むろん表16をみれば、カトリック派よりもプロテスタント派のほうが、教養系よりも実学系の学校をより多く選択した、と言うことはできる。プロテスタント派は、従来の教養を中心とする高等学校（いわゆるギムナジウム、大学進学を前提とした中高一貫のエリート校）に通う割合が四〇・九％であるのに対して、自然科学系高等学校や実業高等学校や実業学校や高等小学校という近代的な実学重視の学校に通う割合が五九・一％であり、実学系の学校に進学する人たちの割合が多い。これに対してカトリック派は、これらの割合はそれぞれ四九・〇％と五一・〇％であり、従来の教養を中心とする高等学校に通う人たちの割合が多い。このことは、プロテスタント派の人たちが、従来型のエリート校に通うよりも、実学を志向していたことを示しているだろう。

しかし素朴な疑問が湧いてくる。プロテスタント派の人たちは、なぜエリート校に通って社会的地位の高い職に就くことよりも、実学志向の学校に通って地位の低い職に就こうとしたのか。ベッカーによれば、それはプロテスタンティズムの教義に内在する要因によって説明される事柄ではなく、むしろ制度環境的な要

因によって説明できるのだという。

その当時、次のような問題があった。すなわち、カトリック派においては、聖職者は結婚を禁止されていたため、後継の聖職者をさまざまな階層から集めなければならなかった。高等学校は、そのための教育機関として機能した。これに対してプロテスタント派の場合、聖職者は結婚を許されたため、同じ階層から選ばれることが多かった。たとえばチュービンゲン大学では、神学を学ぶカトリックの学生のうち、三〇・四%は農業出身者であったのに対して、同じ神学を学ぶプロテスタントの学生のうち、農業出身者の割合は一・八%にすぎなかった。同様に、神学を学ぶカトリックの学生のうち、小規模の商業従事者や職人や工業労働者や日雇い労働者の子孫の割合は三三・三%であったのに対して、プロテスタント派の学生の場合は、一四・七%にすぎなかった。このように、カトリック派においては、聖職者を中産階級や下層階級からひろく集めなければならなかったがゆえに、従来型の高等学校（エリート校）に進む人の割合が相対的に多かったのだ、とベッカーは説明している。逆に言えば、プロテスタント派の中産階級や下層階級の人たちは、聖職者になる機会があまりなかった。聖職者の階級は世襲によって再生産される可能性が高かったので、プロテスタント派の人たちは従来型の教養中心の高等学校を選ぶインセンティブを削がれてしまったのであろう。

このように、プロテスタント派の人たちが実学志向であった理由は、聖職者の選抜制度をめぐる外生的な制度要因によって説明できるかもしれない。ルターは宗教改革によって「勤労エートス」を生み出したのではなく、聖職者の結婚を認めることで、（その意図せざる結果ではあるだろうが）聖職者階級の階層としての再生産をもたらしたようである。そしてこの再生産は、その意図せざる結果として、プロテスタント派の人たちが従来型の高等学校（エリート校）を通じて地位を上昇させる道をふさいでしまった。プロテスタント派の人たちは、仕方なく実学を志向するようになった。その結果として、プロテスタント派の人たちは資本主義の発展を担っていったと考えられる。こうした制度的要因による経済発展の説明は、「プロ倫」テーゼの一般的解釈を、大きく修正するものであろう。

以上、この補論では、「プロ倫」テーゼをめぐる最近の研究成果を紹介してきた。ごく簡単にまとめると、ウェーバーの「プロ倫」テーゼは、十分には実証されていない。むしろそのテーゼを修正する諸説のほうが、いまのところ統計的・制度論的な説明力をもっている、ということである。

しかし本書で論じてきたように、ウェーバーの『プロ倫』は、ドイツにおけるルター派の位置づけが曖昧であった。ルター派は、「禁欲的プロテスタンティズムの倫理」を担う教派としては、限界的な位置を与えられていた。したがって、ドイツにおけるプロテスタント派（その主流はルター派である）が、同国のカトリック派よりも経済的に優位な特徴をあまりもっていないとしても、それはウェーバーの『プロ倫』の内容を否定するものではないだろう。むしろウェーバーの分析の正しさを示すものであるかもしれない。

いずれにせよ、統計的な手法を用いた実証分析が、たとえ「プロ倫」テーゼの「一般的解釈」を否定することができたとしても、それは、本書で明確にした「プロ倫」テーゼの論理構造を否定するものではない。カルヴァン派における「禁欲的プロテスタンティズムの倫理」とバクスターに代表される「禁欲的プロテスタンティズムの天職倫理」のあいだには、断絶がある。そして「資本主義の精神」は、後者の「禁欲的プロテスタンティズムの天職倫理」とほぼ同じものである。これが本書で明確にした「プロ倫」テーゼである。ではこのテーゼは、いかにして歴史的に実証しうるのか。それはおそらく、次のような手続きになるだろう。

まず、バクスター(一六一五～一六九一)による「禁欲的プロテスタンティズムの天職倫理」の思想が、フランクリン(一七〇六～一七九〇)の時代における「資本主義の精神」に与えた影響を検証する。あるいはバクスターによる「禁欲的プロテスタンティズムの天職倫理」が、一八世紀イギリスにおける経済発展を導いたことを検証する。具体的には、バクスターの影響を受けたイギリスの諸都市が、一七世紀半ばから一八世紀半ばにかけて、どの程度経済成長したのかを調べる。その際、同期間におけるドイツのルター派およびカルヴァン派の諸都市が、どれだけ経済成長したのかを調べて比較する。さらに、同期間のイギリスの同都市の経済成長が、他の諸要因(たとえばロンドンからの距離、大西洋からの距離、技術発展係数など)によって説明しうるのかどうかを調べる。そして、イギリスの同都市における同期間の一人当たり経済成長率(ここからさらに、これを説明する他の諸要因を割り引いたもの)が、ドイツのルター派およびカルヴァン派の諸都市における同期間の一人当たり経済成長率(ここからさらに、これを説明する他の諸要因を引いたもの)よりも高ければ、本書で示したウェーバーの「プロ倫」テーゼは、ある一つの観点から検証されたことになるだろう。[17] この検証はしかし、今後の課題としなければならない。

あとがき

最近のニュースを見ていると、どうも明るい未来を感じさせない話ばかりである。経済の低成長、人口の減少、少子高齢化、地球温暖化、中国の台頭、等々。日本の先行きは暗く、先細った先は見通せない。社会でなにか新しいことが起きても、それを評価する人々の関心さえ失われているようである。進歩や成長を疑う心性は、これまで進歩派と呼ばれてきたリベラルな人たちのあいだにも、広がっているだろう。

実は、ウェーバーが生きた一九世紀後半から二〇世紀初頭にかけての時代も、未来の先行きが暗かった。社会全体に暗雲が立ち込めていた。ドイツだけでなく、西洋社会の全体が、没落していくのではないかと感じられた。当時ベストセラーになったオスヴァルト・シュペングラーの『西洋の没落』(一九一八年)は、そうした空気をよく捉えるものだった。

ウェーバーの『プロ倫』は、そのような「西洋の没落傾向」の空気の中で書かれたものである。『プロ倫』は、日本全体の没落が予測されるような現代において、まさに読む価値があるだろう。『プロ倫』はこれを、「新保守主義」の観点から読むことができる。そしてこの新保守主義のなかから、新しいリベラルのかたちが生まれる可能性がある。本書はこのような関心から、『プロ倫』を解読してきた。「『プロ倫』は新保守主義の視点で読め!」というのが本書のメッセージである。

ウェーバーは、シュペングラーを批判した。批判したというよりも、あまりまともに扱わなかった。西洋は没落していくだろうといっても、科学的な根拠のない議論である。悲観を煽るだけで得るものはない。ウェーバーの考え方は、シュペングラーとは異なっていた。たとえ社会が没落するとしても、「いやそれでも」という人に期待する。それがウェーバーの態度であり、また自身の生き方でもあった。

では、没落傾向のある社会において、私たちはいったい何を期待することができるのか。私たちは、一人ひとりが異なった考え方をもっているとしても、各人が自分の置かれた状況で、もっとよい生き方を探ることはできるだろう。そのためには各人が、自分なりの仕方で先人たちから学び、そしてその精神（スピリット）を自分のなかに招き入れる。そのような試行錯誤が必要になる。ウェーバーの『プロ倫』は、そのためのキッカケを与えてくれるだろう。

あるいは、こう言うこともできる。私たちはしばしば、「そんな生き方じゃダメだ」といって、他人を批判することがある。「新自由主義的な生き方じゃダメだ」とか、「そんなに働きすぎじゃダメだ」とか、受け入れがたい生き方を批判することがある。しかしそのような「つまらない生き方」を批判して、はたして自分はよい生き方ができているのかどうか。批判しているばかりでは、現状という安易な地点に留まりがちであろう。

「資本主義の精神」というのは、読者にとって、つまらない精神のように見えるかもしれないけれども、しかしこの精神を批判して、もっとよい理想を追求することは、そんなに簡単なことではない。「資本主義の精神」という概念を立ち入って検討すると、この精神は、想定以上に、強力な理想として現れてくる。私たちは、自分が批判したいと思っている生き方を藁人形のように描きがちであるが、そのような安易さを否定して、批判対象を強力に描いたところに、『プロ倫』の魅力があるのかもしれない。「人生の理想とは何か。それは自分で探さなければならない。しかしなにが理想でないのか。批判したいものを藁人形にして、自分の現状に胡坐をかいてはならない」。『プロ倫』のもう一つのメッセージは、このようなものであるかもしれない。

本書の執筆に際して、さまざまな方のお世話になった。ウェーバー研究者の故内田芳明先生および折原浩先生からは、研究のさまざまな面で影響を受けてきた。大村眞澄先生からは、手紙のやりとりを通じてルターに関する専門的な知見を学んだ。北海道大学図書館の司書の方々には、小生の諸々の質問に対してまさに職業的な徹底性をもってお答えいただいた。編集者の青山遊氏には、前回の拙著『経済倫理＝あなたは、なに主義？』に引き続き、膨大な編集作業をお引き受けいただいた。校閲担当の方々からのご指摘からも多大な恩恵を受けた。ここに記して感謝の意を示したい。

注

【はじめに】

1　マルクス『資本論』第一巻の初版は、一八六七年刊。第二巻は一八八五年、第三巻は一八九四年にそれぞれ刊行された。ウェーバー『プロ倫』は、初出は論文として一九〇四～一九〇五年に発表された。その後加筆修正されて『宗教社会学論集』第一巻（一九二〇年）のなかの一部に収められた。

2　正確に言えば、次の二冊がある。一つは、牧野雅彦『新書で名著をモノにする「プロテスタンティズムの倫理と資本主義の精神」』光文社新書（二〇一一年）である。ただこの本は、最初の三分の一がマルクスの『資本論』の解説になっていて、また最後の三分の一は、シュミットの議論との関係などを扱っている。「プロ倫」についてはあまり踏み込んだ解説になっていない。もう一つは、折原浩『ヴェーバー学の未来――「倫理」論文の読解から歴史・社会科学の方法会得へ』未來社（二〇〇五年）である。しかしこの本は『プロ倫』の解説をルターのところまですすめるものの、途中で解読を終えている。

3　大塚久雄は、『プロ倫』の読みやすい翻訳を岩波文庫から出したけれども、『プロ倫』を本格的に研究したわけではなかった。山之内靖著『ニーチェとヴェーバー』未來社（一九九三年）は、『プロ倫』の最後の部分にニーチェ的なモメントがあると読み込んで、大塚氏の解釈に対抗したが、『プロ倫』全体の論理構造を扱ってはいない。折原浩の研究は、ウェーバーの『経済と社会』を中心としている。『プロ倫』を含めた『宗教社会学』については、サブの研究対象になっている。

4　たとえば、安藤英治編『ウェーバー　プロテスタンティズムの倫理と資本主義の精神』有斐閣新書（一九七七年）がある。最近では、キリスト教史学会編『マックス・ヴェーバー「倫理」論文を読み解く』教文館（二〇一八年）が刊行された。しかしいずれも『プロ倫』の全体構造を扱っていない。

5　第7章の注1を参照。

6　Ferguson, Niall (2003) "Why America Outpaces Europe (Clue: The God Factor)," New York Times, Late Edition (East Coast), 08 June, 2003. ファーガ

ソンが参照するギャロップ調査では、デンマーク、ノルウェー、スウェーデンでは、それぞれ四九%、五二%、五五%の人が、神は重要ではないと答えるのに対して、北アメリカでは、八二%の人が「神はとても重要」と答えたという。また同様に、経済協力開発機構の研究では、ドイツ人はアメリカ人よりも年間労働時間が二二%少なく、しかもドイツ人は一九七九年から一九九九年にかけて年間労働時間を一二%減らしたのに対して、アメリカ人は同期間に約三%増やしている。ニーアル・ファーガソン『文明　西洋が覇権をとれた6つの真因』仙名紀訳、勁草書房、二〇一二年、第六章も参照。

[序章]

1 マリアンネ・ウェーバー編『マックス・ウェーバー青年時代の手紙』(上)阿閉吉男/佐藤自郎訳、文化書房博文社、一九九五年、五一頁。

2 マリアンネ・ウェーバー『マックス・ウェーバー』(第1)大久保和郎訳、みすず書房、一九六三年、一四三頁。

3 ウェーバーの大著『経済と社会』の理論的な部分、とりわけ「支配の諸類型」に関する理論的な部分は、『権力と支配』(講談社学術文庫)として邦訳刊行されている。近代の世俗社会全般あるいは政治思想について学ぶ場合には、この本がよい入門になるだろう。

[第1章]

1 Max Weber (1920→1988) *Gesammelte Aufsätze zur Religionssoziologie I*, 9 Auflage, Tübingen, J. C. B. Mohr, 1988.

2 以下、引用における強調(傍線部)はすべて原書。また以下の引用では、原書にはない段落の区切りをつけた箇所もある。また、以下、原書と大塚訳(岩波文庫、一九八九年)の頁のみ記すが、他の邦訳・英訳も適宜参考にした。翻訳者たちすべての偉業に、記して感謝したい。梶山力訳(安藤英治編、未來社、一九九四年〈初出は一九三八年〉)、阿部行蔵訳(『世界の大思想　第二三巻　ウェーバー』河出書房新社、一九六五年、所収)、中山元訳(日経BP社、二〇一〇年)、Talcott Parsons(英訳、一九三〇年)、Stephen Kalberg(英訳、二〇〇一年〈二〇〇九年に第四版〉)。

3 Diarmaid MacCulloch (2004) The Reformation, New York: Viking, p.470. カルヴァン派は、この図では「改革派 (Reformed)」と名付けられている。

4 ウェーバーによれば、ルター派のプロテスタントたちは生活態度において伝統主義的であったのに対して、カルヴァン派のプロテスタントたちは、進歩的であった。本書四三頁以下を参照。しかしそれでもドイツにおいては、ルター派のプロテスタントたちは、カトリック派の人たちより経済的に成功したとされる。ルター派のプロテスタントたちは、伝統主義的であったにもかかわらず、なぜ経済的に成功したのか。ウェーバーは明確な答えを与えていないようにみえる。一つのありうる答えは、ルターおよびルター派による「天職」概念の創出と強調が、勤勉な労働倫理を生み出した、というものである。しかしウェーバーは、ルター以降のルター派が、どのように天職を強調したのかを分析せず、イギリスにおけるピューリタニズムにおいて、禁欲的な経済倫理が形成された経緯を扱っている。

5 ウェーバーは、プロテスタントとカトリックのあいだのこのような違いを、オッフェンバッハの統計データ分析に基づいて指摘している。しかしウェーバーの理解は正しいのか、また、そもそもオッフェンバッハの統計分析は正しかったのか、という問題がある。結論を言えば、いずれもあやしい。本書の補論8-2(とりわけ二八一頁以下)を参照されたい。

6 スコットランド宗教改革の指導者(一五一四頃~一五七二)。『スコットランド信仰告白』を起草して、同地域における教皇の権威を否定し、ミサの執行や出席を禁止する指令を導入した。

7 ヴート(フート〈Voet〉)とも呼ぶ。オランダの改革派の神学者(一五八九~一六七六)。アルミニウス主義に反対し、非妥協的な仕方でカルヴァンの二重予定説を擁護した。

[第2章]

1 一九〇二年刊。邦訳は、ゾンバルト『近世資本主義 第一巻第二冊』岡崎次郎訳、生活社、一九四三年、一一四~一一七頁、参照。

2 第一部は一八〇八年、第二部はゲーテの死後、一八三二年に刊行された。

3 ウェーバー『一般社会経済史要論』下巻、黒正巌／青山秀夫訳、岩波書店、一九五五年、一二〇～一二二頁を参照。

4 むろん現時点で歴史を振り返ると、近代の「資本主義の精神」は、西欧近代にのみ固有の歴史的個体ではないといえる。その文化的意義を明らかにするためには、もっと広い世界史的な文脈の中で、別様の仕方で把握しなければならないであろう。

5 ゾンバルトは、ウェーバーとは少し異なる視角で、フランクリンの十三徳が「資本主義の精神（その中の市民精神）」を表していると論じている。ゾンバルト『ブルジョワ』金森誠也訳、講談社学術文庫、二〇一六年、一八三～一八九頁、参照。

6 フランクリン『フランクリン自伝』松本慎一／西川正身訳、岩波文庫、一九五七年、一四〇頁、参照。

7 一七四八年。邦訳に、ハイブロー武蔵訳、総合法令出版、二〇〇四年がある。

8 ウェーバーは、ベンジャミン・フランクリンの生き方や説教が「資本主義の精神」の一つの例示であると考えた。フランクリンの史料は、宗教的なものをいっさい含んでいないので、私たちにとって先入観が入らないという長所があるという。けれどもウェーバーは、別の箇所ではフランクリンが、「神の啓示」によって、善をなすことが有益であることを理解したと述べている。フランクリンは、自分がどの宗派にも属さない理神論者であったと述べているが、しかし彼の父はカルヴァン派のプロテスタントで、フランクリンは父から教わった聖書の語句を引用してもいる（大塚訳、四八頁を参照）。フランクリンは、実際にはある程度まで、プロテスタンティズムの倫理を身につけていたと考えられる。

　ブレンターノは著書『近世資本主義の起源』（一九二三年刊、邦訳は田中善治郎訳、有斐閣、一九四一年、第三章を参照）で、ウェーバーのいう「資本主義の精神」を批判している。その論点の一つは、フランクリンをめぐるものである。ブレンターノによれば、フランクリンは、貨幣獲得を自己目的としたのではなく、よりよき未来に向けて、他人に親切にすることを善とみなしていたという。このブレンターノの指摘は、私たちの文脈では、新保守主義の視点を提起しているだろう。社会的慈善事業を含めて「資本主義の精神」を解釈すると、『プロ倫』のテーゼは、これまでとは異なる特徴をもつことになる。本書のとりわけ二三七頁以下を参照。

9　「資本主義の精神」についての簡潔なまとめは、本書九四頁を参照。

10　本書二六二頁以下を参照。

11　ウェーバー『プロ倫』大塚訳、岩波文庫、一九八九年、五一～五二頁、参照。

12　ウェーバー『プロ倫』大塚訳、岩波文庫、一九八九年、五五頁、参照。

13　ゾンバルト『ブルジョワ』金森誠也訳、講談社学術文庫、二〇一六年、三六頁、参照。

14　本書のコラム「オランダの貿易商人ベイラント」一〇八頁、参照。

15　ゾンバルト『ブルジョワ』金森誠也訳、講談社学術文庫、二〇一六年、一六四頁、参照。

16　本書一〇九頁のコラム「アルベルティの『家族論』」を参照。

17　シュンペーター『経済発展の理論』（上・下）塩野谷祐一／中山伊知郎／東畑精一訳、岩波文庫、一九七七年、および、シュンペーター『資本主義、社会主義、民主主義』（Ⅰ・Ⅱ）大野一訳、日経ＢＰクラシックス、二〇一六年、参照。

18　天職（Beruf）の概念については、とりわけ本書の一一三頁以下を参照。

19　大河内暁男「問屋制度の近代的形態」大塚久雄ほか編『西洋経済史講座Ⅳ』岩波書店、一九六〇年、所収、参照。

20　オランダの神学者、アルミニウス（一五六〇～一六〇九）が唱えた反カルヴァン派の教説。アルミニウスは、元々スイスでカルヴァンの直弟子であるテオドール・ド・ベーズ（本書第4章注3参照）に学んだ。そして改革派教会の説教者（一五八八～一六〇三）となったが、一六〇三年にライデン大学教授に任命されると、それまでの疑念を明確にして、反カルヴァン主義の立場から、同僚のカルヴァン主義者ゴマルスと論争した。その教説は自由意志を強調するものであった。アルミニウスはしかし、論争の途中で亡くなる。その後、彼の立場を支持する人たち（なかにはグロティウスもいた）は、政府に対してアルミニウス主義の認許を求める。オランダ国内を二分する大きな論争となったが、アルミニウス主義は敗北。多くの牧師たちは追放された。だがそれから約二〇〇年後（一七九五年以降）に、アルミニウス主義は、新しいプロテスタント神学、とりわけメソジスト派（今日のアメリカで大きな勢力に発展した）の教義に大きな影響を与えることになる。

21 ウェーバーのフランクリン評価にはブレがある。整合的に解釈すれば、フランクリンには三つの「資本主義の精神」があるのだろう。一つは、自分の繁栄のために働くという処世術の側面、第二に、社会の繁栄のために貢献するという側面、第三に、もっぱら誠実で勤勉であることの美徳のために働くという内面的義務化の側面である。

22 ウェーバー『社会科学の方法』祇園寺信彦／祇園寺則夫訳、講談社学術文庫、一九九四年、九五頁以下、参照。

23 ただしウェーバーは、法制度の歴史や政治史を語る場合には、理念型といった概念装置を用いなくても歴史を語ることができるとみていたようである。

24 アルベルティ『家族論』池上俊一／徳橋曜訳、講談社、二〇一〇年、参照。

[第3章]

1 「ベルーフ」は「ルーフ（ruf）（呼ぶ）」に「べ（be）」が付いた言葉である。「コーリング」は「コール（call）（呼ぶ）」に「イング（ing）」が付いた言葉である。いずれも「呼び出されたもの」という意味をもっている。類似の英語に、「ヴォケイション（vocation）」がある。ラテン語の vocare（呼び出す）から生まれた言葉であり、これも「呼び出されたもの」という意味あいをもっている。以下ではこれらの言葉を訳すときに、文脈に応じて「職業＝天職」などと訳すことにする。

2 大塚久雄「訳者解説」、ウェーバー『プロ倫』大塚訳、岩波文庫、一九八九年、所収、三九九頁、参照。

3 これに対して「自分の性に合った仕事」という意味での「天職」は、日本ではどうも一九世紀末から用いられたようである。『日本国語大辞典』参照。

4 『角川古語大辞典』参照。「孟子」が最も古い資料の一つである。

5 金属活字の発明後、ヨーロッパで一五〇一年までに活版印刷された活字本。「揺籃期本」ともいう。

6 現存する最古の旧約聖書の翻訳（ヘブライ語からギリシア語への翻訳）。紀元前三世紀中頃から前一世紀にかけて翻訳／改訂された。

7 私たちは同じ仕事をする場合でも、言葉の用法としては、「職務」と「職業」を区別することがある。おなじ「仕事」といっても、「職務」はその仕事そのものの対象的側面を指すのに対して、「職業」はその仕事をする人の人格的側面を指すであろう。このように「職務」と「職業」を区別するなら、ルターが用いる「ベルーフ」の日本語訳は、それが世俗的な仕事を指す文脈では、「職業」よりも「職務」のほうがよいかもしれない。ルターのいうベルーフとは、職務を通じて、神に召されるような営みのことである。訳語としては、それは「天職」というよりも「天務」と言ったほうがよいかもしれない。しかしルターは、ベルーフという言葉を用いる文脈で、すでに一定の職業人に言及しているので、訳語としてはともかく概念的には、ベルーフは「職業＝天職」として把握しうる（そのような含意をもつ）であろう。

8 しかしタウラーの訳語「Ruf」は、「職業」と「天職」という二つの意味をあわせもつ禁欲精神の、先駆的形態ということはできるかもしれない。

9 信仰告白とは、プロテスタント派の文脈では、基本的な教義という意味で用いられる。

10 ウェーバーによるルターの「ベルーフ」概念をめぐる解釈については、本書の補論8－1も参照されたい。

11 ルター「キリスト教界の改善についてドイツ国民のキリスト教貴族に与う」『ルター　世界の名著18』松田智雄責任編集、成瀬治訳、中央公論社、一九六九年、一五〇～一五二頁、および、同「キリスト教の改善に関してドイツのキリスト教者貴族に与える書」『ルター著作集　第一集第二巻』ルター著作集委員会編、聖文舎、一九六三年、二七六～二七七頁、参照。

12 日本でいま子牛を一頭買うとすれば約二〇万～八〇万円、食肉用の成牛を一頭買うとすれば一〇〇〇万円程度になるだろう。

13 徳善義和『マルティン・ルター』岩波新書、二〇一二年、参照。

14 カトリック教会は一六世紀以降、教会員に対して、

15 十戒のほかにも戒め（命令）を課した。たとえば、①日曜ごとにまた義務の祭日ごとにミサの書を読むこと、②断食・禁欲の日を守ること、③年に一度は告解（罪の赦しを得るための儀礼）に行くこと、復活節のあいだには必ず聖餐にあずかること、などの戒めである（「教会のいましめ」『キリスト教事典』参照）。これらの戒めは、他の奨励すべき勧告（アドバイス）と区別された。これに対してプロテスタンティズムにおいては、こうした戒めと勧告の区別がない。職業＝天職は、義務とされた。

ルターはまた、中世都市で用いられた資本投資のための資金調達方法、「レンテ売買（Rentenkauf）」を非難した。「レンテ売買」とは、資本を必要としている人（α）が、自分の土地に「毎年五万円を徴収する権利」といった請求権を設定して、この請求権を資本提供者（β）に一〇〇万円で売る、というような売買取引である。αはこの方法で、βから資本金を調達することができる。レンテとは、労務を伴わない定期収入のこと。この場合、βは毎年五万円のレンテを得ることになる。「レンテ売買」は、当時の教会の利息付消費貸借禁止法をすり抜ける脱法行為であったといえる。以上の解説について、ウェーバー『法社会学』創文社、一九七四年、所収の世良晃志郎の訳者注（一七三〜一七四頁）を参照。

16 この(2)の実証的な研究については、本書の補論8－2を参照されたい。

17 キリスト教の宗派と教派に関する分かりやすい入門書として、八木谷涼子『なんでもわかるキリスト教大事典』朝日文庫、二〇一二年、参照。

18 スイスの宗教改革者。一五一八年にチューリッヒ大聖堂の説教者に選ばれると、しだいに教会の権威に対抗するようになり、説教や提題を通じて教会の改革に乗り出した。一五二五年以降はルターを批判する一連の著作を発表。スイスで独自の宗教改革を指導した。

19 オリヴィエ・ミエ『改革派教会』菊地信光訳、一麦出版社、二〇一七年、参照。

20 ドイツ敬虔主義の初期の指導者。三一歳で牧師に任命されると、ルター派を再生する召命を受けたとの確信から、自宅で週に二回、信者たちが集まる「敬虔集会」を導入した。一六七五年に『敬虔なる願望』を出版。敬虔主義の運動は拡大し、一六九四年にはハレ（Halle）大学が彼の影響下で設立された。

21 メソジスト運動の創始者。オックスフォード大学に学び、二五歳で司祭に叙任される。三二歳のときにアメリカのジョージアに宣教旅行に行くが、その地の入植者たちと不和になり、その二年後に帰国する。帰国後、三五歳で回心を経験し、自らの宗教組織を形成していった。

22 クエーカー派の創始者。織工の息子であった彼は、一九歳のときに家族や友人との絆を一切断つようにとの召命を感じ取り、数年間の旅に出る。教会への出席を否定して「内なる声」に耳を傾けるべきだと主張したため、しばしば投獄されたが、信者たちを引きつけた。

【第４章】

1 『ウェストミンスター信仰告白』村川満／袴田康裕訳、一麦出版社、二〇〇九年、三八、三九、七〇頁、参照。

2 久米あつみ『人類の知的遺産28　カルヴァン』講談社、一九八〇年、および、E・W・モンター『カルヴァン時代のジュネーヴ　宗教改革と都市国家』中村賢二郎／砂原教男訳、ヨルダン社、一九七八年、参照。

3 ベザとも呼ぶ（Théodore de Bèze, 一五一九～一六〇五）。二九歳でカトリックを放棄し、カルヴァンのいるジュネーヴに赴く。カルヴァンの死後は彼の後継者となり、その教えを強化してカルヴァン主義の発展を導いた。

4 ジョン・ミルトン（一六〇八～一六七四）。『失楽園』で知られるイギリスの詩人。清教徒革命の際に、教会改革論を論じた。

5 ただしウェーバーは、『職業としての学問』においては、「脱呪術化」という概念を、「主知主義的合理化」という意味で用いている。「知ろうと思えば、その事柄について合理的な仕方で知ることができるようになる」という意味である。「脱呪術化」の概念には、一貫した定義がないといえる。

6 原恵／横坂康彦『賛美歌』日本キリスト教団出版局、二〇〇四年、徳善義和『ルターと賛美歌』日本キリスト教団出版局、二〇一七年、山本美紀『メソディストの音楽』ヨベル、二〇一二年、参照。

7 『デカルト　ユトレヒト紛争書簡集（1642-1645）』

山田弘明／持田辰郎／倉田隆訳、知泉書館、二〇一七年、六六～六七頁。

8 金子晴勇『ルターとドイツ神秘主義』創文社、二〇〇〇年、参照。

9 西方修道制の創始者。ヌルシアのベネディクトゥス（四八〇頃～五四七頃）と呼ばれる。五〇〇年頃にスコピアの洞窟に隠遁。その地域に一群の修道院を立てたが、司祭らの嫉妬を受けたため、五二九年頃にモンテ・カッシーノに移り、そこで「ベネディクトゥス会則」と呼ばれる包括的な規則書を作り、のちの修道院運営に大きな影響を与えた。

10 一五四〇年にイエズス会を結成、初代総会長となる。ヨーロッパ以外での宣教活動（一五四八年以降は教育活動）を優先したとされる。

11 そして「資本主義の精神」もまた、プロテスタンティズム以外の合理的禁欲倫理から生まれた可能性がある。ウェーバーはその事例として、一五世紀イタリアの托鉢修道士派神学者たち、シエナのベルナルディヌス（一三八〇～一四四四）やフィレンツェのアントニヌス（一三八九～一四五九）を挙げている。

12 今風にたとえて言えば、それは次のような意識であろう。私たちは毎日、徹底的に勉強や仕事をすることで、生活全般を鍛え上げている。だから私たちは、神に選ばれている。でも他の人々は、勉強も仕事も中途半端で、生活全般がなんだか平凡である。だから救われていないのだ、と。

13 杉崎泰一郎『修道院の歴史』創元社、二〇一五年、六二頁、参照。

14 ジョルジョ・アガンベン『いと高き貧しさ』みすず書房、二〇一四年、二六頁、二七～二八頁、参照。

15 エルンスト・トレルチ「近代世界の成立にたいするプロテスタンティズムの意義」『トレルチ著作集8 プロテスタンティズムと近代世界I』堀孝彦／佐藤敏夫／半田恭雄訳、ヨルダン社、一九八三年、および、同『近代世界の成立にとってのプロテスタンティズムの意義』深井智朗訳、新教出版社、二〇一五年、参照。原書の初版は一九〇六年、第二版は一九一一年に刊行。

［第5章］

1 この「組織形成上の定義」については、さらなる特徴がある。本書の二〇二頁を参照。

2　ヘルンフート兄弟団（モラヴィア兄弟団）の創設者（一七〇〇～一七六〇）。宗教における感情の地位を強調する革新者であり、正統ルター派からは非難された。一七三六～一七四七年のあいだはザクセンから追放されるものの、バルト三国、オランダ、イングランド、西インド諸島、北アメリカに共同体を組織した。

3　ウェーバー「「世界宗教の経済倫理」序説」『宗教・社会論集』林武訳、河出書房新社、一九八八年、一三八頁以下、または、「世界宗教の経済倫理　序論」『宗教社会学論選』大塚久雄／生松敬三訳、みすず書房、一九七二年、七一頁以下、参照。

4　メソジスト派の方法的生活については、以下の諸文献を参照。"Methodist Method" in http://www.christianperfection.com/page3.html; John Atkinson (1882→2018) The Class Leader, His Work And How To Do It, New York, Phillips & Hunt; Philip F. Hardt (2000) The Soul of Methodism: the class meeting in early New York City Methodism, University Press of America; D. Michael Henderson (1997) John Wesley's Class Meeting: a model for making disciples, Francis Asbury Press of Evangel Pub. House; Charles L. Goodell (1902) The Drillmaster of Methodism: principles and methods for the class leader and pastor, Eaton & Mains; ロバート・F・ウィアマス『宗教と労働者階級　メソジズムとイギリス労働者階級運動1800-1850』岸田紀／松塚俊三／中村洋子訳、新教出版社、一九九四年、とりわけ三二七～三二八頁、山本通『近代英国実業家たちの世界』同文館、一九九四年。

5　再洗礼派の改革者（一四九五頃～一五三五頃）。ミュンスターの大聖堂の説教を任される。彼が一五三二年に公布した信条は、多くの点でルター主義的であり、また聖餐についてはツヴィングリ主義的であったが、翌年の著作『両秘跡の信条』ではいずれも否定し、幼児洗礼も否定した。ミュンスターは再洗礼派の都市国家となり、財産と複婚の共同体が設立されたが、しかしその二年後の一五三五年には、再び領主司教の手に落ちた。

6　現在のポーランド南西部からチェコ北東部に属する諸地域、シュレージエン（シレジア）の宗教改革者

（一四九〇～一五六一）。神秘家であり、タウラーやルターに影響を受けたが、やがてルター派を離れ、キリストの人間性の神化という教えを説くようになる。没後、弟子たちが彼の教えを広め、シュヴェンクフェルト派と呼ばれる。一七三四年にフィラデルフィアに定着した一派がある。

7　サミュエル・M・スナイプス「日本人クエーカー、新渡戸稲造の生涯」佐藤全弘訳、『新渡戸稲造の世界』(21)、二〇一二年、三二一～三三六頁、および、佐藤全弘『クエーカーとしての新渡戸稲造』キリスト友会日本年会、一九八二年、参照。

8　一九〇六年にイギリスの労働党が四三名の党員を揃えたとき、彼らのなかでマルクスの『資本論』に影響を受けた人はわずか一二名にすぎず、多くは『聖書』に影響を受けていたという。内海健寿は、当時の労働運動の指導者たちがとりわけメソジスト派に影響を受けていたと指摘している。内海健寿『イギリス・メソジズムにおける倫理と経済』キリスト新聞社、二〇〇三年、七六頁、参照。

9　原論文は本書の第1章注1に示した文献に所収。邦訳は、ウェーバー『宗教・社会論集』中村貞二訳、河出書房新社、一九八八年、所収。

10　大木英夫『ピューリタニズムの倫理思想』新教出版社、一九六六年、参照。

11　大木英夫『ピューリタン』中公新書、一九六八年、一〇〇頁から引用。

12　本文既出の論文「プロテスタンティズムの教派と資本主義の精神」、および本章注9を参照。

[第6章]

1　バクスターではなく、二重予定説を強調するカルヴァン派そのものが、「禁欲的プロテスタンティズムの天職倫理」を推進した可能性もある。しかしその可能性を否定する論稿として、Malcom H. Machinnon (1988) "Part I: Calvinism and the infallible assurance of grace: the Weber thesis reconsidered," in *The British Journal of Sociology*, Vol. 24, No.2, pp. 143-177. を参照。また、ウェーバーのいう禁欲的プロテスタンティズムの倫理の定義を二つに分けて『プロ倫』の全体構造に迫った研究として、Michael H. Lessnoff (1994) *The Spirit of Capitalism and the Protestant Ethic: An Enquiry into the Weber Thesis*, E. Elgar. を参照。

2 以上については、今関恒夫『バクスターとピューリタニズム』ミネルヴァ書房、二〇〇六年、二二頁、五八〜五九頁、二四一〜二四三頁、三一七〜三一八頁をそれぞれ参照。特殊恩寵説（選民意識）と普遍恩寵説については、梅津順一『ヴェーバーとピューリタニズム』新教出版社、二〇一〇年、一五九〜一六〇頁も参照。

3 この他にも、プロテスタンティズムの天職倫理について著した人たちがいる。今関恒夫『ピューリタニズムと近代市民社会』みすず書房、一九八九年、第二章を参照。

4 椎名重明『プロテスタンティズムと資本主義』東京大学出版会、一九九六年、一〇三頁を参照。

5 可能性としては、ルターの「天職」概念が「禁欲的プロテスタンティズムの天職倫理」をもたらした、と考えることもできる。しかし本書の第4章4－6（一七二頁以下）で論じたように、身分制を前提としたルターの天職倫理は、それ自体としては、重商主義の精神と結びつく。禁欲的プロテスタンティズムの天職倫理がこの重商主義を拒否して資本主義の精神と結びつくためには、天職というものが、身分制を超えて選びうるものであり、できるだけ神に喜ばれる仕事につくべきだというバクスター流の思想がそこに加味されていなければならないであろう。しかしウェーバーは、ルターからバクスターへの天職概念の発展的継承関係を明らかにしていない。本書第1章の注4も参照。

6 バクスターによる慈善事業の奨励については、梅津順一『ヴェーバーとピューリタニズム』三四八頁、および、三五六頁を参照。

7 新保守主義については、本書二三七頁以下を参照。

8 G. Himmelfarb (2004) *The Roads to Modernity: The British, French, and American enlightenments*, New York: Alfred A Knopf. を参照。

9 たとえばジョン・フラッベルの『聖化された航海』および『聖化された農業』、ジョン・コリンズの『織布工の手帳』などである。梅津順一『ヴェーバーとピューリタニズム』新教出版社、二〇一〇年、二八七頁、参照。

10 山本通『禁欲と改善』晃洋書房、二〇一七年、一八頁、参照。

11 新保守主義の思想について、詳しくは橋本努『帝国の条件』弘文堂、二〇〇七年、第六章を参照。

12 清水光雄『メソジストって何ですか』教文館、二〇〇七年、第二章を参照。

13 禁欲的プロテスタンティズムの倫理は、このような価値観点から理念型化されている、ということもできる。

14 銀行業の発達を通じて、貯蓄としての銀行預金が投資に回る仕組みが形成されると、貯蓄（現在の「定期預金」など）は、それ自体として投資義務を果たすようになる。

15 ただしこの点で、禁欲的プロテスタンティズムの慈善事業は、一七世紀から二〇世紀にかけて、社会的な功利主義の発展とともに進化していったのであり、それは「資本主義の精神」にとって代わったというよりも、並行して発展したとみることもできるだろう。

16 ウェーバーは先の引用文で、この「資本主義の精神＝禁欲的プロテスタンティズムの天職倫理」が、「キリスト教の禁欲精神」から生まれたと述べているが、ウェーバーは十分に慎重な表現を用いているように思われる。この場合の「キリスト教の禁欲精神」には、アルミニウス主義などの要素も含まれていると考えられる。

17 なおウェーバーはさきの引用文で、ウェズリーの名前を挙げているが、これまで見てきたように、ウェズリーは営利の追求に対して敵対的ではなかったといえる。

18 バニヤン『天路歴程（正篇）』池谷敏雄訳、新教出版社、一九七六年、一六七～一九四頁、参照。

19 ゾンバルト『ブルジョワ』金森誠也訳、講談社学術文庫、二〇一六年、三九五頁、参照。

［第7章］

1 ゾンバルトの回想によれば、ウェーバーは、当時発表された資源調査の研究から、石炭の埋蔵量は多いものの、鉄鉱石は約六〇年で枯渇すると考え、資本主義の終わりを悲観したようである。ウェーバーはゾンバルトに対して、次のように説明したという。この「化石燃料の最後の樽が燃え尽きるまで」の部分は、「最後の一トンの鉄鉱石が最後の一トンの石炭で精錬されるときに」という意味である、と。田村信一『ドイツ歴史学派の研究』日本経済評論社、二〇一八年、二六八頁、参照。

2 この点、荒川敏彦「殻の中に住むものは誰か──「鉄の檻」的ヴェーバー像からの解放」『現代思想』二〇〇七年一一月臨時増刊号（総特集 マックス・ウェーバー）、七八～九七頁所収、も参照されたい。

3 ウェーバー『権力と支配』濱嶋朗訳、講談社学術文庫、二〇一二年。とりわけ「カリスマの没支配的意味転換」（一三七頁以下）を参照。

4 山之内靖『ニーチェとヴェーバー』未來社、一九九三年、参照。

5 ウェーバー『国民国家と経済政策』田中真晴訳、未來社、二〇〇〇年、および、ウェーバー『職業としての学問』尾高邦雄訳、岩波文庫、一九八〇年、を参照。

6 ニーチェ『ツァラトゥストラ』（上）光文社古典新訳文庫、丘沢静也訳、二〇一〇年、二八～三〇頁、参照。

7 同訳書、二四～二七頁、参照。

［補論］

1 『経済論叢』（京都帝國大學經濟學會）第四五巻第二号、一九三七年、二四八～二六〇頁、後に『キリスト教経済思想史研究』未來社、一九六五年、へ所収。四九頁、参照。

2 ミネルヴァ書房、二〇〇二年、第二章、参照。

3 折原浩『学問の未来』未來社、二〇〇五年、一九四～一九五頁、参照。

4 折原浩『ヴェーバー学の未来』未來社、二〇〇五年、一三〇～一三一頁、参照。

5 大村眞澄「M・ルターのBeruf概念」キリスト教史学会編『マックス・ヴェーバー「倫理」論文を読み解く』教文館、二〇一八年、所収。

6 Delacroix, Jacques and François Nielsen (2001) “The Beloved Myth: Protestantism and the Rise of Industrial Capitalism in Nineteeth-Century Europe,” in *Social Forces*, Vol.80, No.2, pp. 509-553.

7 むろん、「プロ倫」テーゼは別様に解釈することもできる。J・ドラクロワとN・フランソワは、三つの代替的な解釈を挙げている。第一に、産業革命を起こすには、少数のプロテスタント企業家のエリートたちがいれば十分であって、かれらは多くの非プロテスタントの人たち（たとえばカトリックの人たち）を雇って、産業革命を起こすことができた、という説明。第二に、資本主義の発展にとって決定的な役割を果たしたプロテスタントとは、教会を基盤とする人たち（ルター派やイギリス国教会派）ではなく、自発的な結社としての「信団（ゼクテ）」を基盤にする人たちである、という説明。この説明に従えば、ルター派の多いドイツでは、経済発展を促進する要因はほとんどなかった、ということになる。第三に、禁欲的なプロテスタンティズム（カルヴィニズムや敬虔主義）は、伝統的な行為様式から近代的な行為様式へ移行する際の、最初のキッカケをあたえたものの、いったん近代化が始まると、その宗教熱は冷め、プロテスタントの人もそうでない人も、資本主義的な競争社会という「鉄の網（ネット）」のなかで、同じ新しい行為様式へと収斂していった、とする説明。「プロ倫」テーゼをめぐっては、以上のような代替的な解釈の余地もある。

8 ただし次のような可能性はあるだろう。すなわち、カトリックの割合が多い国では貧富の差が激しく、したがって一部の金持ちを除いた場合の「一人当たりの富」は、プロテスタントの割合が多い国よりも、相対的に少ないという可能性である。もう一つ、カトリックの割合が多い国で、一九世紀に鉄道網が比較的発達した背景には、ごく少数の大企業家（鉄道王）が従順なカトリック教徒たちを従えて、産業構造の創造的破壊を遂行する余地が大きかったという事情があるかもしれない。これに対して勤勉な労働を重んじるプロテスタントの国では、創造的破壊をする企業家の企ては倫理的ではないとみなされたかもしれない。

9 Cantoni, Davide (2015) "The Economic Effects of the Protestant Reformation: Testing the Weber Hypothesis in the German Lands," in *Journal of the European Economic Association*, Vol. 13, No. 4, pp. 561-598.

10 これに対してドイツでルター派を採用したのは一六三の都市であった。

11 Blum, Ulrich and Leonard Dudley (2001) "Religion and Economic Growth: Was Weber Right?," in *Journal of Evolutionary Economics*, Vol.11, No.2,

pp.207-230.

12 ランデス『「強国」論』竹中平蔵訳、三笠書房、二〇〇〇年、一一九〜一二二頁も参照。

13 Becker, Sacha O. and Ludger Wößmann (2009) “Was Weber Wrong? A Human Capital Theory of Protestant Economic History,” in *The Quarterly Journal of Economics*, pp. 531-596.

14 一三世紀から一七世紀にかけて、北ドイツの諸都市が結んだ交易のための同盟。

15 Becker, George (1997) “Replication and Reanalysis of Offenbacher's School Enrollment Study: Implications for the Weber and Merton Theses,” in *Journal for the Scientific Study of Religion*, Vol. 36, No. 4, pp.483-495. 表15および表16は、この論文に基づく。

16 ウェーバー『プロ倫』原書二一頁、大塚訳二二〜二三頁、参照。ウェーバーは、この表のデータが、一八八五年から一八九一年にかけてのデータであると記しているが、正確には、一八八五／八六年〜一八九四／九五年のデータである。

17 ここで検証されうる事柄とは、「禁欲的プロテスタンティズムの倫理」をもたらしたカルヴァン派も、「天職」の概念をもたらしたルター派も、それだけではバクスター流の「禁欲的プロテスタンティズムの天職倫理」をもたらすことができず、したがって資本主義の発展を有利にすすめることはできなかった、ということである。

橋本　努（はしもと・つとむ）

一九六七年、東京都に生まれる。横浜国立大学経済学部卒業。東京大学大学院総合文化研究科課程単位取得退学。博士（学術）。現在、北海道大学大学院経済学研究科教授。シノドス国際社会動向研究所所長。専攻は社会経済学、社会哲学。主な著書に、『経済倫理＝あなたは、なに主義？』（講談社選書メチエ）、『自由の論法　ポパー・ミーゼス・ハイエク』（創文社）、『帝国の条件　自由を育む秩序の原理』（弘文堂）、『自由に生きるとはどういうことか　戦後日本社会論』『学問の技法』（ともに、ちくま新書）など多数。

解読ウェーバー『プロテスタンティズムの倫理と資本主義の精神』

二〇一九年 七月一〇日 第一刷発行
二〇二五年 四月二三日 第四刷発行

著者 橋本 努

発行者 篠木和久
発行所 株式会社 講談社
東京都文京区音羽二丁目一二―二一 〒一一二―八〇〇一
電話（編集）〇三―五三九五―三五一二
（販売）〇三―五三九五―五八一七
（業務）〇三―五三九五―三六一五

装幀者 奥定泰之
本文データ制作 講談社デジタル製作
本文印刷 信毎書籍印刷 株式会社
カバー・表紙印刷 半七写真印刷工業 株式会社
製本所 大口製本印刷 株式会社

KODANSHA

ISBN978-4-06-516592-8 Printed in Japan N.D.C.360 317p 19cm

講談社選書メチエの再出発に際して

講談社選書メチエの創刊は冷戦終結後まもない一九九四年のことである。長く続いた東西対立の終わりはついに世界に平和をもたらすかに思われたが、その期待はすぐに裏切られた。超大国による新たな戦争、吹き荒れる民族主義の嵐……世界は向かうべき道を見失った。そのような時代の中で、書物のもたらす知識が一人一人の指針となることを願って、本選書は刊行された。

それから二五年、世界はさらに大きく変わった。特に知識をめぐる環境は世界史的な変化をこうむったとすら言える。インターネットによる情報化革命は、知識の徹底的な民主化を推し進めた。誰もがどこでも自由に知識を入手でき、自由に知識を発信できる。それは、冷戦終結後に抱いた期待を裏切られた私たちのもとに差した一条の光明でもあった。

その光明は今も消え去ってはいない。しかし、私たちは同時に、知識の民主化が知識の失墜をも生み出すという逆説を生きている。堅く揺るぎない知識も消費されるだけの不確かな情報に埋もれることを余儀なくされ、不確かな情報が人々の憎悪をかき立てる時代が今、訪れている。

この不確かな時代、不確かさが憎悪を生み出す時代にあって必要なのは、一人一人が堅く揺るぎない知識を得、生きていくための道標を得ることである。

フランス語の「メチエ」という言葉は、人が生きていくために必要とする職、経験によって身につけられる技術を意味する。選書メチエは、読者が磨き上げられた経験のもとに紡ぎ出される思索に触れ、生きるための技術と知識を手に入れる機会を提供することを目指している。万人にそのような機会が提供されたとき初めて、知識は真に民主化され、憎悪を乗り越える平和への道が拓けると私たちは固く信ずる。

この宣言をもって、講談社選書メチエ再出発の辞とするものである。

二〇一九年二月　　野間省伸